KNITTING.

There is not one art practised by ladies which is more deservedly popular than Knitting. It is so easy, requires so little eyesight, and is susceptible of so much ornament, that it merits the attention of every lady; and in giving instructions for acquiring it, we add, also, such admirable diagrams of the various processes, we are sure that no difficulty will be felt in executing any pattern.

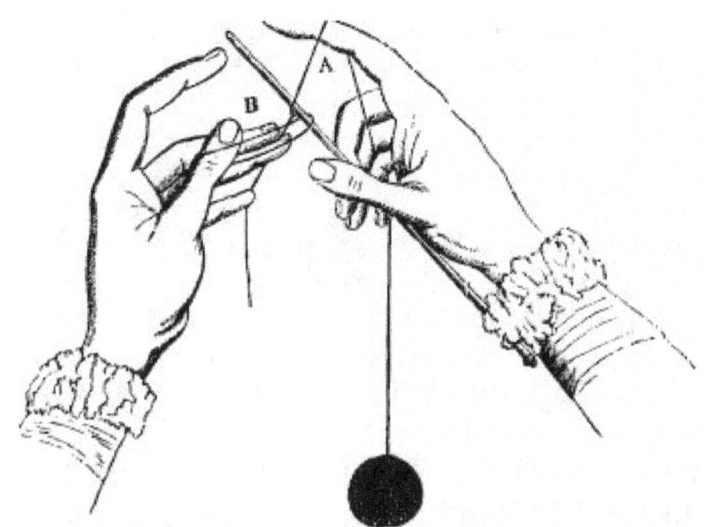

CASTING ON WITH ONE NEEDLE

The first process in knitting is known by the term CASTING ON. There are two ways of doing this: with one needle, and with two. Our first diagram represents the former process. Take the thread between the second and third fingers of the left hand, leaving an end of about a yard for every hundred stitches; pass it round the thumb of that hand, giving it a twist, so as to form a loop. Take a knitting-needle in the right hand, insert the point in the loop, and pass the thread from the ball round the needle; then bend the point of the needle through the loop, which tighten, and one stitch will be complete. Continue to make loops over the thumb, with the end of thread, and knit them with that from the ball until the proper number is cast on.

TO CAST ON WITH TWO NEEDLES (generally called the Spanish method), begin by making a loop on the end of the thread, into which slip the point of one needle, holding it in the left hand. Take the other needle in the right hand, and slip its point into the same loop, bring the thread round the point of this needle, and bend the needle towards you, so that the thread forms a loop on it. Slip that also on the left needle, without withdrawing it from the right. Put the thread round the right again, and repeat the process.

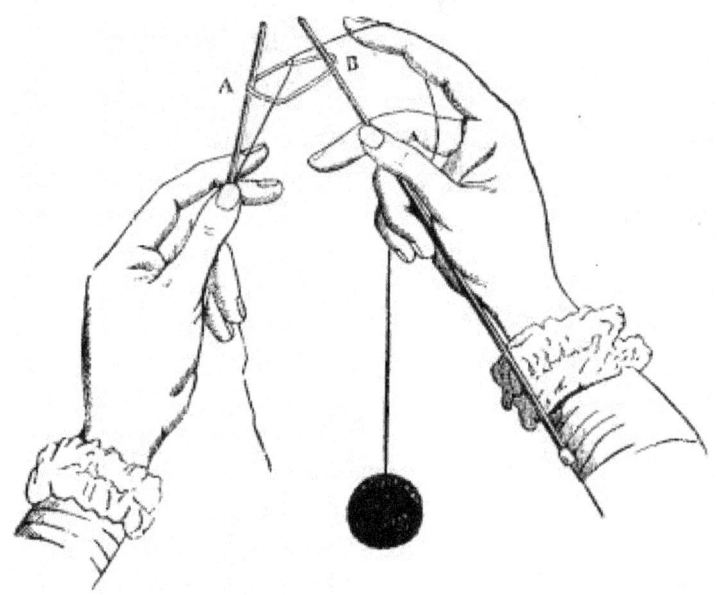

TO CAST ON WITH TWO NEEDLES.

PLAIN KNITTING.—After all the stitches are cast on, hold the needle containing them in the left hand. Pass the thread round the little finger of the right hand, *under* the second and third, and above the point of the first. Then take the other needle in the right hand, slip the point in the first stitch, and put the thread round it; bring forward the point of the right-hand needle, so that the thread forms a loop on it. Slip the end of the left-hand needle out of the stitch, and a new stitch is knitted.

GERMAN MANNER.—The thread, instead of being held by the fingers of the right hand, is passed over and under those of the left. The process otherwise is exactly the same.

PURLING.—Begin by bringing the thread in front of the right-hand needle, which slip into a stitch pointing towards you; that is in the reverse of the usual mode (see diagram). Put the thread round the point of the needle, still bringing it towards you, bend the needle backwards to form a loop, and withdraw the stitch from the point of the left-hand needle.

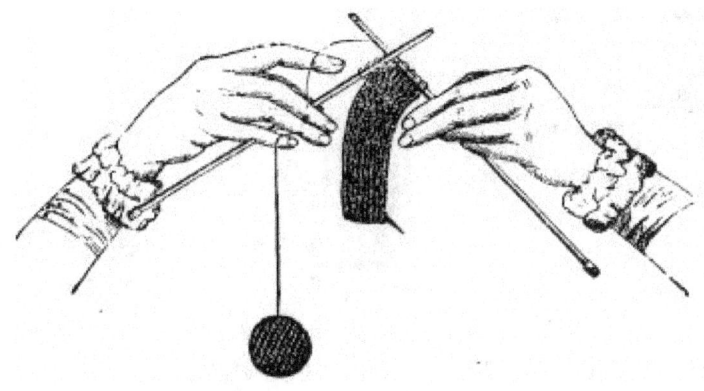

PLAIN KNITTING.

When knitted and purled stitches occur in the same row, the thread must be brought forward before a purled stitch, and taken back before a knitted one.

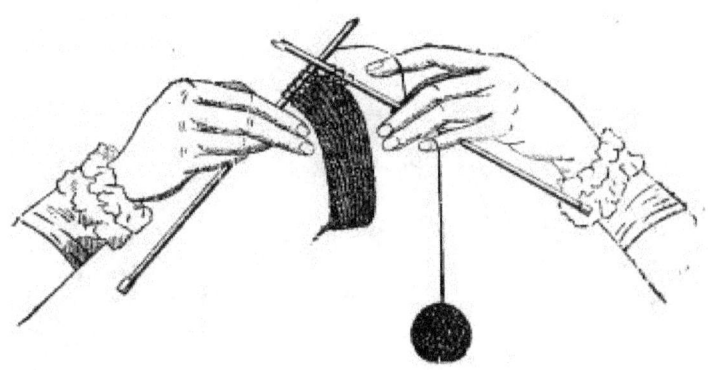

THE GERMAN MANNER.

TO MAKE A STITCH. Bring the thread in front, as if for a purled stitch, so that when you knit one the thread will pass over the needle, and will make a hole in the following row. This diagram shows the manner of making three stitches, and any other number could be made, by putting the thread round a proportionate number of times. In the engraving it will be seen that the thread is put twice entirely round the needle; and then brought forward, so that the next knitted stitch will take it over a third time. In doing the next row, knit one, purl one, knit one of these stitches; however many are made, they must be alternately knitted and purled in the next row. When the stitch allowing the made stitches is to be purled, the thread must be entirely passed round the needle, once for every stitch to be made, and brought forward also.

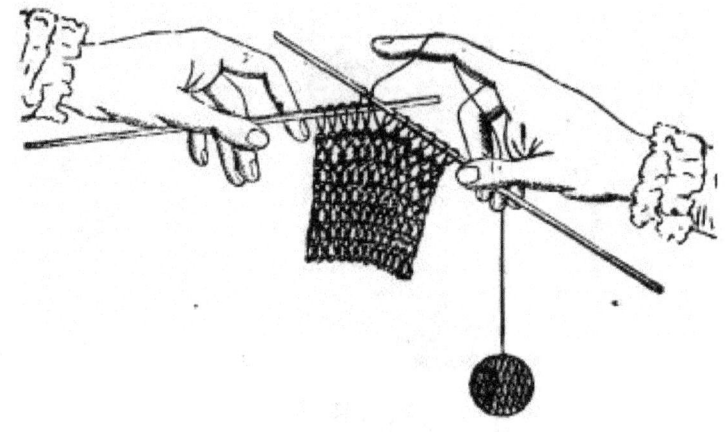

PURLING.

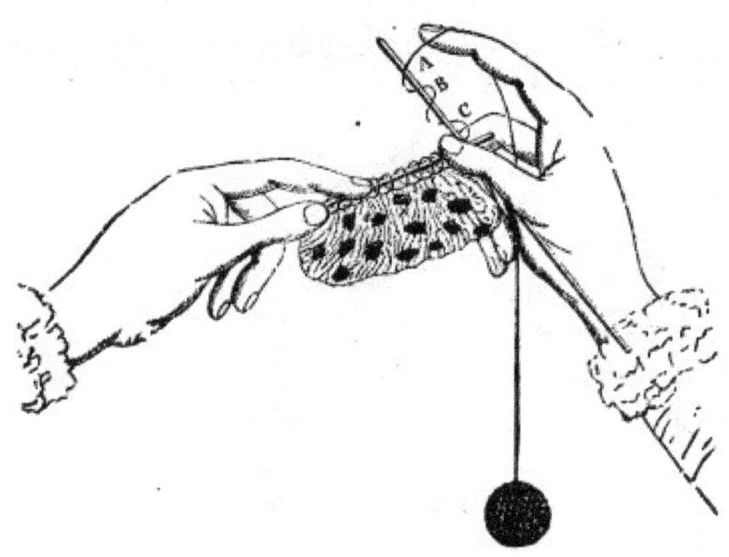

TO MAKE A STITCH.

SLIP STITCH.—Pass a stitch from the left needle to the right, without knitting it. There are two ways of decreasing: first, by knitting two, three, or more stitches as one, marked in knitting, as k 2 t, k 3 t, etc. Secondly, in the following way: slip one stitch, knit-one, pass the slip stitch over: this decreases one stitch. To decrease two; slip one, knit two together, pass the slip stitch over.

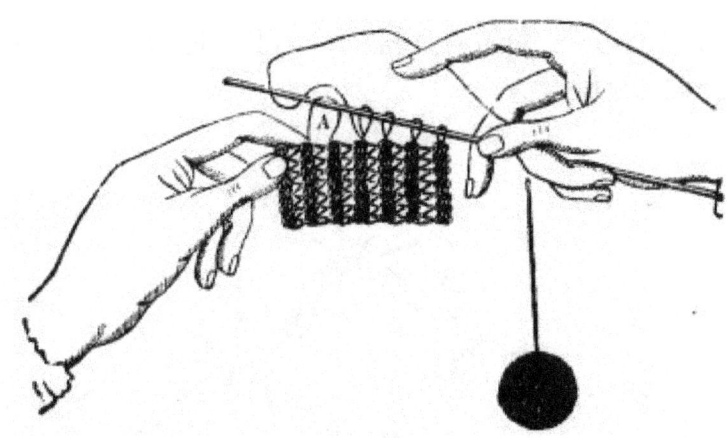

TO TAKE UP STITCHES.

A reverse stitch is taken off the left-hand needle, in the reverse way to knitting and purling. In both these, the right-hand needle is inserted in the middle of the stitch, and the point brought out towards you or otherwise. But to make a reverse stitch, you insert the point of the needle in the stitch *at the back of the work,* and bring it forward through the opening in which it generally is inserted. The thread is to be placed round it, as for a purled stitch.

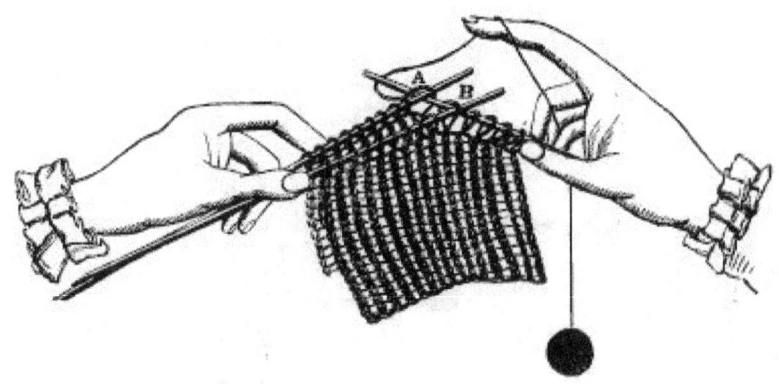

TO KNIT TWO PIECES TOGETHER.

To reverse two, three, or more stitches together, insert the needle in them all at once, *from the last to the first.*

TO TAKE UP STITCHES.—Insert the needle in the loop, pass the thread round, and knit it in the usual manner. Do not draw out any loop more than can be avoided, while knitting it.

TO KNIT TWO PIECES TOGETHER.—To do this there must be an equal number of stitches on both.

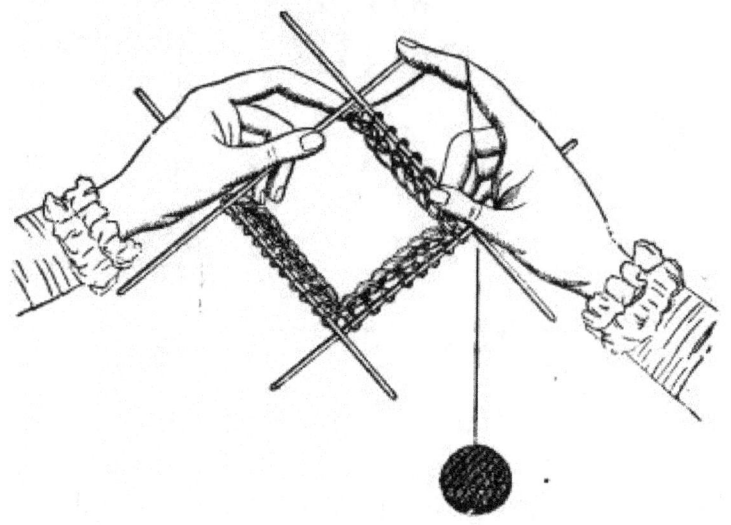

TO FORM A ROUND.

Hold the needles together in the right hand, and knit as usual, inserting the left-hand needle in a loop of each at the same time, and treating the two as one.

TO CAST OFF.

TO FORM A ROUND:—This diagram represents the French manner of performing this process by casting the whole number of stitches on one needle, and then distributing them on three, or perhaps four. But the English mode is to divide the number of stitches, and cast so many on each needle, not withdrawing the last stitch of each needle from the point of the next needle. When all are cast on, the round is made by knitting the *two first* stitches on to the last needle. Four needles are employed for stockings, five for doyleys and other round articles.

To cast off:— knit two stitches, insert the point of the left hand needle in the first stitch, and draw it on the other. Knit another stitch, and treat these two in the same way.

Contents

INFANT'S SHOE, IN KNITTING.

MATERIALS..— 1 ounce of white Berlin wool. 1 skein of white, and 1 of pink embroidery wool, 4 knitting needles, No. 21, and 2, No. 19.

With the fine needles cast 30 stitches on one, and 20 on each of two others. Join into a round, and purl one round.

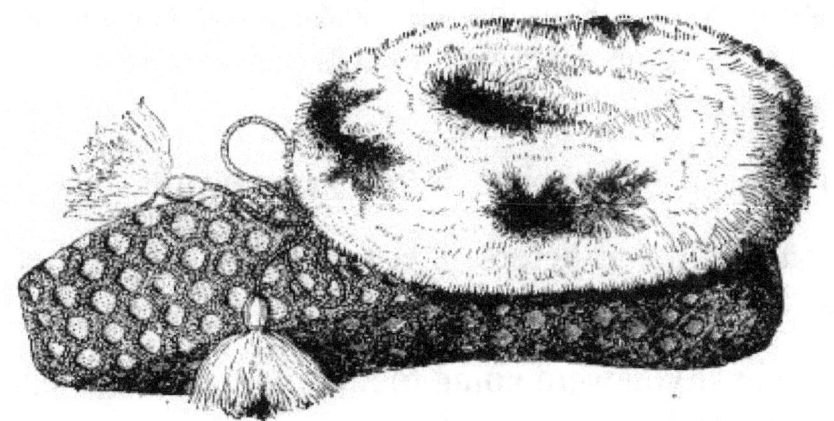

INFANT'S SHOE, IN KNITTING

1st pattern round: X slip 2, taking them off the needle in the same way as if you were going to purl them, but with the wool at the back; knit 3. X repeat all round.

2nd, 3rd, and 4th rounds: the same.

5th and 6th: purl every stitch.

7th to 10th inclusive: X knit 3, slip 2 as before, X repeat all round, 11th and 12th purled.

13th to 16th inclusive: X knit 2, slip 2 as before, knit 1, X repeat all round.

17th and 18th purled. Repeat these 18 rounds again.

Then do the same twice more; but, instead of knitting three stitches, always decrease by knitting two together (once) on the needle that has the thirty stitches in every row which is not plainly purled, until only twelve stitches are left on it.

When 72 rounds are done, the boot will be sufficiently long. Purl two rounds, divide the whole number of stitches on two needles, taking care that the 12 stitches shall be exactly in the centre of one; then join up the toe by casting off, knitting one stitch from each needle together.

Now take up the twenty centre stitches of the 70 originally cast on—that is, the twenty middle ones of the thirty that were on one needle, and which were decreased to twelve. Knit them backwards and forwards 40 rows. With another needle take up on each edge of this plain knitting 20 more stitches, so that there are 60 altogether.

These stitches must be knitted backwards and forwards thus:—

1st row: X knit 3, slip 2 as before, X repeat with the last stitch, take up one of the 70 next to the 20.

2nd: Slip 2, but as if you were going to knit plain, purl 3. Repeat; join on to the 70 at the other end.

3rd: Like first.

4th: Like 2nd.

5th: Purled; join at the end.

6th: Knitted; join at the end.

7th: X knit 2, slip 2, knit 1, X join at the end.

8th: X purl 1, slip 2, knit 2, X join as before.

9th: Like 7th.

10th: Like 8th.

11th: Purled.

12th: Knitted.

13th: X knit 1, slip 2, knit 2, X join at the end.

14th: X purl 2, slip 2, knit 1, X join.

15th: Like 13th.

16th: Like 14th.

17th: Purled, with join at the end.

18th: Knitted. The same. Repeat these 18 rows.

Take up the remaining stitches of the 70, and form the whole into a round for the ankle. Purl four rounds.

5th round: X knit 3, make 1, knit 2 together, X all round. Purl 6 more rounds, and cast off.

FOR THE TASSELS.—Plait some wool into a cord, and fasten at each end a tassel of white and pink wool combed out.

FOR THE RUCHE.—Cast on five stitches with the coarser needles, and the white embroidery wool. Knit and purl the rows alternately, winding the wool six times round two fingers of the left hand at every stitch, and taking up those threads with the stitches. Do about ten rows so; then for ten more wind the wool only for the first and last stitches, and the pink for the others of each row. Do enough to go twice round the top of each boot. Cut the loops, and comb out the wool. Sew it round the top of the boot.

Contents

THE TULIP WREATH FLOWER-VASE MAT.

MATERIALS..—12 shades of amber, 7 shades of lilac, 4 shades of green. 4 Skeins of each colour. 5 Steel Needles, No. 14. Cardboard foundation, covered with white or amber cambric, 8 inches in diameter.

FOR THE MAT.—Knit 4 rounds of each shade of amber, beginning with the lightest. Cast on 2 stitches on each of 4 needles; bring the wool forward, knit half the stitches on the first needle; t. f. and k. [Footnote: K. means knit; k. 2+ knit two together; p. purl; t. f. thread forward.] the other half; repeat the same on each of the other 3 needles; k. the next round plain; repeat these two rounds until there are 48 stitches on each needle; then cast off, and sew this on the covered cardboard foundation.

FOR THE TULIPS.—5 tulips to be knitted in 7 shades of amber, and 5 in 7 shades of lilac; 4 rounds to be knitted of each shade; 4 needles. Cast on 2 stitches on each of 3 needles; t.f. at the commencement of each needle; k. 1 plain round; purl a round, increasing at commencement of each needle. Repeat these two rounds till there are 22 stitches on each of the three needles; then first k. 3, k. 2+, k. 1, k. 2+, k. 3; turn the work back, and purl the stitches.

THE TULIP WREATH FLOWER-VASE MAT.

3rd: K. 2, k. 2+, k. 1, k. 2+, k. 2.

4th: Turn back and purl.

5th: K. 2, k. 2+, k. 1, k. 2+, k 2.

6th: Turn back and purl.

7th: K. 1, k. 3+, k. 1.

8th: Purl.

9th: K. 3+.

20 tulips will be required.

THE LEAVES (10 of which will be necessary).—4 shades of green, 12 rows of each; 2 needles.

Cast on 3 stitches; k. plain, till before the centre stitch; t.f. and k. the centre stitch; t.f., k. the remainder plain; p. the next row; repeat these 2 rows, till there are 12 open stitches up the vein of the leaf; then k. 1, k. 2+, k. plain, till 2 from the centre stitch; then k. 2+, t.f., k. 1, t.f., k. 2+, k. plain, till 3 from the end; then k. 2+, k. 1; p. the next row; repeat till there are 8 more open stitches, that is, 20 from the beginning; then k. 2+ at the beginning and end of every other row, till the last ends in a point. Now sew the leaves round the mat by the part where the stem should be; then sew the tulips on as in engraving, sewing the leaf about 6 rows from the point on the stem of the tulip.

A WOVEN PARASOL.

CROCHET.

The stitches used in crochet are, *chain, slip, single, double, treble, and long treble crochet.*

TO MAKE A CHAIN, form a loop on the thread, insert the hook in it, and draw the thread in another loop through this. Continue this to form a succession of stitches.

SLIP-STITCH is made by drawing a thread *at once* through any given stitch and the loop which is on the needle.

SINGLE CROCHET (written s.c.)—Having a loop on the needle, insert the hook in a stitch, and draw the thread through in a loop. You then have two on the hook; draw the thread through both at once.

DOUBLE CROCHET (d.c.)—Twist the thread round the hook before inserting it in the stitch, through which you draw the thread in a loop. Three loops being then on the needle, draw the thread through two, and then through the one just formed and the remaining one.

TREBLE CROCHET (t.c.) and LONG TREBLE (long t.c.) are worked in the same manner; in the former the thread is put *twice*, in the latter *three times*, round the hook, before inserting it into the stitch.

TO JOIN LEAVES.—When one part of a leaf, flower, etc., is to be joined to another, drop the loop from your hook, which insert in the place to be joined; draw the loop through and continue working.

TO PASS FROM ONE ROUND TO ANOTHER WITHOUT BREAKING THE THREAD.—In working mats and many similar articles this is very desirable. Having finished one round, see whether a s.c., d.c., or t.c. stitch begins the next; for s.c. make one chain, for d.c. three, for t.c. four; slip the needle out, and twist the chain, then continue working. This twisted chain will have all the appearance of a d.c. or t.c. stitch. Should the round not begin exactly in the same place, slip-stitch to the part where it commences, as it will seldom be more than a few stitches in advance.

SQUARE CROCHET is a term often used, and generally understood, as the engraved patterns are mostly in it. Lest, however, any of our readers should not be familiar with the name, we will explain it. The squares are either open or close. An open square consists of one d.c., two ch.—missing two on the line beneath, before making the next stitch. A close square has three successive d.c. Thus, any given number of close squares, followed by an open, will have so many times three d.c., and *one over*; and any foundation made for a pattern to be worked in square crochet will have a number of chains divisible by three, leaving one over.

TO CONTRACT AN EDGE.—In forming leaves and many other things, this is very useful. It can be done in d.c., t.c., or long t.c. Having twisted the thread round the needle as often as the stitch may require, insert it in the work, and half-do a stitch. Instead of completing it, again twist the thread round, until the same number of loops are on, and work a stitch completely. Thus, for two stitches taken in the work, there is only one head. This being successively repeated materially contracts an edge.

TO JOIN ON A THREAD.—Avoid joins in open work as much as possible. In close work, whether d.c. or s.c., they will not be perceived. Finish the stitch by drawing the new thread through, allowing a couple of inches for both ends, which you hold in.

TO WORK WITH SEVERAL COLOURS.—Hold the threads not in use along the edge of the work, and work them in. When the colour is to be changed, begin the stitch with the old colour, and complete it with the new, which continue to work with, holding the other in. If only one stitch of a colour is to be used, you finish one stitch, and begin the next with it; then change. Colours are seldom intermixed, except in solid work, such as the ends of purses, mats worked over cord, and the like.

TO WORK OVER CORD.—Hold it in the left hand, with the work, and work round it, as you would if it were merely an end of thread. The stitches must, however, be sufficiently close to cover it entirely.

TO WORK WITH BEADS.—Beads must be first threaded on the silk, or other material, and then dropped, according to the pattern, on what is usually thought the wrong side of the work. This side presents a more even appearance than the other. It follows that when bead purses are worked from an engraving, they are worked the reverse of the usual way—namely, from right to left.

THE MARKS USED IN CROCHET RECEIPTS.—These are very simple when understood. They are printers' marks—asterisks, crosses, daggers, and sometimes one or two others. They are used to mark repetitions, and save space. The principal thing to observe is, that in every row or round, if *one* of any kind is used, a second, *similar* one, is sure to be found; and that the repetition occurs between the two, however far distant apart. Suppose a row of a pattern to be written thus:—X 2 d.c., 4 ch., miss 4, * 5 d.c., 1 ch., miss 1, * three times, 5 d.c., X, * twice; it would, at full length, be—2 d.c., 4 ch., miss 4, 5 d.c., 1 ch., miss 1, 5 d.c., 1 ch., miss 1, 5 d.c., 1 ch., miss 1, 5 d.c., 2 d.c., 4 ch., miss 4, 5 d.c., 1 ch., miss 1, 5 d.c., 1 ch., miss 1, 5 d.c., 1 ch., miss 1, 5 d.c. It will be seen that one repetition often occurs *within another*, as in the stitches between the asterisks. Another mode of shortening receipts can be used only where a row has a centre both sides of which correspond; the latter being the same as the former, worked *backwards*. Then the letters *b, a,* are used, to mark that in the latter part of the row you reverse the instructions. *b*, 7 d.c., 3 ch., miss 2, 1 d.c., 2 ch., miss 1, *a*, 1 d.c. (the centre stitch), would be, 7 d.c., 3 ch., miss 2, 1 d.c., 2 ch., miss 1, 1 d.c., miss 1, 2 ch., 1 d.c., miss 2, 3 ch., 7 d.c. These letters and the printers' marks are equally used in knitting. It is easy to see how much space is gained by the use of these abbreviations, a knowledge of which is easily acquired. Probably many of our friends are already familiar with the substance of this preliminary lesson; but as daily experience convinces us that many are still ignorant of the principles of crochet, we trust the good-nature of the adepts will lead them to excuse this occupation of a page, in consideration of the benefit it will be to their less fortunate friends.

One word on the implement termed a crochet-hook. It should not be sharp or pointed, either in the point or barb, but smooth, and quite free from any angularity that can catch the silk. Cheap and common crochet-hooks are in the end the dearest, as they break cotton, ravel silk, wear out the patience, and prick the finger. They should be of the best steel, highly polished, and firmly fixed in ivory handles. Those we use have been made at our recommendation, and have the *size* engraved on every handle. This saves the tiresome and uncertain reference to a gauge. These hooks are termed "*tapered, indented*" crochet-hooks.

ANTI-MACASSAR.

MATERIALS..—Four reels of Brooks' Great Exhibition Prize Goat's-head Crochet Cotton, No. 8, 1 ditto, No. 4, 4 ounces of turquoise blue beads.

The anti-macassar of which we give a representation in the engraving is intended to fit the top of a library chair. One half only is seen. A similar piece of crochet is to be made and sewed to it, the two forming a sort of bag, which is slipped over the back of the chair. It is a great improvement on the old-fashioned anti-macassar, as it is not liable to be displaced. A border is added to the front of it, the pattern of which is made in beads (in the style of the bassinet quilt, page 24). This, from its weight, serves to keep the anti-macassar from shifting, and is finished with a handsome fringe. Spotted muslin, or any similar material, may be used for the back of the anti-macassar, instead of crochet, for those who would prefer saving themselves the trouble of working the second piece.

ANTI-MACASSAR.

The upper part may be worked from the engraving, being done in square crochet, for which we have already given full directions. Make a chain of 277 stitches. Do one row of double crochet; then work from the engraving, beginning with that row which is in open square crochet, except the first and last squares, which are close. When you come to the diminished part, begin the row thus:—Miss 1, slip on the 2nd, single crochet on the 3rd, double crochet on the 4th. Reverse the process at the end of the row. This diminishes the row one square at each end. Some few rows narrow the squares at each end. In that case miss 4 at the beginning and end, instead of one. Work in the ends as you go on. This part of the anti-macassar uses three reels of cotton. Thread the blue beads on the 4th, No. 8 reel, and work the borders.

Begin by a row of single crochet on the *wrong* side, on the foundation chain. All the subsequent rows are done on the same side. Begin every row with two plain stitches, beside those in the pattern.

1st pattern row: X 2 plain, 2 beads, 5 plain, 2 beads, 14 plain X repeat to the end in this and every future row.

2nd: X 1 plain, 1 bead, 2 plain, 3 beads, 1 plain, 3 beads, 14 plain X.

3rd: X 1 plain, 1 bead, 2 plain, 1 bead, 2 plain, 3 beads, 15 plain X.

4th: X 2 plain, 7 beads, 1 plain, 1 bead, 14 plain X.

5th: X 4 plain, 4 beads, 3 plain, 1 bead, 13 plain X.

6th: X 4 plain, 4 beads, 4 plain, 1 bead, 12 plain X.

7th: X 3 plain, 6 beads, 3 plain, 1 bead, 5 plain, 4 beads, 3 plain X.

8th: X 2 plain, 3 beads, 2 plain, 3 beads, 2 plain, 1 bead, 6 plain, 5 beads, 1 plain X.

9th: X 1 plain, 3 beads, 4 plain, 3 beads, 1 plain, 1 bead, 7 plain, 5 beads X.

10th: X 1 plain, 2 beads, 6 plain, 3 beads, 8 plain, 3 beads, 2 plain X.

11th: X 10 plain, 3 beads, 7 plain, 1 bead, 1 plain, 1 bead, 2 plain X.

12th: X 9 plain, 1 bead, 1 plain, 3 beads, 1 plain, 3 beads, 4 plain, 1 bead, 2 plain X.

13th: X 8 plain, 1 bead, 3 plain, 3 beads, 3 plain, 1 bead, 2 plain, 2 beads, 2 plain X.

14th: X 8 plain, 1 bead, 4 plain, 3 beads, 5 plain, 2 beads, 2 plain, X.

15th: X 8 plain, 1 bead, 3 plain, 1 bead, 1 plain, 3 beads, 3 plain, 3 beads, 2 plain X.

16th: X 9 plain, 3 beads, 3 plain, 3 beads, 2 plain, 3 beads, 2 plain X.

17th: X 16 plain, 6 beads, 3 plain, X.

18th: X 6 plain, 1 bead, 10 plain, 5 beads, 3 plain X.

19th: X 6 plain, 3 beads, 8 plain, 5 beads, 3 plain X.

20th: X 6 plain, 6 beads, 3 plain, 7 beads, 3 plain X.

21st: X 6 plain, 5 beads, 2 plain, 10 beads, 2 plain X.

ANTI-MACASSAR.

MATERIALS..—Brooks' Great Exhibition Prize Goat's-head Crochet Cotton, No. 24.

This anti-macassar must be begun on the line of d.c., forming one end. Make a chain of the required number of stitches, including the borders, and work the whole anti-macassar, except the border which is at the one end, below the foundation chain, which must be done last of all. Or the centre can be done entirely first, and the border worked all round afterwards, increasing at the corners. We, however, recommend the former method.

This pattern is extremely well adapted for darning on square netting. In that case the netting may be done in Brooks' Knitting Cord, No. 60, and the darning in Embroidery Cotton, No. 70. The centre only can be done thus—a netted border must trim it.

ANTI-MACASSAR.

Contents

NETTED ANTI-MACASSAR.

NETTED ANTI-MACASSAR.

MATERIALS..—Brooks' Great Exhibition Prize Goat's-head Knitting Cord, No. 40, and Embroidering Goat's-head Cotton, No. 70; mesh, one-third of an inch wide.

This anti-macassar is done in the fashionable style of netting, with a pattern darned on it after it is worked. Make a foundation, on which work sixty-seven stitches. Repeat these, backwards and forwards, until a square is done, of as many holes up the sides as along the width. Remove the foundation, and add either a crochet-bead border all round, or a netted one. The bead border makes the shape more solid; the netted one is certainly lighter, and the following is very pretty:—

With a mesh three times the size of that used for the square do one entire round, with three stitches in one at the corners.

2nd round: With the small mesh. Miss the first stitch, net the second, then the missed one, repeat all round.

3rd: X Net a stitch of each of seven stitches, miss one stitch of the last round, X repeat all round.

Observe, before doing this round, count the number of stitches; if they cannot be divided by eight, add at the corners as many as may be required. Supposing there are so many eights and five over, then three more will be wanted, and one must be added (by doing two in one) in each of the three corners.

4th: X 6 over seven, miss the long stitch, X repeat.

5th: X 5 over six, missing as before, X repeat.

6th: X 4 over five, as before, X repeat.

7th: X 3 over four, as before, X repeat.

8th: X 2 over three, as before, X repeat.

Before darning netting, wash it perfectly clean, stiffen it by dipping it into a little gum-water, and pin it out on a pillow, in the proper form, to dry. Then darn it with embroidery cotton, every square of the pattern being closely filled up.

Contents

ROUND COUVERETTE FOR AN EASY CHAIR OR SOFA.

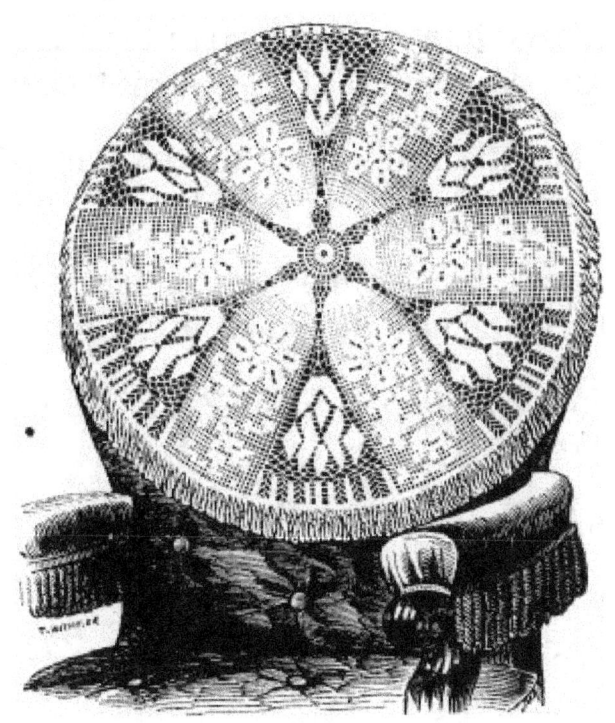

ROUND COUVERETTE FOR AN EASY CHAIR OR SOFA.

1st round: 9 ch., unite; 3 ch., this forms 1 l. stitch; under this circle work 24 l., that is, including the 3 ch., which reckon as "1 l.;" in fastening off this round, simply insert the hook through the 3rd loop of 3 ch., draw the cotton through, cut it off, draw it down at the back, and tie it in a neat and secure knot.

2nd: Be careful not to begin in any row in the same place where the previous row was terminated. 2 l. into every loop of last row; there should be 48 l.

3rd: 1 l. into every loop, with 1 ch. between each.

4th and 5th: 1 l. upon every l., with 2 ch. between each.

6th: Commence upon a l. stitch, * 2 l. into 1 loop, 5 ch., miss 2 loops, repeat from * 3 times more, then 3 ch., miss 2 loops, 10 l., 3 ch., miss 2 loops, repeat.

7th: * 2 l. into the 3rd loop of the 5 ch.; 5 ch., repeat from * twice more, then 10 l. on l., repeat.

8th: 3 d.c. stitches, the 1st into the 2nd loop of the 5 ch., after the l. stitches, 5 ch., repeat from * 3 times more, 12 l. the 1st into next loop, repeat.

9th: * 3 d.c. the 1st into the 2nd loop of the 1st 5 ch., 5 ch., repeat from * twice more, miss 1 loop, 18 l. the 1st in 2nd loop.

10th: D.c. into the centre loop of the 5 ch., 5 ch., d.c. into centre loop of next 5, 3 ch., 24 l. the 1st on next d.c. stitch, 3 ch., repeat.

11th: 3 d.c. the 1st into 2nd loop of 5 ch., 3 ch., 1 l. on every l., with 1 ch. between each, 3 ch., repeat.

12th: 1 l. on l., 1 ch., repeat over the l. stitches, then 3 ch., 3 d.c. on the 3 d.c., 3 ch., repeat.

13th: 1 l. on l., 1 ch., repeat this over the l. stitches, 7 ch., repeat.

14th: The same.

15th: 1 l., 2 ch. over the l. stitches, then 3 ch., 1 l. into 3rd loop of the 7 ch., 5 ch., miss 1 loop, 1 l. into next loop, 3 ch., repeat.

16th: 7 sq., 6 l., 14 sq., 3 ch., d.c. into centre loop of 5 ch., 3 ch., repeat.

17th: 6 sq., 12 l., 13 sq., 3 ch., 1 l. on d.c. stitch, 3 ch., repeat.

18th: 6 sq., 12 l., 4 sq., 9 l., 2 sq., 3 l., 3 sq., 3 ch., d.c. on d.c., 3 ch., repeat.

19th: 6 sq., 12 l., 3 sq., 12 l., 2 sq., 3 l., 3 sq., 3 ch., d.c. on d.c., 3 ch., repeat.

20th: 6 sq., 6 l., 1 sq., 3 l., 2 sq., 15 l., 1 sq., 3 l., 4 sq., 3 ch., d.c. on d.c., 3 ch., repeat.

21st: 6 sq., 6 l., 1 sq., 3 l., 1 sq., 6 l., 1 sq., 6 l., 1 sq., 3 l., 5 sq., 3 ch., d.c. into centre loop of 1st 3 ch., 3 ch., d.c. into centre loop of next 3 ch., repeat.

22nd: 3 sq., 6 l., 1 sq., 12 l., 1 sq., 3 l., 1 sq., 6 l., 8 sq., 5 ch., 1 l. into centre loop of centre 3 ch., 5 ch., repeat.

23rd: 2 sq., 12 l., 1 sq., 3 l., 2 sq., 12 l., 9 sq., 5 ch., d.c. into centre loop of 1st 5 ch., 5 ch., d.c. into centre loop of 2nd 5 ch., 5 ch., repeat.

24th: 2 sq., 3 l., 2 sq., 6 l., 1 sq., 6 l., 1 sq., 6 l., 10 sq., 7 l., d.c. into centre loop of 2nd 5 ch., 7 ch., repeat.

25th: 3 sq., 9 l., 1 sq., 12 l., 1 sq., 15 l., 6 sq., 5 ch., d.c. into centre loop of 7 ch., 5 ch., d.c. into centre loop of 7, 5 ch., repeat.

26th: 7 sq., 12 l., 1 sq., 3 l., 2 sq., 9 l., 5 sq., 5 ch., d.c. into centre loop of 5, 3 ch., 5 l., with 1 ch. between each, under the next 5 ch., 3 ch., d.c. into centre loop of 5, 5 ch., repeat.

27th: 3 sq., 12 l., 1 sq., 6 l., 1 sq., 21 l., 1 sq., 3 l., 3 sq., 5 ch., d.c. into centre ch. of 5, 3 ch., 11 l. the 1st into 3rd loop of 3 ch., 3 ch., d.c. into 5, 5 ch., repeat.

28th: 2 sq., 9 l., 1 sq., 6 l., 2 sq., 6 l., 1 sq., 12 l., 3 sq., 3 l., 2 sq., 5 ch., d.c. into centre of 5, 3 ch., 13 l., the 1st into 3rd loop of 3 ch., 3 ch., d.c. into centre of 5, 5 ch., repeat.

29th: 2 sq., 6 l., 1 sq., 24 l., 7 sq., 3 l., 2 sq., 5 ch., d.c. into centre loop of 5 ch., 3 ch., 15 l., the 1st into 3rd loop of 3 ch., 3 ch., d.c. into centre loop of 5, 5 ch., repeat.

30th: 2 sq., 15 l., 1 sq., 6 l. 1 sq., 6 l., 1 sq., 3 l., 3 sq., 6 l., 3 sq., 5 ch., d.c. into centre loop of 5, 3 ch., 8 l., the 1st into the 3rd loop of the 3 ch., 1 ch., miss 1 loop, 8 l., 3 ch., d.c. into centre of 5 ch., 5 ch., repeat.

31st: 2 sq., 12 l., 3 sq., 6 l., 1 sq., 6 l., 1 sq., 9 l., 5 sq., 5 ch., d.c. into centre loop of 5, 3 ch., 8 l., 3 ch., d.c. into centre loop of 3 ch., 3 ch., 8 l., the 1st or 2nd d.c., 3 ch., d.c. into centre loop of 5, 5 ch., repeat.

32nd: 3 sq., 6 l., 4 sq., 15 l., 1 sq., 3 l., 7 sq., 5 ch., d.c. into centre loop of 5, 3 ch., 9 l., the 1st into 3rd loop of the 3 ch., 3ch., d.c. on d.c., 5 ch., d.c. into same loop, 3 ch., 9 l., the 1st on next l., 3 ch., d.c. into centre loop of 5, 5 ch., repeat.

33rd: 10 sq., 12 l., 2 sq., 3 l., 6 sq., 5 ch., d.c. on d.c., 3 ch., 8 l., the 1st on 1st l., 3 ch., 5 l., with 1 ch. between each under the 5 ch., 3 ch., 8 l., the 1st on 2nd l., 3 ch., d.c. on d.c., 5 ch., repeat.

34th: 11 sq., 9 l., 2 sq., 3 l., 6 sq., 5 ch., d.c. on d.c., 3 ch., 6 l., the 1st on 2nd l., 3 ch., 9 l., the 1st on next l., 3 ch., 6 l., the 1st on 2nd l., 3 ch., d.c. on d.c., 5 ch., repeat.

35th: 4 sq., 9 l., 1 sq., 6 l., 6 sq., 9 l., 4 sq., 5 ch., d.c. on d.c., 4 ch., 4 l., the 1st on 2nd l., 3 ch., 11 l., the 1st into 4th loop, 3 ch., 4 l., the 1st on 2nd l., 4 ch., d.c. on d.c., 5 ch., repeat.

36th: 4 sq., 18 l., 1 sq., 3 l., 3 sq., 3 l., 1 sq., 9 l., 3 sq., 5 ch., d.c. on d.c., 5 ch., 2 l., the 1st on 2nd l., 6 ch., 9 l., the 1st on 2nd l., 6 ch., d.c. on d.c., 5 ch., repeat.

37th: 5 sq., 15 l., 1 sq., 3 l., 3 sq., 6 l., 1 sq., 6 l., 3 sq., 5 ch., 1 l. on d.c. stitch, 5 ch., 5 l., with 1 ch. between each under the 6 ch., 3 ch., 7 l., the 1st on 2nd l., 3 ch., 5 l., with 1 ch. between each under the 6 ch., 5 ch., d.c. on d.c., 5 ch., repeat.

38th: 7 sq., 6 l., 1 sq., 3 l., 4 sq., 3 l., 3 sq., 3 l., 3 sq., 5 ch., 1 l. on l., 5 ch., 9 l., the 1st on next l., 5 ch., 1 l. on l., 5 ch., repeat.

39th: 7 sq., 9 l., 4 sq., 3 l., 1 sq., 3 l., 1 sq., 3 l., 1 sq., 3 l, 2 sq., 5 ch., 1 l. on l., 5 ch., 11 l., the 1st into the 5th loop of the 5 ch., 5 ch., 3 l., the 1st on 2nd l., 5 ch., 11 l., the 1st into 6th loop, 5 ch., 1 l. on l., 5 ch., repeat.

40th: 2 sq., 9 l., 1 sq., 12 l., 4 sq., 6 l., 1 sq., 3 l., 1 sq., 6 l., 2 sq., 5 ch., 1 l. on l., 3 ch., 1 l. into same loop, 5 ch., 11 l., the 1st on 2nd l., 5 ch., d.c. on 2nd l. stitch, 5 ch., 11 l., the 1st into 6th loop, 5 ch., 1 l. on l., 3 ch., 1 l. into same loop, 5 ch., repeat.

41st: 2 sq., 21 l., 5 sq., 6 l., 2 sq., 3 l., 1 sq., 3 l., 2 sq., 5 ch., 5 l., with 1 ch. between each, under the 3 ch., 5ch., 11 l., the 1st on 2nd l., 5 ch., 1 l. on d.c. stitch, 5 ch., 11 l., the 1st into 5th loop, 5 ch., 5 l., with 1 ch., between each, under the 3 ch., 5 ch., repeat.

42nd: 3 sq., 15 l., 1 sq., 6 l., 3 sq., 3 l., 1 sq., 9 l., 4 sq., 5 ch., 9 l., the 1st on next l., 5 ch., 11 l., the 1st on 2nd l., 7 ch., 11 l., the 1st into 5th loop of the 5 ch., 5 ch., 9 l., the 1st on next l., 5 ch., repeat.

43rd: 2 sq., 15 l., 2 sq., 3 l., 1 sq., 6 l., 3 sq., 6 l., 5 sq., 2 ch., 1 l., into 3rd loop, this forms another sq., and is reckoned as such in the next rows; 5 ch., 9 l. on the l., 7 ch., 11 l., the 1st on 2nd l., 7 ch., 11 l., the 1st. into 4th loop, 7 ch., 9 l. on the l., 5 ch., 1 l., into 3rd loop, 2 ch., repeat.

44th: 3 sq., 15 l., 2 sq., 3 l., 14 sq., 5 ch., 9 l. on the l., 7 ch., 9 l., the 1st on next l., 3 ch., 9 l., with 1 ch. between each, under the 7 ch., 3 ch., 9 l., the 1st on 3rd l., 7 ch., 9 l. on l., 5 ch., repeat.

45th: 5 sq., 9 l., 3 sq., 3 l., 13 sq., 7 ch., 7 l., the 1st on 2nd l., 7 ch., 9 l., the 1st into 9th loop, 3 ch., 17 l., the 1st on next l., 3 ch., 9 l., the 1st on 2nd l., 7 ch., 7 l., the 1st on 2nd l., 7 ch., repeat.

46th: 5 sq., 6 l., 4 sq., 3 l., 1 sq., 12 l., 8 sq., 7 ch., 5 l., the 1st on 2nd l., 7 ch., 9 l., the 1st into 8th loop, 3 ch., 15 l., the 1st on 2nd l., 3 ch., 9 l., the 1st on 2nd l., 7 ch., 5 l., the 1st on 2nd l., 7 ch., repeat.

47th: 5 sq., 6 l., 4 sq., 21 l., 7 sq., 7 ch., 3 l., the 1st on 2nd l., 7 ch., 8 l., the 1st into 8th loop, 7 ch., 13 l., the 1st on 2nd l., 7 ch., 8 l., the 1st on 3rd l., 7 ch., 3 l., the 1st on 2nd l., 7 ch., repeat.

48th: 6 sq., 3 l., 3 sq., 12 l., 1 sq., 6 l., 8 sq., 5 ch., 1 l., into 4th loop, 5 ch., 1 l. on 2nd l., 5 ch., 1 l. into 5th loop, 5 ch., 6 l., the 1st on 2nd l., 5 ch., 1 l. into 5th loop, 5 ch., 11 l., the 1st on 2nd l., 5 ch., 1 l. into 5th loop, 5 ch., 6 l., the 1st on 2nd l., 5 ch., 1 l. into 5th loop, 5 ch., 1 l. on 2nd l., 5 ch., 1 l. into 4th loop, 5 ch., repeat.

49th: 10 sq., 15 l., 2 sq., 12 l., 4 sq., 5 ch., 1 l. into centre loop of the 5 ch. for 4 times, 5 ch., 4 l., the 1st on 2nd l., 5 ch., 1 l. into centre loop of 5 twice, 5 ch., 9 l., the 1st on 2nd l., 5 ch, 1 l. into centre loop of 5 ch. twice, 5 ch., 4 l., the 1st on 2nd l., 5 ch., 1 l. into centre of loop of 5, 3 times, 5 ch., repeat.

50th: 10 sq., 6 l., 1 sq., 6 l., 1 sq., 18 l., 3 sq., 5 ch., 1 l. into centre of each 5, for 5 times, 5 ch., 2 l., the 1st on 2nd l., 5 ch., 1 l. into centre of 5, 3 times, 5 ch., 7 l., the 1st on 2nd l., 5 ch., 1 l. into centre of 5, 3 times, 5 ch., 2 l., the 1st on 2nd l., 5 ch., 1 l. into centre of 5, for 5 times, 5 ch., repeat.

51st: 10 sq., 3 l., 1 sq., 3 l., 1 sq., 3 l., 1 sq., 9 l., 6 sq., 5 ch., and 1 l. into centre loop of 5 ch., for 10 times, 5 ch., 5 l., the 1st on 2nd l., 5 ch., 1 l. into centre loop of the 5 ch., for 10 times, 1 ch., repeat.

52nd: 11 sq., 9 l., 1 sq., 15 l., 5 sq., 5 ch., and 1 l. into centre loop of each 5 ch., for 11 times, 5 ch., 3 l., the 1st on 2nd l., 5 ch., and 1 l. into centre loop of 5 ch., 11 times, 5 ch., repeat.

53rd: 10 sq., 33 l., 4 sq., 5 ch., and 1 l. into centre loop of the 5 ch., 5 ch., repeat.

54th: 10 sq., 24 l., 1 sq., 6 l., 4 sq., 3 ch., 7 l., the 1st on next l., * 4 ch., 1 l. on l., 4 ch., 7 l., the 1st on next l., repeat from *twice more, 4 ch., 7 l., the 1st on next l., 4 ch., 7 l., the 1st on next l., ** 4 ch., 1 l. on l., 4 ch., 7 l., the 1st on next l., repeat from ** twice more, 3 ch., repeat from beginning.

55th: 9 sq., 6 l., 1 sq., 6 l., 1 sq., 12 l., 6 sq., 3 ch, 7 l., the 1st on next l., * 7 ch., d.c. on the l. stitch, 7 ch., 7 l. on the l., repeat from * twice more, then 4 ch., 7 l. on l., 4 ch., 7 l. on l., ** 7 ch., d.c. on l., 7 ch., 7 l. on l., repeat from ** twice more, 3 ch., repeat.

56th: 9 sq., 6 l., 1 sq., 6 l., 2 sq., 6 l., 1 sq., 3 l., 5 sq., 3 ch., 7 l. on l., * 4 ch., d.c. into 4th loop of 7 ch., 3 ch., d.c. into 4th loop of 7 ch., 5 ch., 7 l. on l., repeat from * twice more, 4 ch., 7 l. on l., 4 ch., 7 l. on l., repeat from the 1st *, then 3 ch., repeat from beginning.

57th: 13 sq., 3 l., 6 sq., 3 l., 4 sq., 3 ch., 7 l. on l., * 4 ch., 1 l. into 2nd loop of 3 ch., 5 ch., 1 more l. into same loop, 4 ch., 7 l. on l., repeat from * twice more, then 4 ch., 7 l. on l., 4 ch., 7 l. on l., repeat from the 1st * again, 3 ch. then repeat from beginning.

58th: 16 sq., 6 l., 2 sq., 3 l., 4 sq., now work the same as last row, only making 3 ch. instead of 5.

59th: 16 sq., 3 l., 1 sq. 3 l., 1 sq., 3 l., 4 sq., now work the same as last row.

60th: 13 sq., 6 l., 2 sq., 9 l., 5 sq., now the same as last row.

61st: 8 sq., 9 l., 1 sq., 3 l., 1 sq., 3 l., 3 sq., 3 l., 6 sq., now the same as last row.

62nd: 7 sq., 3 l., 3 sq., 9 l., 3 sq. 3, l., 7 sq., now the same as last row.

63rd: 14 sq., 9 l., 8 sq., now the same as last row.

64th: 25 sq., 3 ch., 7 d.c. over the l., * 3 d.c. under the 3 ch., 5 d.c. under next 3, 3 d.c. under next 3, 7 d.c., over the l., repeat from * twice more, 4 d.c. under the 4 ch., 7 d.c. on the l., 4 d.c. under the 4 ch., 7 d.c. over the l., repeat from the 1st * 3 times, 3 ch., repeat from beginning.

65th: 25 sq., making in these squares 3 ch. instead of 2, then d.c. over the d.c. stitches, 3 ch., repeat.

66th: A row of long stitches all round.

Fringe.—D.c. into a loop, make * 70 ch., rather loosely, miss loop of last round, d.c. into next loop, repeat from *.

Contents

FLORAL ANTI-MACASSAR.

IN SQUARE NETTING AND DARNED.

FLORAL ANTI-MACASSAR.

MATERIALS..—Brooks' Goat's-head Netting and Knitting Cotton, No. 36. Brooks' Embroidering Goat's-head Cotton, No. 40. Rather a fine

Embroidering Needle. Steel Mesh, No. 12 Steel Netting Needle.

Work the same number of squares, as in the engraving, by commencing on one stitch, and increasing one at the end of every row till you get sufficient length of one side; and then decrease one at the end of every row by taking two loops into one. Then darn according to the engraving.

Make sufficient number of tassels to go round. Wind the cotton over a card three inches wide, cut one end, and draw through the loop of netting, and make four more tassels larger; over a card six inches wide for the corners. Six squares measure one inch.

Contents

OTTOMAN COVER.

IN SQUARE NETTING; THE PATTERN DIAMOND.

OTTOMAN COVER.

MATERIALS:.—Brooks' Goat's-head Netting Cotton, Nos. 30 and 36; Embroidering, No. 40; Steel Mesh, No. 12, and Steel Netting Needle. For the upper side of the cushion use No. 36 Cotton, and commence with one stitch, and make one at the end of every row until you have 83 loops on your mesh; then decrease one at the end of every row until you have only one left; then fasten off; then darn it with Embroidering Cotton, No. 40, according to the engraving, always taking care that there are the same number of threads in every square, and that the threads all run the same way, making as few breaks in the cotton as possible; in fastening off, or beginning again, always let it be on the under-side, that the ends may not be seen. Then for the under-side of the cushion, make another piece exactly similar to the other one in size, but with a thicker cotton, No. 30. The two pieces must then be joined together, and placed upon a cushion stuffed with wool and covered with a dark purple, crimson, or green velvet; the whole afterwards finished with a thick twisted cord in two colours, with massive tassels at the corners to match.

Contents

THE PINE COUVRETTE, FOR A MUSIC STOOL, IN CROCHET.

MATERIALS..—Eight reels of Brooks' Goat's-head Crochet Cotton, No. 8; crochet hook, No. 18.

This couvrette is begun in the centre, and worked round and round, the thread never being broken off but when it is so mentioned in the receipt.

Make a chain of 6; close it into a round, on which do 8 s.c. stitches.

2nd round: X 1 d.c. under a stitch (taking up both sides of the chain), 2 ch., miss none, X 8 times. Close the round with a slip stitch on the first d.c.

3rd: 1 s.c. on every chain stitch, and 2 s.c. on every d.c. in the round.

4th: 3 ch., twist them, and continue as a d.c. stitch; X 3 ch., miss 3, 3 d.c., all on the second of the 2 s.c. worked on one in last row, X 7 times; 3 ch., miss 3, 2 d.c. on last stitch of last row; slip on the top of the three-twisted chain, which completes the round.

5th: Begin this and all succeeding rounds with a d.c. stitch, made of 3 ch., X ch., miss 3 ch., 2 d.c. on first d.c., 1 on next, 2 on next, X 7 times; 3 ch., miss 3, 2 d.c. on 1 d.c., 1 d.c. on next; slip on top of the 3 chain that began the round.

6th: Worked exactly like 5th, with 2 d.c. on the first and last of every 5, and 1 on each of the intermediate, so that the round consists of 8 sides, of 7 d.c. each, divided by a chain of three.

7th: The same, with 10 d.c. over the 7.

8th: The same, with 12 d.c. over the 10.

9th: 3 ch., twist it into a d.c. stitch, X 3 more chain, 2 d.c. in the first of 12, 4 d.c. in next 4, 3 ch., miss 2, 4 d.c. in 4, 2 d.c. in last of 12, X 7 times; 3 ch., 2 d.c. in first, 4 d.c. in 4, 3 ch., miss 2, 4 d.c. in 4, 1 d.c. in the same as the twisted chain; finish with a slip stitch.

10th: Begin, as usual, with 6 ch; then on each section of the octagon, X 4 d.c. on first 4, 3 ch., miss 2, 3 d.c. on 3 ch., 3 ch., miss 2, 4 d.c. on 4, X 3 ch. between. At the last of the 8 finish with 3 d.c., as the last is made at the beginning of the round; slip on the top of it.

11th: Begin and end as usual [*see note*]. On each section do X 2 d.c. on 2, 3 ch., miss 2, 3 d.c. on 3 ch., 3 ch., miss 3 d.c., 3 d.c. on 3 ch., 3 ch., miss 2, 2 d.c. on last 2, 3 ch., X.

12th: Begin and end as usual. On each section work X 2 d.c. on 1, 4 d.c. on 4, 3 ch., miss 3, 3 d.c. on 3 ch., 3 ch., miss 3, 4 d.c. on 4, 2 d.c. on the last, 3 ch., X.

13th: Begin and end as usual. On each division do X 2 d.c. on 1, 8 d.c. on 8, 4 ch., miss 3, 8 d.c. on 8, 2 d.c. on 1, 3 ch., X.

14th: All d.c., increasing so as to have 26 on each side of the octagon, with the usual 3 ch. between the divisions.

15th: Begin and end as usual. Work on each part X 7 d.c. on 7, X 2 ch., miss 1, 1 d.c., X twice; 2 ch. miss 2, 1 d.c., 2 ch., miss 1, 1 d.c., 2 ch., miss 2, 8 d.c. on 8, 3 ch., X.

16th: Begin and end as usual. Work on each part X 2 d.c. on 1, 4 d.c. on 4, 2 ch., miss 2, 14 d.c. on 14, 2 ch., miss 2, 5 d.c. on 5, 2 d.c. on 1, 3 ch., X.

MUSIC STOOL COUVRETTE.

17th: Begin and end as usual. X 2 d.c. on 1, 3 d.c. on 3, 2 ch., miss 2, 6 d.c. on 6, 2 ch., miss 2, 1 d.c., 2 ch., miss 1, 1 d.c., 2 ch., miss 2, 5 d.c. on 5, 2 ch., miss 2, 4 ch. on 4, 2 d.c. on 1, 3 ch. X.

18th: Begin and end as usual, X 2 d.c. on 1, 4 d.c. on 4, 2 ch., miss 2, 6 d.c. on 6, 2 ch., miss 2, 13 d.c. on 13, 2 ch., miss 1, 4 d.c. on 4, 2 d.c. on 1, 3 ch. X.

19th: Begin and end as usual. X 6 d.c. on 6, 2 ch., miss 2, 6 d.c. on 6, 2 ch., miss 2, 3 d.c. on 3, 2 ch., miss 1, 1 d.c., 2 ch., miss 2, 1 d.c., 2 ch., miss 1, 4 d.c., 2 ch., miss 2, 6 d.c., 3 ch., X.

20th: Begin and end as usual. X 2 d.c. on 1, 5 d.c. on 5, 2 ch., miss 2, 6 d.c. on 6, 2 ch., miss 2, 3 d.c., 2 ch., miss 2, 12 d.c., 2 ch., miss 1, 5 d.c., 3 ch., X.

21st: Begin and end as usual, X 9 d.c., 3 ch., miss 2, 9 d.c., 2 ch., miss 2, 3 d.c., 2 ch., miss 2, 1 d.c., 2 ch., miss 2, 4 d.c., 2 ch., miss 2, 4 d.c., 2 d.c. in 1, 3 ch., X.

22nd: Begin and end as usual. X 10 d.c., 2 ch., miss 2, 9 d.c., 2 ch., miss 2, 3 d.c., 2 ch., miss 2, 7 d.c., 2 ch., miss 2, 5 d.c., 2 d.c. in 1, 3 ch., X.

23rd: Begin and end as usual. X 2 d.c. in 1, 11 d.c., 2 ch., miss 2, 12 d.c., 2 ch., miss 2, 7 d.c., 2 ch, miss 2, 6 d.c., 2 d.c. in 1, 3 ch., *.

24th: Break off the thread in this and the following round, and begin at the beginning of a division of the octagon, instead of at the last stitch as hitherto. X 14 d.c., beginning on the *second* in the division, 2 ch., miss 2, 8 d c., 2 ch., miss 2, 9 d.c., 2 ch., miss 2, 7 d.c., 3 ch., d.c. on the centre of the 3 chain of last round, 3 ch., X. [Work in the ends of cotton as you go on, and slip on the first stitch at the end of every round.]

25th: X miss the first d.c. of the last row, 1 *diminished* stitch on the two next, 12 d.c., 2 ch., miss 2, 12 d.c., X 2 ch., miss 2, 4 d.c., * twice; 1 diminished stitch on the next 2, ** 2 ch., miss 1, 1 d.c., ** 4 times, 2 ch., X.

26th: X 1 diminished d.c. stitch on the two first of 12, 11 d.c., 2 ch., miss 2, 9 d.c., 2 ch., miss 2, 5 d.c., 2 ch., miss 2, 3 d.c., 1 diminished d.c., 1 ch, miss 1, 1 d.c., 2 ch., miss 1, 1 d.c., 2 ch., miss 2, 4 d.c., 2 ch., miss 2, 1 d.c., 2 ch., miss 1, 1 d.c., 1 ch., X.

27th: X 1 diminished d.c. on two first of 11, 10 d.c., 2 ch., miss 2, 8 d.c., 2 ch., miss 2, 4 d.c., 2 ch., miss 2, 2 d.c., 1 diminished d.c., 3 ch., miss 2, 1 d.c., 2 ch., miss 2, 10 d.c., 2 ch., miss 1 d.c., 3 ch., miss 2, X.

28th: X 1 diminished d.c. (beginning on the same of last round), 6 d.c., 2 ch., miss 2, 3 d.c., 2 ch., miss 2, 4 d.c., 2 ch., miss 2, 5 d.c., 2 ch., miss 2, 2 d.c., 1 diminished d.c., 2 ch., d.c. on centre of 3 ch. in last round, 2 ch., miss 1, 7 d.c., 2 ch., miss 2, 7 d.c., 2 ch., miss 1, d.c. on centre of 3 ch., 2 ch., X.

29th: X 5 d.c. beginning on the diminished stitch of last round, 2 ch., miss 2, 6 d.c., 2 ch., miss 2, 10 d.c., 2 ch., miss 2, 3 d.c., 3 ch., miss 2, 7 d.c., ** 2 ch., miss 2, 1 d.c., ** twice, 2 ch., miss 2, 7 d.c., 3 ch., miss 2, X.

30th: X (begin on the second of 5 d.c.), 4 d.c., 2 ch., miss 2, 8 d.c., 2 ch., miss 2, 6 d.c., 2 ch., miss 2, 4 d.c., 2 ch., miss 1, ** 1 d.c., 2 ch., miss 2, ** twice, 7 d.c., 2 ch., miss 2, 7 d.c., *** 2 ch., miss 2, 1 d.c., *** twice; 2 ch., miss 1, X.

31st: X (begin on the second of 4 d.c.), 5 d.c., 2 ch., miss 2, 6 d.c., 2 ch., miss 2, 4 d.c., 2 ch., miss 2, 5 d.c., 1 ch., miss 1, 1 d.c., 2 ch., miss 1, ** 1 d.c., 2 ch., miss 2, ** three times, 10 d.c., *** 2 ch., miss 2, 1 d.c., *** 3 times, 2 ch., miss 1, 1 d.c., 1 ch., miss 1, *.

32nd: X (begin on the second of 5), 6 d.c., 2 ch., miss 2, 2 d.c., 2 ch., miss 2, 4 d.c., 2 ch., miss 2, 6 d.c., 3 ch., miss 2, 5 open squares, 1 close, 5 open, 1 d.c., 3 ch., miss 2, X.

33rd: X (begin on second of 6), 7 d.c., ** 2 ch., miss 2, 1 d.c., ** twice; 2 ch., miss 2, 7 d.c., 2 ch., miss 1, 13 open squares, 1 d.c., 2 ch., miss 1, X.

34th: X (begin on the second of 7), 1 diminished stitch, 16 d.c., 1 diminished, 2 ch., miss 1, ** 3 open squares, 1 close, ** 3 times, 3 open squares, 1 d.c., 2 ch., miss 1, X.

35th: X (begin on the first of 16), 1 diminished, 5 d.c., 2 ch., miss 2, 5 d.c., 1 diminished, 2 ch., miss 1, 1 d.c., 2 ch., miss 1, 2 open squares, ** 1 close, 1 open, ** 6 times, 1 d.c., 2 ch., miss 2, *** 1 d.c., 2 ch., miss 1, *** twice, X.

36th: *(Begin on the first of 5), 1 diminished, 1 d.c., 2 ch., miss 2, 2 d.c., 2 ch., miss 2, 1 d.c., 1 diminished, ** 2 ch., miss 1, 1 d.c., **twice, 2 ch., miss 2, 1 d.c., 2 ch., miss 2, *** 1 close square, 3 open, *** 3 times, 1 close, 2 open, **** 1 d.c., 2 ch., miss 1, **** twice, X.

37th: X (begin on the 1 d.c.), 1 diminished, 1 d.c., 2 ch., miss 2, 1 d.c., 1 diminished, ** 2 ch., miss 1, 1 d.c., ** twice, *** 2 ch., miss 2, 1 d.c., ***

3 times, 2 ch., miss 2, **** 1 close, 1 open square, **** 6 times, 3 more open, 1 d.c., 2 ch., miss 1, 1 d.c., 2 ch., miss 1 X.

38th: X (begin on 1 d.c.), 1 d.c., 1 diminished over the 2 ch, 1 d.c., 2 ch., miss 1, 1 d.c., 2 ch., miss 1, 6 open squares, ** 1 close, 3 open, * twice, 1 close, 6 open, *** 1 d.c., 2 ch., miss 1, *** twice X.

Finish this round, like all the preceding, since the direction, with a slip stitch on the first stitch of the round. Then a round of open square crochet, the d.c. stitches coming on those of the last round, and allowing 2 ch. over the one diminished stitch at every point. The 40th round is entirely in d.c.

FOR THE BAND.—Make a chain of 624 stitches, and close in a round, on which work a round of d.c.

2nd round: Open square crochet.

3rd: X 4 open squares, 2 close, 2 open, X 26 times.

4th:. X 3 open, 2 close, 1 open, 1 close, 1 open, X 26 times.

5th: X 2 open, 1 close, 1 open, 1 close, 1 open, 1 close, 1 open, X 26 times.

6th: X 1 open, 2 close, 1 open 1 close, 3 open, X 26 times.

7th, 8th, and 9th: X 1 open, 2 close, 2 open, 1 close, 2 open, X 26 times.

10th: X 2 open, 3 close, 3 open, * 26 times.

11th: Open square crochet.

12th: D.c.

EDGING.—One pattern takes up the space of a pattern of the band, consequently there are 26 in the round. Each is finished before proceeding to the next. The band and edging may be done entirely without breaking off the thread, therefore continue for the latter, after closing the former. 12 s.c., 12 ch., close it into a round, under which work 23 s.c.; 9 s.c. on the edge of the band; turn the work on the wrong side,—7 ch., miss 5 of the 23 on the round, s.c. under the 6th, * 5 ch, miss 3, s.c. under 4th, * 3 times; 7 ch., s.c. under 4th of the 12 s.c. (leaving a space of 8 to the loop). Turn on the right side and work under each loop of 7, 1 s.c., 2 d.c., 4 t.c., 2 d.c., 2 s.c., and under the other loops, 2 s.c., 4 d.c., 2 s.c.: 2 s.c. more on the band complete one pattern. Fasten to the round with a row of s.c., taking a stitch of each.

NOTE.—It is to be remembered that each round begins with a d.c. of 3 ch., and 3 ch., after which the pattern between the * * is done 7 times throughout, and the eighth time the last d.c. and 3 ch. are omitted, being worked at the commencement of the round. To write this at the end of every round would make the directions tediously long, and the worker can find no difficulty if observing this note.

Contents

CHAIR CUSHION.

MATERIALS..—Brooks' Great Exhibition Prize Goat's-head Knitting Cord, No. 40, or 60, with a suitable hook.

This is a new and extremely pretty kind of cushion, for the back of a chair, which renders an ordinary seat almost as commodious as a professedly *easy* chair.

A small cushion is made, just the length of the back of the chair, and narrow in the proportion seen in the engraving, which is covered either with Berlin-wool work, or (as we have designed) with crochet. It is suspended from the top of the chair by ribbons or cords; and the lower edge is finished with either fringe or tassels. We have given two sizes of cotton as suitable for this purpose, as the dimensions must depend on those of the chair. The pattern requires a foundation chain of 274 stitches, and if No. 40 cord is used, and an ordinary hook suitable for it, the length will be as nearly as possible, half a yard. Should the chair not be so wide, the same number of stitches, *with a finer cord*, will decrease the cushion cover; if required larger, for any purpose whatever, by using a coarser material the same design will be proportionably increased.

And here we may be allowed to suggest a purpose to which this pattern is peculiarly applicable, and which will be found an article extremely beneficial to "the neat-handed Phillis."

CHAIR CUSHION.

In these days of homoeopathy, when the love of cold water is on the increase (as indeed it is high time it was), and while the means for thorough ablution are not perhaps as yet so extensively patronised as they deserve to be, we all know the destruction occasioned to that part of the paper which is immediately above the washhand-stand. Now we would propose a Splash Cloth, in crochet, of this or any similar design, to be worked in very coarse cotton, such as Brooks' Great Exhibition Prize Goat's-head Knitting Cord, No. 16, lined with glazed calico to match the hangings, and suspended above the washhand-stand. It will be a pretty decoration, perfectly preventing the injury usually occurring to the walls, readily washed, and always new.

As fine cotton decreases the dimensions of a piece of work, so thicker cotton, with a hook proportionately large, *increases* its size. The number of the cotton chosen should depend on the size of the stand. No. 40, it will be remembered, will work it about half a yard long.

When used to cover a cushion, the cushion itself should be of a colour to match with the hangings, and the crochet work is to be tacked lightly over it at each edge.

Contents

TOILET COVER IN CROCHET.

TOILET COVER IN CROCHET.

MATERIALS..—Brooks' Great Exhibition Prize Goat's-head Crochet Cotton, No. 24. No. 3 Penelope Hook.

1st row: Make a chain of about 180 stitches, turn back, work 1 l. into 9th loop, this will form 1 sq. in next row; then 1 l., 2 ch., 1 l. into 3rd loop, repeat. There must be 190 sq., or squares, only.

2nd: In beginning this row, make 1 l., in the 3rd ch. of the 8 ch., then 2 ch., 1 l. on l., repeat; make 5 rows of these squares. After the first 5 rows the work must not be turned.

6th: 12 sq., 3 l., 15 sq., 15 l., * 14 sq., 15 l., repeat from * till within 24 sq. of the end, then 13 sq., 3 l., 10 sq.

7th: 10 sq., 12 l., 13 sq., * 6 l., 3 sq., 12 l., 10 sq., repeat from * 6 times more, then 6 l., 3 sq., 12 l., 9 sq., 9 l., 9 sq.

8th: 8 sq., 9 l., 2 sq., 15 l., 9 sq., * 9 l., 5 sq., 9 l., 8 sq., repeat from * 6 times more, then 9 l., 5 sq., 9 l., 5 sq., 9 l., 1 sq., 6 l., 8 sq.

9th: 7 sq., 6 l., 1 sq., 6 l., 2 sq., 3 l., 2 sq., 9 l., 7 sq., * 3 l., 1 sq., 9 l., 5 sq., 6 l., 7 sq., repeat from * 6 times more, then 3 l., 1 sq., 9 l., 5 sq., 21 l., 4 sq., 6 l., 7 sq.

10th: 6 sq., 6 l., 1 sq., 12 l., 1 sq., 6 l., 3 sq., 6 l., 6 sq., * 6 l., 2 sq., 6 l., 5 sq., 6 l., 6 sq., repeat from * 6 times more, then 6 l., 2 sq., 6 l., 13 sq., 6 l., 1 sq., 3 l., 7 sq.

11th: 5 sq., 6 l., 2 sq., 12 l., 2 sq., 3 l., 4 sq., 9 l., 4 sq., * 12 l., 1 sq., 6 l., 2 sq., 6 l., 1 sq., 9 l., 4 sq., repeat from * 6 times more, then 12 l., 1 sq., 6 l., 2 sq., 6 l., 7 sq., 18 l., 6 sq.

12th: 6 sq., 6 l., 2 sq., 6 l., 3 sq., 3 l., 1 sq., 6 l., 3 sq., 12 l., * 5 sq., 9 l., 1 sq., 12 l., 2 sq., 12 l., repeat from * 6 times more, then 9 l., 1 sq., 12 l., 2 sq., 6 l., 2 sq., 12 l., 1 sq., 3 l., 6 sq.

13th: 7 sq., 3 l., 7 sq., 15 l., 5 sq., 21 l., * 1 sq., 3 l., 1 sq., 12 l., 5 sq., 21 l., repeat from * 6 times more, then 1 sq., 3 l., 1 sq., 12 l., 1 sq., 12 l., 2 sq., 6 l., 2 sq., 6 l., 5 sq.

14th: 7 sq., 6 l., 3 sq., 6 l., 2 sq., 12 l., 2 sq., 6 l., 8 sq., * 6 l., 2 sq., 6 l., 3 sq., 6 l., 8 sq., repeat from * 6 times more, then 6 l., 2 sq., 6 l., 2 sq., 12 l., 5 sq., 6 l., 6 sq.

15th: 8 sq., 3 l., 2 sq., 12 l., 1 sq., 9 l., 2 sq., 12 l., 2 sq., 6 l., 2 sq., 12 l., * 5 sq., 12 l., 2 sq., 6 l., 2 sq., 12 l., repeat from * 6 times more, then 6 sq., 6 l., 4 sq., 9 l., 7 sq.

16th: 8 sq., 3 l., 2 sq., 12 l., 1 sq., 3 l., * 4 sq., 12 l., 1 sq., 12 l., 1 sq., 15 l., repeat from * 7 times more, 7 sq., 12 l., 1 sq., 3 l., 8 sq.

17th: 8 sq., 3 l., 3 sq., 6 l., 2 sq., 9 l., * 3 sq., 6 l., 2 sq., 12 l., 2 sq., 6 l., 1 sq., 9 l., repeat from * 6 times more, then 3 sq., 6 l., 2 sq., 12 l., 2 sq., 6 l., 2 sq., 27 l., 4 sq., 3 l., 7 sq.

18th: 8 sq., 3 l., 7 sq., 3 l., 1 sq., 9 l., * 6 sq., 6 l., 4 sq., 3 l., 3 sq., 9 l., repeat from * 6 times more, then 6 sq., 6 l., 4 sq., 3 l., 6 sq., 3 l., 1 sq., 12 l., 2 sq., 6 l., 7 sq.

19: 8 sq., 3 l., 2 sq., 6 l., 3 sq., 3 l., 3 sq., 12 l., * 7 sq., 9 l., 5 sq., 12 l., repeat from * 6 times more, then 7 sq., 9 l., 5 sq., 6 l., 1 sq., 12 l., 2 sq., 3 l., 8 sq.

20th: 7 sq., 6 l., 1 sq., 12 l., 2 sq., 3 l., 6 sq., 27 l., * 10 sq., 27 l., repeat from * 6 times more, then 7 sq., 3 l., 3 sq., 6 l., 2 sq., 6 l., 8 sq.

21st: 7 sq., 3 l., 2 sq., 12 l., 1 sq., 6 l., 154 sq., 6 l., 6 sq., 6 l., 9 sq.

22nd: 6 sq., 6 l., 3 sq., 6 l., 2 sq., 3 l., 155 sq., 3 l., 2 sq., 6 l., 3 sq., 3 l., 10 sq.

23rd: 6 sq., 3 l., 7 sq., 6 l., 155 sq., 3 l., 1 sq., 12 l., 1 sq., 6 l., 10 sq.

24th: ^{a}6 sq., 3 l., 3 sq., 27 l^a, 151 sq., ^{b}6 l., 1 sq., 12 l., 1 sq., 3 l., 11 sq^b. These letters will be referred to hereafter.

25th: ^{c}5 sq., 6 l., 2 sq., 9 l., 1 sq., 12 l., 1 sq., 3 l^c, 151 sq., ^{d}3 l., 3 sq., 6 l., 2 sq., 3 l., 11 sq^d.

26th: ^{e}5 sq., 3 l., 2 sq., 6 l., 1 sq., 6 l., 1 sq., 6 l., 2 sq., 6 l^e., 150 sq., ^{f}3 l., 6 sq., 6 l., 11 sq^f.

27th: ^{g}5 sq., 3 l., 2 sq., 3 l., 1 sq., 3 l., 1 sq., 3 l., 6 sq., 3 l^g., 150 sq., ^{h}3 l., 2 sq., 6 l., 2 sq., 3 l., 12 sq^h.

28th: ^{i}5 sq., 3 l., 1 sq., 6 l., 1 sq., 3 l., 1 sq., 3 l., 2 sq., 6 l., 2 sq., 3 l^i., 150 sq., ^{k}3 l., 1 sq., 12 l., 1 sq., 3 l., 1 sq., 15 l., 6 sq^k.

29th: ^{l}5 sq., 9 l., 1 sq., 6 l., 1 sq., 3 l., 1 sq., 12 l., 1 sq., 3 l^l., 150 sq., ^{m}3 l., 1 sq., 12 l., 1 sq., 3 l., 1 sq., 6 l., 1 sq., 9 l., 5 sq^m.

30th: ⁿ6 sq., 15 l., 1 sq., 3 l., 1 sq., 12 l., 1 sq., 3 lⁿ., 150 sq., ᵒ3 l., 2 sq., 6 l., 2 sq., 3 l., 1 sq., 3 l., 1 sq., 6 l., 1 sq., 3 l., 5 sqᵒ.

31st: ᵖ12 sq., 3 l., 2 sq., 6 l., 2 sq., 3 lᵖ., 150 sq., ᑫ3 l., 6 sq., 3 l., 1 sq., 3 l., 1 sq., 3 l., 2 sq., 3 l., 5 sqᑫ.

32nd: ʳ11 sq., 6 l., 6 sq., 3 lʳ., 150 sq., ˢ6 l., 2 sq., 6 l., 1 sq., 6 l., 1 sq., 6 l., 2 sq., 3 l., 5 sqˢ.

33rd: ᵗ11 sq., 3 l., 2 sq., 6 l., 3 sq., 3 lᵗ., 151 sq., ᵘ3 l., 1 sq., 12 l., 1 sq., 9 l., 2 sq., 6 l., 5 sqᵘ.

34th: ᵛ11 sq., 3 l., 1 sq., 12 l., 1 sq., 6 lᵛ., 151 sq., ʷ27 l., 3 sq., 3 l., 6 sqʷ.

35th: ˣ10 sq., 6 l., 1 sq., 12 l., 1 sq., 3 lˣ., 155 sq., ʸ6 l., 7 sq., 3 l., 6 sqʸ.

36th: ᶻ10 sq., 3 l., 3 sq., 6 l., 2 sq., 3 lᶻ., 79 sq., 3 l., 74 sq., ˟6 l., 2 sq., 6 l., 3 sq., 6 l., 6 sq˟.

37th: ᵃ 9 sq., 6 l., 6 sq., 6 l., ᵇ., 58 sq., 3 l., 3 sq., 3 l., 10 sq., 3 l., 4 sq., 12 l., 72 sq., ᶜ3 l., 2 sq., 12 l., 2 sq., 3 l., 7 sqᵈ.

38th: ᵉ 8 sq., 6 l., 1 sq., 6 l., 4 sq., 3 l., ᶠ., 58 sq., 6 l., 2 sq., 15 l., 6 sq., 6 l., 3 sq., 18 l., 70 sq., ᵍ6 l., 2 sq., 12 l., 1 sq., 6 l., 7 sq ʰ.

39th: ⁱ7 sq., 6 l., 1 sq., 12 l., 2 sq., 6 lᵏ., 57 sq., 9 l., 2 sq., 18 l., 4 sq., 9 l., 3 sq., 9 l., 1 sq., 12 l., 68 sq., ˡ 3 l, 4 sq., 6 l., 1 sq., 6 l., 8 sq ᵐ.

40th: ⁿ7 sq., 3 l., 2 sq., 12 l., 2 sq., 3 lᵒ., 57 sq., 12 l., 2 sq., 6 l., 2 sq., 9 l., 2 sq., 12 l., 3 sq., 9 l., 1 sq., 3 l., 1 sq., 9 l., 7 sq., 3 l., 1 sq., 12 l., 53 sq., ᵖ6 l., 6 sq., 6 l., 9 sqᑫ.

41st: ʳ6 sq., 6 l., 3 sq., 6 l., 2 sq., 6 lˢ., 46 sq., 15 l., 3 sq., 3 l., 1 sq., 6 l., 3 sq., 9 l., 1 sq., 6 l., 1 sq., 6 l., 1 sq., 6 l., 2 sq., 15 l., 2 sq., 12 l., 5 sq., 24 l., 52 sq., ᵗ3 l., 2 sq., 6 l., 3 sq., 3 l., 10 sqᵘ.

42nd: ᵛ6 sq., 3 l., 7 sq., 6 lʷ., 49 sq., 21 l., 2 sq., 3 l., 1 sq., 3 l., 5 sq., 9 l., 1 sq., 3 l., 1 sq., 6 l., 1 sq., 6 l., 2 sq., 6 l., 1 sq., 6 l., 1 sq., 6 l., 1 sq., 6 l., 2 sq., 3 l., 1 sq., 12 l., 1 sq., 9 l., 7 sq., 3 l., 45 sq., ˣ3 l., 1 sq., 12 l., 1 sq., 6 l., 10 sq.ʸ

43rd: Repeat from ᵃ to ᵃ in 24th row, then 47 sq., 12 l., 2 sq., 3 l., 1 sq., 6 l., 4 sq., 3 l., 3 sq., 9 l., 1 sq., 3 l., 1 sq., 9 l., 2 sq., 9 l., 1 sq., 6 l., 1 sq., 3 l., 1 sq., 6 l., 1 sq., 18 l., 1 sq., 9 l., 5 sq., 3 l., 1 sq., 6 l., 44 sq., repeat from ᵇ to ᵇ in 24th row.

44th: Repeat from ᶜ to ᶜ in 25th row, 36 sq., 3 l., 12 sq., 12 l., 1 sq., 3 l., 4 sq., 15 l., 4 sq., 3 l., 1 sq., 9 l., 4 sq., 9 l., 3 sq., 9 l., 2 sq., 15 l., 1 sq., 15 l., 4 sq., 3 l., 1 sq., 3 l., 2 sq., 3 l., 42 sq., repeat from ᵈ to ᵈ in 25th row.

45th: Repeat from ᵉ to ᵉ in 26th row, then 34 sq., 12 l., 1 sq., 6 l., 1 sq., 3 l., 11 sq., 3 l., 2 sq., 9 l., 1 sq., 9 l., 3 sq., 3 l., 9 sq., 15 l., 1 sq., 9 l., 2 sq., 12 l., 2 sq., 12 l., 4 sq., 6 l., 2 sq. 6 l., 42 sq., repeat from ᶠ to ᶠ.

46th: Repeat from ᵍ to ᵍ, in 27th row, 34 sq., 30 l., 1 sq., 3 l., 9 sq., 3 l., 1 sq., 6 l., 2 sq., 12 l., 1 sq., 3 l., 9 sq., 9 l., 1 sq., 6 l., 2 sq., 6 l., 1 sq., 6 l., 1 sq., 3 l., 1 sq., 15 l., 4 sq., 6 l., 1 sq., 3 l., 1 sq., 3 l., 43 sq., repeat from ʰ to ʰ.

47th: Repeat from ⁱ to ⁱ in 28th row, 34 sq., 39 l., 2 sq., 15 l., 2 sq., 6 l., 2 sq., 3 l., 1 sq., 9 l., 3 sq., 18 l., 2 sq., 12 l., 3 sq., 6 l., 2 sq., 6 l., 2 sq., 15 l., 4 sq., 6 l., 1 sq., 9 l., 11 sq., 3 l., 32 sq., repeat from ᵏ to ᵏ.

48th: Repeat from ˡ to ˡ in 29th row, 35 sq., 6 l., 1 sq., 9 l., 1 sq., 15 l., 1 sq., 21 l., 1 sq., 3 l., 1 sq., 9 l., 1 sq., 9 l., 1 sq., 30 l., 3 sq., 9 l., 1 sq., 6 l., 2 sq., 9 l., 3 sq., 12 l., 3 sq., 6 l., 1 sq., 9 l., 7 sq., 6 l., 1 sq., 6 l., 32 sq., repeat from ᵐ to ᵐ.

49th: Repeat from ⁿ to ⁿ, 34 sq., 12 l., 1 sq., 6 l., 1 sq., 6 l., 1 sq., 6 l., 1 sq., 6 l., 2 sq., 12 l., 1 sq., 15 l., 1 sq., 15 l., 3 sq., 18 l., 1 sq., 9 l., 2 sq., 3 l., 4 sq., 24 l., 5 sq., 15 l., 6 sq., 18 l., 32 sq., repeat from ᵒ to ᵒ.

50th: Repeat from ᵖ to ᵖ, 34 sq., 15 l., 1 sq., 3 l., 1 sq., 6 l., 1 sq., 6 l., 1 sq., 9 l., 2 sq., 6 l., 1 sq., 18 l., 3 sq., 3 l., 4 sq., 9 l., 1 sq., 12 l., 1 sq., 12 l., 4 sq., 3 l., 1 sq., 9 l., 1 sq., 6 l., 3 sq., 6 l., 2 sq., 6 l., 5 sq., 3 l., 1 sq., 24 l., 31 sq., repeat from ᵠ to ᵠ.

51st: Repeat from ^{r} to ^{r}, 35 sq., 15 l., 1 sq., 9 l., 1 sq., 6 l., 1 sq., 9 l., 5 sq., 9 l., 1 sq., 6 l., 1 sq., 21 l., 3 sq., 12 l., 5 sq., 3 l., 3 sq., 3 l., 12 sq., 6 l., 1 sq., 6 l., 4 sq., 21 l., 1 sq., 9 l., 31 sq., repeat from ^{s} to ^{s}.

52nd: Repeat from ^{t} to ^{t}, 22 sq., 12 l., 10 sq., 6 l., 2 sq., 3 l., 1 sq., 3 l., 1 sq., 9 l., 1 sq., 6 l., 1 sq., 21 l., 2 sq., 33 l., 1 sq., 12 l., 3 sq., 3 l., 2 sq., 3 l., 1 sq., 6 l., 15 sq., 6 l., 4 sq., 12 l., 1 sq., 9 l., 1 sq., 9 l., 32 sq. repeat from ^{u} to ^{u}.

53rd: Repeat from ^{v} to ^{v}, 21 sq., 18 l., 8 sq., 21 l, 1 sq., 3 l., 5 sq., 3 l., 1 sq., 18 l., 5 sq., 9 l., 2 sq., 9 l., 2 sq., 9 l., 3 sq., 6 l., 2 sq., 6 l., 13 sq., 12 l., 5 sq., 15 l., 1 sq., 6 l., 1 sq., 9 l., 33 sq., repeat from ^{w} to ^{w}.

54th: Repeat from ^{x} to ^{x}, 22 sq., 9 l., 1 sq., 6 l., 1 sq., 3 l., 6 sq., 24 l., 1 sq., 15 l., 2 sq., 6 l., 1 sq., 3 l., 2 sq., 15 l., 4 sq., 12 l., 1 sq., 6 l., 5 sq., 3 l., 1 sq., 9 l., 5 sq., 15 l., 2 sq., 27 l., 2 sq., 18 l., 2 sq., 9 l., 8 sq., 3 l., 28 sq., repeat from ^{y} to ^{y}.

55th: Repeat from ^{z} to ^{z}, 22 sq., 6 l., 1 sq., 3 l., 1 sq., 3 l., 1 sq., 6 l., 6 sq., 12 l., 3 sq., 21 l., 1 sq., 9 l., 1 sq., 9 l., 3 sq., 6 l., 2 sq., 12 l., 1 sq., 15 l., 2 sq., 9 l., 3 sq., 6 l., 2 sq., 18 l., 1 sq., 33 l., 1 sq., 18 l., 1 sq., 15 l., 6 sq., 6 l., 1 sq., 6 l., 24 sq., repeat from $^\&$ to $^\&$.

56th: Repeat from ^{a} to ^{b}, in 37th row, 22 sq., 6 l., 1 sq., 9 l., 1 sq., 6 l., 8 sq., 12 l., 1 sq., 15 l., 4 sq., 3 l., 1 sq., 6 l., 4 sq., 12 l., 1 sq., 9 l., 4 sq., 15 l., 2 sq., 9 l., 4 sq., 57 l., 1 sq., 6 l., 1 sq., 6 l., 1 sq., 3 l., 2 sq., 9 l., 3 sq., 12 l., 1 sq., 6 l., 25 sq., repeat from ^{c} to ^{d}.

57th: Repeat from ^{e} to ^{f}, 22 sq., 3 l., 1 sq., 3 l., 1 sq., 15 l., 2 sq., 9 l., 5 sq., 9 l., 1 sq., 6 l., 4 sq., 9 l., 1 sq., 6 l., 2 sq., 6 l., 4 sq., 3 l., 3 sq., 9 l., 4 sq., 12 l., 2 sq., 9 l, 2 sq., 24 l., 5 sq., 21 l., 1 sq., 6 l., 6 l., 1 sq., 3 l., 1 sq., 18 l., 3 sq., 6 l., 1 sq., 3 l., 1 sq., 3 l., 26 sq., repeat from ^{g} to ^{h}.

58th: Repeat from ^{i} to ^{k}, 22 sq., 9 l., 1 sq., 15 l., 1 sq., 9 l., 5 sq., 12 l., 1 sq., 12 l., 1 sq., 9 l., 2 sq., 3 l., 2 sq., 3 l., 3 sq., 6 l., 2 sq., 3 l., 1 sq., 15 l., 1 sq., 21 l., 5 sq., 21 l., 2 sq., 15 l., 1 sq., 15 l., 2 sq., 6 l., 2 sq., 12 l., 6 sq., 12 l., 1 sq., 9 l., 24 sq., repeat from ^{l} to ^{m}.

59th: Repeat from ⁿ to ᵒ, 23 sq., 24 l., 1 sq., 9 l., 7 sq., 9 l., 1 sq., 9 l., 1 sq., 9 l., 2 sq., 6 l., 1 sq., 3 l., 4 sq., 15 l., 1 sq., 18 l., 2 sq., 18 l., 4 sq., 18 l., 1 sq., 24 l., 1 sq., 9 l., 4 sq., 6 l., 3 sq., 9 l., 4 sq., 18 l., 26 sq., repeat from ᵖ to ᵠ.

60th: Repeat from ʳ to ˢ, 23 sq., 27 l., 15 sq., 6 l., 1 sq., 6 l., 3 sq., 3 l., 2 sq., 3 l., 5 sq., 12 l., 4 sq., 12 l., 4 sq., 6 l., 2 sq., 6 l., 1 sq., 15 l., 1 sq., 27 l., 7 sq., 3 l., 1 sq., 15 l., 5 sq., 27 l., 24 sq., repeat from ᵗ to ᵘ.

61st: Repeat from ᵛ to ʷ, 25 sq., 12 l., 2 sq., 12 l., 6 sq., 9 l., 5 sq., 3 l., 1 sq., 12 l., 1 sq., 3 l., 5 sq., 3 l., 2 sq., 12 l., 2 sq., 15 l., 3 sq., 9 l., 1 sq., 9 l., 1 sq., 15 l., 1 sq., 27 l., 1 sq., 15 l., 1 sq., 3 l., 12 sq., 9 l., 1 sq., 9 l., 26 sq., repeat from ˣ to ʸ.

62nd: Repeat from ᵃ to ᵃ, in 24th row, 24 sq., 27 l., 6 sq., 15 l., 5 sq., 9 l., 1 sq., 6 l., 4 sq., 9 l., 1 sq., 6 l., 2 sq., 15 l., 2 sq., 12 l., 6 sq., 15 l., 3 sq., 18 l., 1 sq., 21 l., 7 sq., 3 l., 4 sq., 3 l., 32 sq., repeat from ᵇ to ᵇ.

63rd: Repeat from ᶜ to ᶜ, 23 sq., 9 l., 1 sq., 3 l., 7 sq., 30 l., 1 sq., 9 l., 2 sq., 12 l., 1 sq., 6 l., 1 sq., 15 l., 2 sq., 12 l., 2 sq., 12 l., 3 sq., 9 l., 2 sq., 12 l., 1 sq., 9 l., 1 sq., 9 l., 3 sq., 27 l., 4 sq., 6 l., 3 sq., 3 l., 8 sq., 6 l., 23 sq., repeat from ᵈ to ᵈ.

64th: Repeat from ᵉ to ᵉ, 22 sq., 9 l., 2 sq., 3 l., 5 sq., 24 l., 3 sq., 6 l., 2 sq., 3 l., 1 sq., 6 l., 1 sq., 12 l., 1 sq., 12 l., 2 sq., 9 l., 4 sq., 6 l., 2 sq., 6 l., 4 sq., 15 l., 1 sq., 15 l., 3 sq., 9 l., 1 sq., 24 l., 4 sq., 3 l., 3 sq., 3 l., 3 sq., 12 l., 1 sq., 6 l., 24 sq., repeat from ᶠ to ᶠ.

65th: Repeat from ᵍ to ᵍ, 22 sq., 9 l., 3 sq., 12 l., 2 sq., 12 l., 3 sq., 6 l., 1 sq., 3 l., 1 sq., 6 l., 1 sq., 9 l., 2 sq., 21 l., 3 sq., 12 l., 4 sq., 6 l., 2 sq., 9 l., 5 sq., 24 l., 1 sq., 12 l., 1 sq., 3 l., 2 sq., 15 l., 1 sq., 3 l., 2 sq., 3 l., 2 sq., 6 l., 3 sq., 18 l., 2 sq., 12 l., 20 sq., repeat from ʰ to ʰ.

66th: Repeat from ⁱ to ⁱ, 23 sq., 6 l., 6 sq., 12 l., 3 sq., 12 l., 1 sq., 12 l., 2 sq., 6 l., 2 sq., 3 l., 2 sq., 9 l., 2 sq., 3 l., 3 s., 9 l., 1 sq., 9 l., 1 sq., 6 l., 3 sq., 21 l., 1 sq., 18 l., 1 sq., 12 l., 1 sq., 9 l., 5 sq., 9 l., 1 sq., 9 l., 5 sq., 9 l., 4 sq., 9 l., 22 sq., repeat from ᵏ to ᵏ.

67th: Repeat from ˡ to ˡ, 23 sq., 3 l., 5 sq., 12 l., 2 sq., 21 l., 1 sq., 9 l., 3 sq., 6 l., 1 sq., 9 l., 5 sq., 9 l., 2 sq., 9 l., 2 sq., 15 l., 6 sq., 12 l., 1 sq., 18 l., 1 sq., 9 l., 1 sq., 9 l., 1 sq., 6 l., 1 sq., 3 l., 1 sq., 15 l., 4 sq., 30 l., 25 sq., repeat from ᵐ to ᵐ.

68th: Repeat from ⁿ to ⁿ, 30 sq., 6 l., 1 sq., 18 l., 1 sq., 3 l., 2 sq., 9 l., 1 sq., 3 l., 1 sq., 24 l., 2 sq., 18 l., 1 sq., 6 l., 2 sq., 15 l., 1 sq., 6 l., 5 sq., 6 l., 1 sq., 15 l., 1 sq., 9 l., 1 sq., 6 l., 4 sq., 6 l., 1 sq., 3 l., 1 sq., 6 l., 4 sq., 33 l., 1 sq., 9 l., 22 sq., repeat from ᵒ to ᵒ.

69th: Repeat from ᵖ to ᵖ, 28 sq., 24 l., 1 sq., 3 l., 5 sq., 6 l., 1 sq., 6 l., 1 sq., 12 l., 1 sq., 9 l., 2 sq., 6 l., 1 sq., 21 l., 2 sq., 12 l., 3 sq., 6 l., 2 sq., 9 l., 1 sq., 15 l., 4 sq., 9 l., 1 sq., 3 l., 3 sq., 3 l., 1 sq., 1 sq., 3 l., 1 sq., 3 l., 1 sq., 12 l., 3 sq., 6 l., 1 sq., 9 l., 2 sq., 6 l., 24 sq., repeat from ᵍ to ᵍ.

70th: Repeat from ʳ to ʳ, 27 sq., 15 l., 1 sq., 3 l., 1 sq., 3 l., 7 sq., 18 l., 5 sq., 9 l., 1 sq., 9 l., 2 sq., 12 l., 2 sq., 3 l., 3 sq., 6 l., 5 sq., 15 l., 1 sq., 15 l., 1 sq., 6 l., 1 sq., 9 l., 2 sq., 3 l., 2 sq., 3 l., 1 sq., 3 l., 2 sq., 3 l., 2 sq., 3 l., 7 sq., 18 l., 25 sq., repeat from ˢ to ˢ.

71st: Repeat from ᵗ to ᵗ, 28 sq., 12 l., 2 sq., 3 l., 8 sq., 15 l., 1 sq., 9 l., 3 sq., 15 l., 7 sq., 24 l., 1 sq., 3 l., 4 sq., 12 l., 1 sq., 15 l., 1 sq., 9 l., 1 sq., 3 l., 3 sq., 3 l., 1 sq., 9 l., 3 sq., 3 l., 3 sq., 6 l., 6 sq., 9 l., 2 sq., 3 l., 25 sq., repeat from ᵘ to ᵘ.

72nd: Repeat from ᵛ to ᵛ, 27 sq., 12 l., 2 sq., 3 l., 4 sq., 12 l., 2 sq., 3 l., 4 sq., 9 l., 2 sq., 3 l., 1 sq., 9 l., 1 sq., 3 l., 2 sq., 3 l., 2 sq., 3 l., 1 sq., 21 l., 2 sq., 3 l., 2 sq., 18 l., 1 sq., 9 l., 1 sq., 12 l., 1 sq., 3 l., 2 sq., 3 l., 1 sq., 6 l., 1 sq., 3 l., 3 sq., 3 l., 42 sq., repeat from ʷ to ʷ.

73rd: Repeat from ˣ to ˣ, 27 sq., 9 l., 1 sq., 3 l., 1 sq., 3 l., 2 sq., 9 l., 2 sq., 9 l., 6 sq., 9 l., 1 sq., 6 l., 2 sq., 3 l., 1 sq., 6 l., 2 sq., 6 l., 1 sq., 3 l., 11 sq., 21 l., 5 sq., 3 l., 1 sq., 9 l., 2 sq., 3 l., 6 sq., 3 l., 2 sq., 6 l., 1 sq., 3 l., 1 sq., 6 l., 40 sq., repeat from ʸ to ʸ.

74th: Repeat from ᶻ to ᶻ, 27 sq., 6 l., 4 sq., 3 l., 1 sq., 18 l., 1 sq., 9 l., 5 sq., 9 l., 1 sq., 6 l., 1 sq., 3 l., 1 sq., 9 l., 1 sq., 15 l., 3 sq., 3 l., 2 sq., 9 l., 3 sq., 18 l., 1 sq., 18 l., 1 sq., 6 l., 1 sq., 9 l., 4 sq., 6 l., 2 sq., 6 l., 1 sq., 15 l., 38 sq., repeat from & to &.

75th: Repeat from ª to ᵇ, 27 sq., 3 l., 4 sq., 3 l., 2 sq., 9 l., 4 sq., 9 l., 6 sq., 6 l., 1 sq., 12 l., 1 sq., 9 l., 1 sq., 12 l., 4 sq., 3 l., 1 sq., 15 l., 2 sq., 18 l., 1 sq., 18 l., 1 sq., 6 l., 1 sq., 9 l., 2 sq., 9 l., 2 sq., 6 l., 1 sq., 24 l., 36 sq., repeat from ᶜ to ᵈ.

76th: Repeat from ᵉ to ᶠ, 33 sq., 3 l., 2 sq., 6 l., 1 sq., 12 l., 1 sq., 6 l., 1 sq., 6 l., 3 sq., 18 l., 2 sq., 24 l., 5 sq., 6 l., 2 sq., 9 l., 1 sq., 21 l., 1 sq., 18 l., 1 sq., 3 l., 2 sq., 9 l., 4 sq., 9 l., 1 sq., 3 l., 1 sq., 3 l., 2 sq., 15 l., 34 sq., repeat from ᵍ to ʰ.

77th: Repeat from ⁱ to ᵏ, 33 sq., 3 l., 2 sq., 9 l., 1 sq., 33 l., 2 sq., 9 l., 2 sq., 3 l., 2 sq., 18 l., 2 sq., 9 l., 1 sq., 3 l., 1 sq., 9 l., 4 sq., 18 l., 1 sq., 18 l., 2 sq., 6 l., 1 sq., 6 l., 7 sq., 9 l., 1 sq., 18 l., 35 sq., repeat from ˡ to ᵐ.

78th: Repeat from ⁿ to ᵒ, 34 sq., 3 l., 7 sq., 12 l., 1 sq., 12 l., 4 sq., 3 l., 1 sq., 9 l., 1 sq., 3 l., 1 sq., 12 l., 2 sq., 15 l., 1 sq., 3 l., 7 sq., 15 l., 1 sq., 3 l., 1 sq., 15 l., 1 sq., 12 l., 1 sq., 18 l., 1 sq., 9 l., 1 sq., 3 l., 1 sq., 6 l., 1 sq., 12 l., 32 sq., repeat from ᵖ to ᑫ.

79th: Repeat from ʳ to ˢ, 34 sq., 3 l., 3 sq., 27 l., 6 sq., 6 l., 1 sq., 9 l., 1 sq., 9 l., 2 sq., 3 l., 2 sq., 9 l., 1 sq., 6 l., 1 sq., 3 l., 8 sq., 9 l., 2 sq., 6 l., 1 sq., 9 l., 1 sq., 18 l., 3 sq., 3 l., 3 sq., 9 l., 1 sq., 6 l., 2 sq., 18 l., 31 sq., repeat from ᵗ to ᵘ.

80th: Repeat from ᵛ to ʷ, 36 sq., 3 l., 3 sq., 15 l., 1 sq., 9 l., 4 sq., 15 l., 2 sq., 3 l., 1 sq., 9 l., 4 sq., 6 l., 1 sq., 9 l., 2 sq., 3 l., 1 sq., 12 l., 5 sq., 3 l., 1 sq., 9 l., 3 sq., 3 l., 2 sq., 21 l., 4 sq., 18 l., 1 sq., 3 l., 2 sq., 12 l., 31 sq., repeat from ˣ to ʸ.

81st: Repeat from ª to ª, 33 sq., 3 l., 6 sq., 6 l., 1 sq., 12 l., 3 sq., 18 l., 1 sq., 6 l., 1 sq., 6 l., 4 sq., 15 l., 3 sq., 24 l., 3 sq., 3 l., 1 sq., 27 l., 11 sq., 18 l., 1 sq., 9 l., 1 sq., 6 l., 31 sq., repeat from ᵇ to ᵇ.

82nd: Repeat from ᶜ to ᶜ, 34 sq., 3 l., 4 sq., 9 l., 1 sq., 12 l., 4 sq., 6 l., 1 sq., 3 l., 1 sq., 15 l., 5 sq., 12 l., 3 sq., 6 l., 1 sq., 21 l., 3 sq., 3 l., 1 sq., 27 l., 2 sq., 12 l., 4 sq., 42 l., 30 sq., repeat from ^{d} to ^{d}.

83rd: Repeat from ^{e} to ^{e} 34 sq., 6 l., 2 sq., 12 l., 1 sq., 9 l., 3 sq., 6 l., 1 sq., 3 l., 1 sq., 3 l., 1 sq., 15 l., 5 sq., 3 l., 4 sq., 6 l., 2 sq., 3 l., 2 sq., 9 l., 4 sq., 3 l., 2 sq., 24 l., 1 sq., 3 l., 1 sq., 12 l., 4 sq., 3 l., 1 sq., 27 l., 32 sq., repeat from ^{f} to ^{f}.

84th: Repeat from ^{g} to ^{g}, 35 sq., 18 l., 3 sq., 6 l., 3 sq., 12 l., 1 sq., 3 l., 1 sq., 15 l., 10 sq., 3 l., 1 sq., 6 l., 1 sq., 21 l., 1 sq., 3 l, 1 sq., 3 l., 3 sq., 18 l., 1 sq., 3 l., 3 sq., 9 l., 6 sq., 6 l., 1 sq., 6 l., 35 sq., repeat from ^{h} to ^{h}.

85th: Repeat from ^{i} to ^{i} 39 sq., 3 l., 5 sq., 3 l., 3 sq., 9 l., 1 sq., 21 l., 11 sq., 3 l, 1 sq., 6 l., 1 sq., 21 l., 1 sq., 6 l, 1 sq., 3 l., 3 sq., 12 l., 1 sq., 9 l., 1 sq., 12 l., 46 sq., repeat from ^{k} to ^{k}.

86th: Repeat from ^{l} to ^{l}, 50 sq., 6 l., 1 sq., 12 l., 1 sq., 3 l., 12 sq., 9 l., 1 sq., 3 l., 3 sq., 9 l., 3 sq., 3 l., 1 sq., 6 l., 7 sq., 12 l., 1 sq., 6 l., 47 sq., repeat from ^{m} to ^{m}.

87th: Repeat from ^{n} to ^{n}, 50 sq., 21 l., 2 sq., 3 l., 11 sq., 6 l., 1 sq., 6 l., 1 sq., 18 l., 2 sq., 3 l., 1 sq., 9 l., 6 sq., 15 l., 1 sq., 6 l., 46 sq., repeat from ^{o} to ^{o}.

88th: Repeat from ^{p} to ^{p}, 51 sq., 9 l., 1 sq., 3 l., 3 sq., 9 l., 1 sq., 6 l., 1 sq., 3 l., 4 sq., 12 l., 1 sq., 3 l., 1 sq., 15 l., 5 sq., 12 l., 5 sq., 3 l., 1 sq., 15 l., 46 sq., repeat from ^{q} to ^{q}.

89th: Repeat from ^{r} to ^{r}, 52 sq., 6 l., 6 sq., 18 l., 6 sq., 9 l., 1 sq., 6 l., 1 sq., 9 l., 5 sq., 18 l., 7 sq., 9 l., 47 sq., repeat from s to ^{s}.

90th: Repeat from ^{t} to ^{t}, 52 sq., 3 l., 7 sq., 15 l., 1 sq., 6 l., 6 sq., 15 l., 1 sq., 9 l., 4 sq., 12 l., 1 sq., 3 l., 9 sq., 3 l., 48 sq., repeat from ^{u} to ^{u}.

91st: Repeat from ^{v} to ^{v}, 61 sq., 12 l., 2 sq., 9 l., 4 sq., 27 l., 4 sq., 6 l., 1 sq., 3 l., 1 sq., 3 l., 58 sq., repeat from ^{w} to ^{w}.

92nd: Repeat from ^{x} to ^{x}, 62 sq., 6 l., 2 sq., 6 l., 8 sq., 3 l., 1 sq., 15 l., 6 sq., 3 l., 1 sq., 3 l., 63 sq., repeat from ^{y} to ^{y}.

93rd: Repeat from ^{z} to ^{z}, 63 sq., 6 l., 1 sq., 3 l., 1 sq., 6 l., 9 sq., 3 l., 1 sq., 6 l., 6 sq., 3 l., 1 sq., 6 l., 62 sq., repeat from & to &.

94th: Repeat from ^{a} to ^{b}, 65 sq., 3 l., 1 sq., 3 l., 1 sq., 6 l., 11 sq., 3 l., 9 sq., 3 l., 62 sq., repeat from ^{c} to ^{d}.

95th: Repeat from ^{e} to ^{f}, 67 sq., 3 l., 3 sq., 3 l., 21 sq., 3 l., 61 sq., repeat from ^{g} to ^{h}.

96th: Repeat from ^{i} to ^{k} 154 sq., repeat from ^{l} to ^{m}.

97th: Repeat from ^{n} to ^{o}, 154 sq., repeat from ^{p} to ^{q}.

98th: Repeat from ^{r} to ^{s}, 154 sq., repeat from ^{t} to ^{u}.

99th: Repeat from ^{v} to ^{w}, 155 sq., repeat from ^{x} to ^{y}.

100th: Repeat from ^{a} to ^{a}, 151 sq., repeat from ^{b} to ^{b}.

101st: Repeat from ^{c} to ^{c}, 151 sq., repeat from ^{d} to ^{d}.

102nd: Repeat from ^{e} to ^{e}, 150 sq., repeat from ^{f} to ^{f}.

103rd: Repeat from ^{g} to ^{g}, 150 sq., repeat from ^{h} to ^{h}.

104th: Repeat from ^{i} to ^{i} 150 sq., repeat from ^{k} to ^{k}.

105th: Repeat from ^{l} to ^{l}, 150 sq., repeat from ^{m} to ^{m}.

106th: Repeat from ^{n} to ^{n}, 150 sq., repeat from ^{o} to ^{o}.

107th: Repeat from ^{p} to ^{p}, 150 sq., repeat from ^{q} to ^{q}.

108th: Repeat from ^{r} to ^{r}, 150 sq., repeat from ^{s} to ^{s}.

109th: Repeat from ^{t} to ^{t}, 151 sq., repeat from ^{u} to ^{u}.

110th: Repeat from ^{v} to ^{v}, 161 sq., repeat from ^{w} to ^{w}.

111th: 8 sq., 6 l., 2 sq., 6 l., 3 sq., 3 l., 7 sq., 27 l., * 10 sq., 27 l, repeat from * till within 23 sq. of the end, then 6 sq., 3 l., 2 sq., 3 l., 2 sq., 3 l., 1 sq., 6 l., 7 sq.

112th: 8 sq., 3 l., 2 sq., 12 l., 1 sq., 6 l., * 5 sq., 9 l., 7 sq., 12 l., repeat from * till within 20 sq., then 3 sq., 3 l., 3 sq., 6 l, 2 sq., 3 l., 8 sq.

113th: 7 sq., 6 l, 2 sq., 12 l., 1 sq., 3 l., 6 sq., 3 l., 4 sq., 6 l., 6 sq., 9 l., * 3 sq., 3 l., 4 sq., 6 l., 6 sq., 9 l., repeat from * till 18 sq., then 1 sq., 3 l., 7 sq., 3 l., 8 sq.

114th: 7 sq., 3 l., 4 sq., 27 l., 2 sq., 6 l., 2 sq., 12 l., 2 sq., 6 l., 3 sq., 9 l., * 1 sq., 6 l., 2 sq., 12 l., 2 sq., 6 l., 3 sq., 9 l., repeat from * till 16 sq., then 2 sq., 6 l., 3 sq., 3 l., 8 sq.

115th: 7 sq., 3 l., 1 sq., 12 l., 7 sq., 18 l., 1 sq., 12 l., 1 sq., 12 l., * 4 sq., 15 l., 1 sq., 12 l., 1 sq., 12 l., repeat from * till 21 sq., then 4 sq., 3 l., 1 sq., 3 l., 1 sq., 12 l., 2 sq., 3 l., 8 sq.

116th: 7 sq., 9 l., 4 sq., 6 l., 6 sq., 12 l., 2 sq., 6 l., 2 sq., 12 l., * 5 sq., 12 l., 2 sq., 6 l., 2 sq., 12 l., repeat from * till within 20 sq., then 2 sq., 9 l., 1 sq., 12 l., 2 sq., 3 l., 8 sq.

117th: 6 sq., 6 l., 5 sq., 12 l., 2 sq., 6 l., 2 sq., 6 l., * 8 sq., 6 l., 3 sq., 6 l., 2 sq., 6 l., repeat from * till 32 sq., then 8 sq., 6 l., 2 sq., 12 l., 2 sq., 6 l., 3 sq., 6 l., 7 sq.

118th: 5 sq., 6 l., 2 sq., 6 l., 2 sq., 12 l., 1 sq., 12 l., 1 sq., 3 l., 1 sq., 21 l., * 5 sq., 12 l., 1 sq., 3 l., 1 sq., 21 l., repeat from * till 25 sq., then 5 sq., 15 l., 7 sq., 3 l., 7 sq.

119th: 6 sq., 3 l., 1 sq., 12 l., 2 sq., 6 l., 2 sq., 12 l., 1 sq., 9 l., 5 sq., 12 l., * 2 sq., 12 l., 1 sq., 9 l., 5 sq., 12 l., repeat from * till 22 sq., then 3 sq., 6 l., 1 sq., 3 l., 3 sq., 6 l., 2 sq., 6 l., 6 sq.

120th: 6 sq., 18 l., 7 sq., 6 l., 2 sq., 6 l., 1 sq., 12 l., 4 sq., 9 l., * 1 sq., 6 l., 2 sq., 6 l., 1 sq., 12 l., 4 sq., 9 l., repeat from * till 20 sq., then 4 sq., 3 l., 2 sq., 12 l., 2 sq., 6 l., 5 sq.

121st: 7 sq., 3 l., 1 sq., 6 l., 13 sq., 6 l., 2 sq., 6 l., * 6 sq., 6 l., 5 sq., 6 l., 2 sq., 6 l., repeat from * till 27 sq., then 6 sq., 6 l., 3 sq., 6 l., 1 sq., 12 l., 1 sq., 6 l., 6 sq.

122nd: 7 sq., 6 l., 4 sq., 21 l., 5 sq., 9 l., 1 sq., 3 l., * 7 sq., 6 l., 5 sq., 9 l., 1 sq., 3 l., repeat from * till 27 sq., then 7 sq., 9 l., 2 sq., 3 l., 2 sq., 6 l., 1 sq.,

6 l., 7 sq.

123rd: 8 sq., 6 l., 1 sq., 9 l., 5 sq., 9 l., 5 sq., 9 l., * 8 sq., 9 l, 5 sq., 9 l., repeat from, * till 27 sq., then 9 sq., 15 l., 2 sq., 9 l., 8 sq.

124th: 9 sq., 9 l., 9 sq., 12 l., 3 sq., 6 l., * 10 sq., 12 l., 3 sq., 6 l., repeat from * till 27 sq., then 13 sq., 12 l., 10 sq.

125th: 10 sq., 3 l., 13 sq., 15 l., * 14 sq., 15 l., repeat from * till 28 sq., then 15 sq., 3 l., 12 sq. Now 5 rows of squares.

3 d.c. stitches under every 2 chains, and long stitches all round, making 7 d.c., at each corner.

BORDER.—Begin on the long side, 3 l. into corner loop, 7 ch., 3 d.c., the 1st into 4th loop, * 7 ch., 3 l., the 1st into 7th loop, 7 ch., 3 d.c., the 1st into 7th loop, repeat from * till the end, where make 7 ch., work at corner as before, then 7 ch., 3 d.c., the 1st into 4th loop, now work down the short side; but as the will be 4 more loops on this side than can be made available for the pattern, at 4 different intervals, widely apart, take 2 loops together in making the l. stitches; that is, insert the hook through 2 loops of the foundation at the same time instead of one.

2nd: Begin at corner, 2 l. into every loop of the l. stitches at corner in last row, 7 ch., * 5 d.c., the 1st into 6th loop, 5 ch., 5 l., the 1st into 6th loop, 5 ch., repeat from *.

3rd: Work at corner as before, that is, working 2 l. into every loop, 8 ch., * 3 d.c., the 1st on 2nd d.c., 6 ch., 7 l., the 1st into 6th loop, 6 ch., repeat from *.

Begin each row with the long stitch at a corner, but not at same the corner every time; this is to prevent the joinings being seen.

4th: 6 l. on the first 6 l. at corner, 3 ch., 6 l. on the remaining 6 l., 4 ch., * 1 l. into 3rd loop, 7 ch., 1 l. into 3rd loop from the last of the 3 d.c. in last row, 2 ch., 9 l. the 1st into 3rd loop, 2 ch., repeat from *.

5th: 7 l., beginning as before, 5 ch., miss 1 loop, 7 l., * 7 ch., d.c. into centre loop of 7 ch., 3 ch., 9 l. the 1st into 2nd loop from l. stitch in last row, repeat from *.

6th: 9 l., 5 ch., miss 1 loop, 9 l., * 5 ch., d.c. into 4th loop, 7 ch., 9 l., the 1st into 3rd loop from d.c. stitch in last row, repeat from *.

7th: 12 l., 5 ch., miss 1 loop, 12 l., * 5 ch., 1 l. into centre loop of 5 ch., 9 ch., 1 l. into 3rd loop of the 7 ch., from d.c. stitch in last row, 5 ch., 3 d.c. on the centre 3 l. of the 9 l., repeat from *.

8th: 14 l., 5 ch., miss 1 loop, 14 l., * 5 d.c. under the 5 ch., 5 l. into the 1st 5 loops of the 9 ch., 5 ch., 1 more l. into same loop, 4 more l. into the remaining loops, 5 d.c. under the 5 ch., 5 ch., repeat from *.

Contents

STAR-PATTERN D'OYLEY.

STAR-PATTERN D'OYLEY.

MATERIALS..—Brooks' Great Exhibition Prize Goat's-head Crochet Cotton, Nos. 10, 20, 22, 24, 26, 28, 30, and Penelope Crochet Hook, Nos. 3, 3-1/2, 4.

With cotton No. 26, and hook No. 3. For centre star or *a* work 10 chain, make it round, and in the loop you have formed work 24 d.c.; 1 s.c. in 1st d.c. ** 5 chain, miss 2, 1 s.c. in 3rd, repeat from ** 7 times more; in 1st 5 chain, * 2 long, 7 chain, 2 long in same 5 chain, 5 chain repeat from * in each 5 chain all round, fasten off.

Fasten cotton No. 24, and hook No. 3-1/2. ** In 7 chain 4 long, 4 chain turn and on the 4 chain, miss 1, 1 d.c., 2 long; 4 long in same 7 chain; 2 chain, 1 s.c. in centre of 5 chain; 2 chain repeat ** all round.

* 2 long, 1 chain, miss 1, 2 long, 1 chain, miss 1, 2 long, 7 chain, 1 long in same as last long, 1 long in next chain, 1 chain, miss 1, 2 long, 1 chain, miss 1, 2 long, miss 4. Repeat all round, * fasten off.

b. With cotton No. 24, and hook 3-1/2, 10 chain join round; work in round loop; 16 d.c.

3rd row: 1 long, 5 chain, 1 long, 3 chain, repeat all round.

4th: 3 long in the centre of 5 chain; 4 chain, 1 s.c. in the centre of 3 chains; 4 chain; repeat all round, fasten off.

With No. 22 cotton, and the same hook. * 1 long in 2nd long of 3 long in last row; "3 chain," 1 long in same as last; 2 chain, miss 1, 2 long, 1 d.c. in last long; miss 3, 1 d.c., 2 long, 2 chain, repeat * 7 times more only in the last point in "3 chain." Join to *a* in the following manner: 2 chain draw through the 4th stitch of 7 chain of *a*, then repeat the same as before, fasten off.

2nd *b*. Make the same as first *b* till the last row, where join in precisely the same way; the 1st point to centre *a* and two more points to 1st *b*; finish the row same as 1st *a*, and fasten off.

Make 6 more *b*, joining in the same manner. You will see what points are joined in the engraving.

c. With cotton No. 30, and hook 4. 8 chain, 1 s c. in 1st: then in round loop; * 1 d.c. 5 chain repeat * 5 times more. In 1st 5 chain ** 1 d.c., 2 long, 3 chain, join to a, turn, and on 3 chain 1 d.c., 2 long: in same 5 chain, 2 long, 1 d.c. ** repeat 5 times more, joining each petal as in the engraving, fasten off.

Make 7 more *c*s, joining between *a* and *b*s in the same manner.

d. With cotton No. 22, and hook 3-1/2. 8 chain, make it round, and in loop work 12 d.c.; * 1 d.c. on 1st d.c., 5 chain, miss 1, repeat 5 times more, * then in each 5 chain; ** 2 d.c., 4 long, 2 d.c., ** fasten off.

With cotton No. 20, and hook 3-1/2. * 1 s.c. in 2nd d.c., 6 chain turn, miss 1, 1 d.c.; 4 chain repeat * 5 times more; miss 1, ** 5 long, 7 chain 1 long in same as last long; 4 long, miss 2, repeat ** 5 times more, except in the last two points, where in 4th chain stitch of 7 chain join to point of *b*, fasten off. Make 7 more *d*s, joining as in the engraving.

e. With cotton No. 20, and hook 3-1/2. 10 chain make round; * 2 d.c. in loop; 7 chain repeat * 3 times more. ** 5 long in 7 chain, 3 chain, 5 long repeat ** 3 times more, joining, as seen in the engraving, to *b* and *d*, fasten off. Make 7 more *e*s, joining each between two *d*s.

f. With cotton No. 30, and hook 4. Make 7 chain, make into a loop, and in loop * 1 d.c., 4 chain join to b, turn, miss 1, 1 d.c., 2 long repeat * 5 times more; join in the same manner, and placed as in the engraving, fasten off. Make 7 more, joining them as you make them.

g. With cotton No. 28, and hook 4. * 1 d.c. on 1st d.c. of *e* 5 chain, miss 2, * repeat all round.

Make the tassels with No. 10 cotton, over a card 2 inches wide; wind it round the card 10 times, tie it round about half an inch down, draw the cotton tight and bring the ends to the top again, fasten to the d'oyley, as in the engraving.

Make a sufficient number to go round.

Contents

CROCHET D'OYLEY.

MATERIALS..—Brooks' Great Exhibition Prize Goat's-head Crochet Thread, No. 36: and Penelope Crochet Hook, No. 5.

Make a round loop the size of this O, and then commence.

1st Round: Ch. 3, and work 1 treble for 8 times in the round loop of last round, plain 1, and fasten off.

2nd: 3 treble at the top of the one treble of last round, ch. 3, and repeat round, plain 1, and fasten off.

3rd: 5 treble at the top of the three treble of last round, ch. 3, and repeat round, plain 1, and fasten off.

4th: 7 treble at the top of the five treble of last round, ch. 3, and repeat round, plain 1, and fasten off.

CROCHET D'OYLEY.

5th: 3 treble at the top of the seven treble of last round, ch. 4, work 1 treble in the centre of the three chain of last round, ch. 4, and repeat round, plain 1, and fasten off.

6th: 3 treble at the top of the five treble of last round, ch. 5, work 1 treble at the top of the one treble of last round, ch. 2, work 1 treble in the same loop as before, chain 5, and repeat round, plain 1, and fasten off.

7th: 2 treble at the top of the three treble of last round, ch. 6, work 7 treble in the two chain of last round, ch. 6, and repeat round, plain 1, and fasten off.

8th: 1 treble at the top of the two treble of last round, ch. 8, work 7 treble at the top of the seven treble of last round, ch. 8, and repeat round, plain 1, and fasten off.

9th: 3 treble at the top of the one treble of last round, ch. 9, work 5 treble at the top of the seven treble of last round, ch. 9, and repeat round, plain 1, and fasten off.

10th: 3 treble at the top of the three treble of last round, ch. 11, work 3 treble at the top of the five treble of last round, ch. 11, and repeat round, plain 1, and fasten off.

11th: 2 treble at the top of the three treble of last round, ch. 13, and repeat round, plain 1, and fasten off.

12th: 1 treble at the top of the two treble of last round, ch. 15, and repeat round, plain 1, and fasten off.

13th: 1 treble at the top of the one treble of last round, ch. 2, work 1 treble in the same loop as before, ch. 13, and repeat round, plain 1, and fasten off.

14th: 9 treble in the centre of the two chain of last round, ch. 12, and repeat round, plain 1, and fasten off.

15th: 9 treble at the top of the nine treble of last round, ch. 6, work 1 double in the centre of the twelve chain of last round, ch. 6, and repeat round, plain 1, and fasten off.

16th: 7 treble at the top of the nine treble of last round, ch. 8, work 1 treble at the top of the one double of last round, ch. 2, work 1 treble in the same loop as before, ch. 8, and repeat round; plain 1, and fasten off.

17th: 5 treble at the top of seven treble of last round, ch. 6, work 1 treble in the centre of the two chain of last round, then ch. 3, and work one treble three times more in the same loop as before, ch. 6, and repeat round, plain 1, and fasten off.

18th: 3 treble at the top of the five treble of last round, ch. 4, work 2 treble in the first three chain of last round, ch. 3, work 2 treble in the same loop as before, ch. 1, and work the same in the next two three chains of last round, ch. 4, and repeat round, plain 1, and fasten off.

19th: 2 treble at the top of the three treble of last round, ch. 2, then work as follows in each of the three chains of last round, 3 treble, ch. 3, work 3 treble all in the first three chain of last round, ch. 2, and work the same in the next two three chains of last round, ch. 2, and repeat round, plain 1, and fasten off.

20th: 1 treble at the top of the two treble of last round, then work as follows in each of the three chains of last round, 3 treble, ch. 3, work 3 treble in the same loop as before, ch. 3, and repeat the same in the next two three chains of last round, repeat round, plain 1, and fasten off, which completes the d'oyley.

Contents

ROSE D'OYLEY.

MATERIALS..—Brooks' Great Exhibition Prize Goat's-head Crochet Cotton, Nos. 14, 16, 18, 20, 28. Walker's Penelope Hook, Nos. 3, 3-1/2, 4.

a. With cotton No. 20 and hook 3-1/2, work 13 chains: make it round and in loop 24 d.c., 1 d.c. on d.c., 7 chain, miss 2, repeat 7 times more; in 4th chain stitch of 7 chain, 1 s.c., 12 chain, 1 s.c. in 6th chain from hook; 7 chain, 1 s.c. in same at last s.c.; 5 chain, 1 s.c., in same as last s.c., 5 chain, 1 s.c. in next chain stitch to 1st of 12 chain; 5 chain, repeat 7 times more, fasten off.

b. With cotton No. 18 and hook 3-1/4, work 10 chain, make it round, and in loop 24 d.c. * In 1st d.c. work 3 chain, 3 long, 3 chain, 1 d.c., miss 1, and repeat * 7 times more. Those only in the last, 2 long, join to 4th chain stitch of 7 chain of *a*, 1 long, 3 chain, 1 d.c., fasten off. Make 7 more *b*, joining to the 7 chains of *a*.

ROSE D'OYLEY.

c. With cotton No. 16 and hook 3, **1 s.c. in the centre of the two 5 chains of *a*, nearest the foundation: 7 chain, 1 s.c. in the centre of 5 chain; 5 chain, 1 s.c. on 2nd long of 1st division of *b*; * 3 chain, 1 d.c. on next division, repeat * 5 times more, 5 chain; 1 d.c. in next 5 chain, 7 chain, repeat ** 7 times more, fasten off.

D.c. all round the chain and fasten off.

d. With cotton No. 28 and hook 4, * 7 chain, 1 s.c. in 1st chain, and in round loop 1 d.c., 4 long, 3 chain; join to d.c. stitches where the two 5 chains are found together, turn, and on the 3 chain 1 d.c., 3 long; then in round loop, 4 long, 1 d.c.; then join to the d.c. on the opposite side, and fasten off. Repeat * 7 times more.

e. With cotton No. 18 and hook 3. Where you left off in *d*, join on No. 18 cotton; 9 chain, 1 s.c. in 5th chain; then in round loop ** 1 d.c., 5 chain, join to 5th d.c. from where you joined No. 18 cotton on; 5 chain, turn, and on 10 chain, 1 d.c., 9 long; 1 d.c. in round loop, 7 chain join to the top d.c., 3 chain. 1 s.c. in the 7th chain, 3 chain, 1 d.c. in the 7th chain; * 2 * 5 long, 1 d.c. in same as 1st d.c., 1 d.c. in round loop, repeat ** from ** without joining the 10 chain twice. The second time only work to * 2 *, work 3 long, join to 5th d.c. from where you joined No. 18 cotton on; 2 more long on 7 chain, 1 d.c.; then 3 s.c. down the stem. Make 7 more joining in the same way: fasten off.

f. With cotton No. 16 and hook 3. In 14th d.c. of *c* from where you joined No. 18 cotton on, * 1 d.c., 4 chain, join to 1st 3 chain of *e* of 1st section, 4 chain, join to 2nd 3 chain of *e* of 1st section; 8 chain join to 1st 3 chain of *e* of 2nd section, 3 chain, join to 2nd 3 chain of *e* of 2nd section; 8 chain, join to 1st 3 chain of *e* of 3rd section; 3 chain, join to 2nd 3 chain of *e* of 3rd section; 4 chain, repeat all round; d.c. all round.

g. With cotton No. 16 and hook 3, 10 chain, make it round and in loop; 8 d.c. join to the same place, where you began the long chain of *f* 5 d.c., * 5 chain join to 8th d.c. of *f* from where you joined the d.c.: 6 chain, turn, 1 d.c., 7 long, 1 d.c., miss 1, 1 s.c. in next d.c., repeat * 4 times more. Join in the same place only to last petal. In the last petal work down the chain as follows: 1 d.c.; 4 long, join to 8th d.c. from where you joined the 1st d.c.; 3 long, 1 d.c., fasten off. Make 7 more. Joining each as you make them.

h. With cotton No. 16 and hook 3, 15 chain, 1 s.c. in 1st stitch: then in loop; 24 d.c., * 1 d.c. on d.c., 7 chain, miss 2, repeat * 7 times more, then in each 7 chain, 9 d.c., except the last, which work as follows: 5 d.c. join to 3rd point of *g*, 4 d.c. in same 7 chain.

The next *h*, join in the same manner to point of *f* make sufficient to go round, joining alternately to *g*'s and *f*s.

i. With cotton No. 14 and hook 3, ** 1 s.c. on 5th d.c. of 1st division of *h*, * 5 chain, 1 s.c. in next division, repeat * 5 times more, 9 chain join to next point of *g* "9 chain," 1 s.c. in next point of *g*, 9 chain, repeat ** from all round; d.c. all round, and when you have come to the end of "9 chain" 4th d.c. join to the 9th d.c.; * 7 chain, miss 2, 1 d.c. in next, * repeat 9 times the 10 and 11, join to the other side and fasten off.

Contents

TOILET COVER IN SQUARE CROCHET.

MATERIALS..—Brooks' Great Exhibition Prize Goat's-head Crochet Cotton, No. 36, with a fine hook.

The pattern for this toilet cover being so elaborate, it must be worked in cotton not coarser than that we have indicated, if intended for an ordinary toilet cover. Worked in a coarser material, No. 8 or 12, of Brooks' Great Exhibition Prize Goat's-head Crochet Cotton, it would make a beautiful quilt for a small bed; and in some of the coarser sizes of the knitting cord, a large counterpane might be worked, and from the clear appearance this material presents, would look very rich and handsome.

Like all square crochet, this design must be worked from the engraving. The number of foundation chain for working it is 529, reckoning the length, or 346 for the width, if that mode of working be preferred as less cumbersome. It will not, however, answer so well for a toilet cover, as the stitches would go the wrong way. For a counterpane, on the contrary, it would be preferable.

TOILET COVER.

For the border of a toilet cover, we should recommend one of the patterns in bead work, found in other parts of this volume. For the edge of a counterpane, nothing can be handsomer than the border and fringe of the bassinet quilt.

It should be worked with the same cotton as the centre, and the fringe a degree coarser.

Crochet counterpanes should be laid over one of the American patent quilted coverlets, which have recently been sold in London, and for invalids, especially, are so extremely comfortable.

TIDY IN SQUARE CROCHET.

MATERIALS..—Brooks' Great Exhibition Prize Goat's-head Crochet Cotton, No. 14: Walker's Penelope Crochet-hook, No. 2½.

TIDY IN SQUARE CROCHET.

Make a chain of 289 stitches, which will form ninety-nine squares; with this cotton and hook it will measure twenty-five inches; the pattern must be worked from the engraving, and may be increased in size by using a coarser cotton and thicker hook.

Contents

ARABESQUE TOILET-COVER IN SQUARE CROCHET.

ARABESQUE TOILET-COVER IN SQUARE CROCHET.

This pattern should be worked in Brooks' Great Exhibition Prize Goat's-head Crochet Cotton, exactly to the size of the top of the table, in rather thick cotton, to make it look massive, and to retain its form; the edging must be worked in blue beads in crochet to the pattern, and a number of beads given exactly to go round the table and to hang down, and finished with a tassel at each corner.

Contents

COVER FOR A HADROT LAMP.

MATERIALS..—Half-a-dozen skeins of each of seven shades of green wool, and four of scarlet ditto. A fine netting-needle, four knitting-needles, No. 14, and the same of No. 16.

With the darkest green wool cast on 96 stitches on each of three of the coarsest knitting-needles (that is, 288 altogether), and close into a round.

1st round: Plain knitting.

COVER FOR A HADROT LAMP.

2nd: * knit 1, make 1, knit 6, knit 3 together, knit 6, make 1, * 18 times.

3rd: Plain knitting.

4th: Change to the darkest scarlet, and repeat the second round.

5th: Knit 7, * knit 3 together, knit 13, * 17 times; knit 3 together, knit 6.

6th: * knit 1, make 1, knit 5, knit 3 together, knit 5, make 1, * 18 times.

7th: Plain knitting.

8th: Change to the next shade of green, and repeat the 6th round.

9th: Knit 6, * knit 3 together, knit 11, * 17 times; knit 3 together, knit 5.

10th: * knit 1, make 1, knit 4, knit 3 together, knit 4, make 1, * 18 times.

11th: Plain knitting.

12th: Change to the next shade of scarlet, and repeat the 10th round.

13th: Knit 5, * knit 3 together, knit 9, * 17 times; knit 3 together, knit 4.

14th: * knit 1, make 1, knit 3, knit 3 together, knit 3, make 1, * 18 times.

15th: Plain knitting.

16th: Change to the next shade of green, and repeat the 14th round.

17th: Knit 4, * knit 3 together, knit 7, * 17 times; knit 3 together, knit 3.

18th: * knit 1, make 1, knit 2, knit 3 together, knit 2, make 1, * 18 times.

19th: Knit 3, * knit 3 together, knit 5, * 17 times; knit 3 together, knit 2.

20th and 21st: Plain knitting, using the finer needles, and decreasing until there are only 96 stitches in the round.

22nd: * knit 1, make 1, knit 2 together, make 1, knit 2 together, knit 1, make 1, knit 2 together, knit 1, slip 1, knit 1, pass the slip stitch over, make 1, knit 1, * times.

23rd: * knit 1, make 1, knit 2 together, twice, knit 7, * 8 times.

24th: Like 22nd.

25th: * slip 1, knit 1, pass the slip stitch over, make 1, slip 1, knit 1, pass the slip stitch over, make 1, knit 8, * 8 times.

26th: * slip 1, knit 4, pass the slip stitch over, make 1, slip 1, knit 1, pass the slip stitch over, make 1, knit 3, make 1, slip two together, knit 1, pass the 2 slip over, make 1, knit 2, * 8 times.

27th: Like the 25th.

28th: * knit 1, make 1, knit 2 together, make 1, knit 2 together, knit 1, slip 1, knit 1, pass the slip stitch over, make 1, knit 1, make 1, knit 2 together, knit 1, * 8 times.

29th: * knit 1, make 1, knit 2 together, make 1, knit 2 together, knit 7, * 8 times.

30th: Like 28th.

31st: * ** slip 1, knit 1, pass the slip stitch over, make 1, ** twice, knit 8, * 8 times.

32nd: * ** slip 1, knit 1, pass the slip stitch over, make 1, ** twice, knit 1, slip 1, knit 1, pass the slip stitch over, make 1, knit 3, make 1, knit 2 together, * 8 times.

33rd: Like 31st.

Repeat these 12 rows (that is, from the 22nd to the 33rd, inclusive of both), six times more, doing two patterns (that is, 24 rounds) of one shade, and then changing to the next lightest. After the 7th pattern, continue as follows, in order to decrease and form the neck for the lamp.

1st decreasing round: * knit 1, make 1, knit 2 together, make 1, knit 3 together, make 1, knit 2 together, knit 1, slip 1, knit 1, pass the slip stitch over, make 1, knit 1, * 8 times.

2nd: * knit 1, make 1, knit 2 together, make 1, knit 2 together, knit 6, * 8 times.

3rd: * knit 1, make 1, knit 2 together, make 1, knit 2 together, make 1, knit 2 together, knit 1, slip 1, knit 1, pass the slip stitch over, make 1, knit 1, * 8 times.

4th: * ** slip 1, knit 1, pass the slip stitch over, make 1, ** twice, knit 7, * 8 times.

5th: * * slip 1, knit 1, pass the slip stitch over, make 1, ** 3 times, knit 3 together, knit 2, * 8 times.

6th: * slip 1, knit 1, pass the slip stitch over, make 1, slip 1, knit 1, pass the slip stitch over, make 1, knit 4, knit 2 together, * 8 times. After this, do two inches of ribbed knitting in the same shade. It is done by alternately knitting and purling two stitches. Cast off.

The edges of the Vandykes are trimmed with tatting, of which five graduated ones surround each. Fill the netting-needle with the darkest shade of wool, and make for every point at the base of the corner the following seven loops:—

1st: 9 double stitches; draw it up to a half-circle.

2nd: 11 double; the same.

3rd: 13 double; the same.

4th: 15 double; draw it up tightly.

5th: Like 3rd. 6th: Like 2nd.

7th: Like 1st.

This cover is intended to protect the lamp from the dust, which greatly injures the bronzing of the Hadrot lamp.

Contents

LAMP MAT, IN CROCHET.

MATERIALS..—6 skeins of white netting silk, and 3 skeins each of four shades of cerise ditto, the darkest being almost brown, and the lightest a rich and brilliant cerise. A hank of rather large steel beads, a string of short square steel bugles, and 1 oz. of fluted ditto, 1/2 inch long. A skein of rather fine white cotton cord, and 54 rings. Tapered, indented crochet-hook, No.

22. Begin with the darkest cerise, and do not change until the directions require it.

1st round: With this silk work 8 s.c. on the end of the cord, and form into a round, after which 6 s.c. to secure it.

2nd (Cerise and white): X 1 cerise in the same stitch as the last, 1 white, 2 cerise in 1, x 6 times.

3rd: X 1 cerise worked in the same stitch as the last two, 3 white, 2 cerise in one, X 6 times.

4th: Like 3rd, with 5 white instead of 3.

5th: X 1 cerise in the same stitch as the last two, 7 white, 4 cerise in 1, X 6 times.

6th: X 1 cerise in the same as the last four, 11 white (the last 2 being over 2 cerise), 4 cerise in one, X 6 times.

7th: X 1 cerise on the next stitch, 13 white, 1 cerise on 1, 3 on the centre one of 5, X 6 times.

8th: Like 7th, with 15 white. Change to the next shade of cerise.

9th: X 1 cerise on next, 8 white, 1 cerise, 8 white, 1 cerise, 3 cerise on centre of 5, X 6 times.

10th: X 1 cerise on next, 8 white, 3 cerise (the second over 1 cerise), 8 white, 1 cerise, 3 in 1, X 6 times.

11th: X 1 cerise on next, 6 white, 3 cerise, 1 white, 1 cerise, 1 white, 3 cerise, 6 white, 1 cerise, 3 in 1, X 6 times.

12th: X 1 cerise in next, 6 white, 11 cerise, 6 white, 1 cerise. 3 in 1, X 6 times.

Next shade of cerise.

13th: X 1 cerise in next, 5 white, 5 cerise, 2 white, 1 cerise, 2 white, 5 cerise, 5 white, 1 cerise, 3 in 1, X 6 times.

14th: X 1 cerise in next, 7 white, 3 cerise, * 1 white, 2 cerise, * twice, 1 white, 3 cerise, 7 white, 1 cerise, 3 in 1, x 6 times. 15th: X 1 cerise in next, 11 white, 3 cerise, 1 white, 3 cerise, 11 white, 1 cerise, 3 in 1, X 6 times.

16th (Lightest cerise): X 1 cerise in the same stitch as the last 3, 13 white, 2 cerise, 1 white, 1 cerise, 1 white, 2 cerise, 13 white, 4 cerise in 1, X 6 times.

17th: X 1 cerise in the next, 16 white, 3 cerise (over 1 w., 1 c., 1 w.), 16 white, 1 cerise, 3 in 1, X 6 times.

LAMP MAT.

18th: X 1 cerise on next, 18 white, 1 cerise, 18 white, 1 cerise, 3 cerise in 1, X 6 times.

19th: X 1 cerise in next, 39 white, 1 cerise, 3 cerise in 1, X 6 times.

20th: X 1 cerise in 1, 2 white, * 2 cerise, 3 white, * 7 times, 2 cerise, 2 white, 1 cerise, 3 cerise in 1, X 6 times.

21st: X 1 cerise in next, * 3 white, 2 cerise, * 8 times (the white over white, the cerise over cerise), 3 white, 1 cerise, 3 cerise in 1, X 6 times.

22nd: X 1 cerise in next, 3 white, * 1 cerise, 2 white over 2 cerise, 1 cerise, 1 white, * 8 times, 2 more white, 1 cerise, 3 cerise in 1, X 6 times.

23rd: X 1 cerise in next, 3 white, * 1 cerise, 4 white, * 8 times, 1 cerise, 3 white, 1 cerise, 3 cerise in 1, X 6 times.

24th: Entirely cerise, working 3 in 1 at all the 6 points.

25th: White and cerise alternately, a single stitch of each, with 3 in 1 at the points.

26th: All cerise, increasing, as before, at the corners.

This completes the centre of the mat. Now cover six of the rings with the darkest cerise, 12 with the lightest, 12 with the second lightest, and 24 with white. They are to be done in s.c. The darkest are sewed in the centre of each side of hexagon, with a white at each side, and two more (joined together) above it. The lightest cerise are placed at the points the two being joined together, and one to the mat. These form the extreme points, and the other twelve are placed to connect the lightest rings with the white. The short square bugles are threaded, with some of the beads, to form a cross in the centre of each of the white rings; the other rings have a cross of beads only. All the rings are sewed together, and to the mat.

The elegant fringe round the edge is formed of the long steel bugles, connected with each other at the outer edge by a chain of 4 steel beads. The needle is slipped down them to connect them with the rings, and a single bead is threaded at the base of each. The side rings have 6 bugles each, placed at equal distances; the corners have 8; and 1 is placed where every two rings are joined.

This mat would be very beautiful if worked in white and shades of green, with gold beads and bugles.

Contents

CANDLE LAMP MAT.

MATERIALS..—Half-ounce each of stone-colour and shaded violet, 8-thread; half-ounce of shaded amber, 4-thread Berlin Wool; 4 yards of ordinary sized Blind or Skirt Cord; 77 small Curtain Rings, the size measuring across five-eighths of an inch; Nos. 1 and 2 Penelope Hook: 2 bunches No. 6 Steel Beads.

With No. 1 Hook, and drab Wool, work 11 stitches d.c., over the end of the cord; double in as small a circle as possible, unite, and work 2 stitches into every loop for three more rounds.

5th: 1 stitch into every loop.

6th: Increase 1 stitch in every 2nd loop. There must be 72 stitches in this round.

7th: Place a pin in every 9th loop, and in this same 9th loop work with 8-thread violet, 1 stitch; then 9 stitches drab in the next 8 loops, that is, increasing 1 stitch in about the 4th loop; repeat this all round.

8th: Work 3 stitches violet into the 1 violet stitch; then 9 stitches drab, working only 8 stitches in the last compartment, to commence next row.

9th: In the last drab stitch that was not worked into, work 1 violet stitch; then 4 more violet; then 7 drab, increasing 1 in 4th stitch; in the last compartment make only 2 drab after the increased stitch, in order to make 8 violet in next round.

10th: 8 violet, the 1st to come before the 5th violet of last row, and the last to come after the 5th violet, but increasing 1 violet on the 5th stitch; then 7 drab, increasing 1 in the 4th drab stitch.

11th: All violet, increasing 1 in every 5th stitch.

12th. All violet, but without increasing, unless required.

The diameter of the mat should now measure 6 inches across, but should it be required larger, another row of cord, or even two, will give the increased size.

Now d.c. under all the rings, about 30 to 32 stitches for each ring is necessary; unite and tie the knot very neatly, and sew six of these rings round a 7th, sewing them with cotton the colour, and sewing them at the parts where each ring is joined, about 6 stitches in length; be careful that no stitches are seen on the right side; then sew steel beads round the centre ring, taking up 5 to 6 beads at a time on the needle; then place the needle between the joinings of the rings, take upon it about 35 beads, and draw the cotton across to the opposite point; repeat this twice more, the beads will then form as given in engraving; sew the circles of rings on to the mat by two of the rings, and sew the circles together by one ring. Any other colour beside amber will do for the rings. If the table cover is scarlet, green wool should be used; if blue, amber; or if green, scarlet or pink.

CANDLE-LAMP MAT.

Contents

HAND SCREEN, IN CROCHET.

MATERIALS..—5 skeins of rich dark blue purse silk, 6 skeins of fine and pure gold thread; Penelope hook, No. 18; 2 yards of dark blue silk fringe, 2 inches deep; 2 yards of fine wire, and 3/4 yard of white gros-de-Naples. A pair of screen handles.

Of course silk of any other colour may be used, if blue will not correspond with the furniture. Green looks very handsome with gold, and scarlet with silver. The metal thread used must be of the very best description only.

Begin by making six gold flowers, thus:—26 ch., close in 19th for a round, X 7 ch., sc. under loop, X twice, 7 ch., slip on the closing of the round—thus there are three loops in the centre one; work under the chain of the first, 1 s.c., 1 d.c., 6 t.c., 1 d.c., 1 s.c. Under the centre one 1 s.c., 1 d.c., 9 t.c., 1 d.c., 1 s.c.; and the third loop like the first. Slip on the base of the flower, and work down the 19 ch. in s.c.

HAND SCREEN.

Six of these flowers are to be made, and afterwards sewed on the silk, radiating from the centre, and each occupying the middle of one side of the hexagon.

FOR THE SCREEN (beginning in the centre).—With the blue silk, make a chain of six, and close into a round.

1st: X 1 d.c., 5 ch., miss none, X 6 times.

2nd: X 5 t.c. on 5 ch., 5 ch., miss 1 d.c., X 6 times.

3rd: X 7 t.c. (beginning on the last of 5 ch.), 5 ch., X 6 times.

Continue in this manner, increasing the t.c. stitches by 2 at each section of the hexagon, in every round, until there are 33 t.c. in each division, always making 5 chain between. Then s.c. all round, adding the silk flowers where they occur—that is, over the 8th, 17th, and 26th of the 33 t.c. in each section. The flowers are made in the following mariner:—12 ch., close into a loop at the 7th, 6 ch., s.c. under loop. 8 ch., s.c. under loop, 6 ch., slip at the stem, X 5 ch., s.c. under first loop of 6, X 5 times, * 5 ch., s.c. under the loop of 8, * 7 times, ** 5 ch., s.c. under loop of 6, ** 5 times; s.c. down the chain, and continue the round.

The gold flowers are to be worked in the same way, and attached over the centre of each 5 chain which form the corners of the hexagon. Work a chain all round, catching up the points of the flowers at regular intervals, and then work two rounds of s.c., with three stitches in one at the points.

Do all the crochet work of these screens rather tightly. Sew on the large gold flowers, passing the ends through the centre loop of the screens, and form a little rosette of X 6 chains, s.c. in the round, X repeated to close the middle.

TO MAKE UP THE SCREENS.—Cut out a hexagon, the exact size of the crochet, in paper, and bend the wire into the same form. Be very particular that the wire frame shall be true and even. Cover it on both sides with white silk, over one side of which sew the crochet. It will only require to be fastened round the edges. The fringe must then be laid on, the handles attached, and the screen is completed.

If preferred, the back of the screen may be covered with silk of the colour of the crochet, as more durable than white.

CROCHET COUNTERPANE FOR A BASSINET.

MATERIALS..—Brooks' Great Exhibition Prize Goat's-head Knitting Cords, Nos. 12 and 16; 8 oz. of blue beads, large enough to thread on the finest cotton, they should be turquoise blue; crochet hooks, Nos. 19 and 20.

The centre of the counterpane is made in diamonds, with small pieces at the edges, merely to fill in the parts where the diamonds leave spaces, and form the whole into a solid square. It is done in ribbed crochet. Ribbed crochet is so called from the work having the appearance of ridges. It is worked backwards and forwards thus: the top of a row of crochet, whether s.c., d.c., or t.c., presents an appearance of chain stitch; in working ribbed crochet, take up always that side of the chain which is furthest from you. The middle of the counterpane is done in knitting cord, No. 12; crochet hook, No 19.

FOR THE DIAMONDS.—(a) Make 2 ch., miss 1, 3 s.c. in the next ch.

2nd: Turn the work; 1 ch., 1 s.c. in one, 3 s.c. in next, 1 s.c. in third.

3rd: Turn, 1 ch., 2 s.c. in second, 3 s.c. in next, 2 s.c. in two last.

Thus you proceed, turning the work at the end of every row, working 1 s.c. in every one but the middle stitch, in which you work 3, until you have made 15 ribs, and the row has 61 stitches, a chain stitch being made at the beginning of every row.

Now make 3 ch., on turning, and work 3 d.c. in the first stitch, X miss 2, 3 d.c. in third, X 9 times, miss 1, 3 d.c. in second, 1 ch., miss 1 (which should be at the point), 3 d.c. in second, miss 1, 3 d.c. in second, * miss 2, 3 d.c. in third, * 9 times. This completes the row, the last 3 d.c. coming on the last stitch.

CROCHET COUNTERPANE FOR A BASSINET.

Turn, X 5 ch., d.c. between the sets of 3 d.c. of the last row, X to the end; s.c. only at the last.

Turn, X 3 ch, s.c. under loop, X to the end but with 5 ch. at the point; another s.c. in the last loop.

Turn, 2 ch., d.c. in every stitch of last row. Turn, 1 ch., s.c. in every stitch of last row; fasten off.

This completes one diamond, which for a bassinet quilt will be large enough. For a large counterpane they may be considerably increased. A glance at the engraving will show how they are joined together.

For the half diamonds at the side *(b)* make 2 ch.; work 2 s.c. in the first of these, turn, 1 ch., 1 s.c. in the first of the two of last row, 2 s.c. in the second; turn, 1 ch., 2 s.c. in the first, and 1 in each of the other 2 s.c. of last row. Continue working thus, making two in one at the end of one row and the beginning of the next, until there are 31 stitches and 15 ribs. Then, for the open part, 2 ch., turn, work 3 d.c. in the first stitch, X miss 2, 3 d.c. in next, X 10 times.

2nd row of open work: Turn, X 5 ch., d.c. under the chain between the first and second set of 3 d.c. X repeat to the end of the row; 5 ch., s.c. at the end.

3rd: Turn, X 3 ch., s.c. under loop, X repeat to the end.

4th: 2 ch., turn d.c. in every stitch to the end.

5th: 1 ch., turn, s.c. to the end.

For the side pieces *(c)* work in exactly the same manner, only beginning by working thus: 2 ch., turn, 2 s.c. in the first of these, 1 ch., turn, *2 s.c. in the first of the two and 1 in the second.* This is just the reverse of the other, the increase continuing to be made at that edge where the first increases. Of course the last row will end at the point of one piece, and the short side of the other.

(d) 2 ch., work 3 s.c. in the first of these, 1 ch., turn, 2 s.c. in the first, 3 in the next, 2 in the last. Turn, 1 ch.; work this and all the following rows until you have 61 stitches in this manner. 2 s.c. in the first and last stitches, 3 in one in the centre, and 1 in one in every other (increasing 4 stitches in every row). The five open work rows to be done as in *a*.

(e) Work these pieces like *a*, until 10 ribs are done; then turn and s.c. up to the three centre stitches, *slip* on the first of the three, X turn, miss the slip stitch, slip on the next, and s.c. to the end; turn, 1 ch., s.c. on all the s.c. but the last, which slip; X repeat between the marks until one stitch only remains, through which the thread is drawn. The other side of the point must then be worked to correspond with the first, the centre stitch not being worked at all.

(f) These two morsels are begun like *b* and *c*, and finished in the same way that *e* is. They will then exactly fit those corners. The other corners *(g)* are worked by beginning, as usual, with 2 ch., in the first of which work 3 s.c., X ch., turn, 2 s c. in first and last stitches, and one in each intermediate; X repeating backwards and forwards until 3 stitches are in the row, when complete by open work as in *b* and *c*.

The numbers required of each piece are—*a*, 28; *b* and *c*, five of each; *d*, *e*, *f*, and *g*, two each. (A glance at the engraving will show the manner in which these are joined into an oblong square.)

EYELET-HOLE BORDER.—When all are sewed together, a line of d.c. must be worked all round, with 3 stitches in one at the corners, and two in one on each side of the three. This will make the corners perfectly square.

2nd round: X 1 d.c., 1 ch., miss 1 X; repeat all round, but not missing any at the corners.

3rd: (Eyelet-holes). These are to be worked quite separately from the last, at first. X 9 ch., close for a round in the second, and work 8 s.c. under the half, X repeat until a length is done sufficient to surround the square, every little round being half-covered by the s.c. In covering the other half of each circle, you will attach it to the work thus:—4 more s.c. make a ch., slip the needle off the loop, insert it at the corner of second round, and draw the loop through, then 4 s.c. under the remainder of the circle, 1 s.c. on ch. between; X 4 s.c. under next eyelet-hole, miss 2 on the second round, insert the hook in the third, draw the loop through, and work 4 more under the ch.; X repeat, allowing 3 between, except at the corners.

4th: S.c. (putting the hook under both sides of the chain) at the top of an eyelet-hole, X 5 ch., s.c. in the same way under the centre of the next, X all round, with 6 ch. at the corners.

5th: X 1 d.c., 1 ch., miss 1, X all round, not missing any at the corners.

6th: S.c. all round, with two stitches in one at the corners.

MOTTO BORDERS.—For these use Brooks' Great Exhibition Prize Goat's-head Cotton, No. 12, on which the beads must be strung before beginning to work. The borders are done entirely in s.c., the beads being dropped on, according to the pattern, *on the wrong side*, this *wrong* side being the *right* when beads are used in crochet. The ends have 241 chain each: the sides, 397. The pattern occupies 55 rows, and the squares at the corners have 55 chain, and the same number of rows.

The motto borders and corners are all worked separately, and afterwards sewed together. When completed, the eyelet-hole border is again added all round, and the counterpane then only requires a deep open border.

This quilt would be very handsome, if worked in coarser cotton, for a full-sized bed. The small diamonds in the centre would thus be increased in size, and a sufficient number should be done to form a middle just three times the dimensions of that now given. The borders should be worked in open square crochet instead of s.c.; the pattern and letters in close squares on an open ground. It would for this purpose, be requisite to make the chains of three times the number of stitches, and one over: 724 for the ends, 1,192 for the sides, and 166 for the corners. In other respects the counterpane might be worked exactly from the instructions.

The family coat-of-arms and crest, correctly drawn, would make a very handsome centre for a counterpane in crochet. Where a quilt is done in square crochet, it should be laid over one of the new patent wadded counterpanes of a colour appropriate to the furniture of the room, as this displays the work to great advantage.

Contents

DEEP BORDER FOR BASSINET QUILT.

MATERIALS..—Brooks' Knitting Cord, Nos. 4 and 6; Crochet-hook, No. 18.

This lace is to be worked round the last eyelet-hole border with No. 6 Brooks' Cotton.

1st round: S.c. round the edge of the last border, with two stitches in every one for two inches on each side of the corners.

2nd: X 1 d.c., 1 ch., miss 1, X all round, but not missing any at the corners.

3rd: Like first, but with 2 in 1 for 3 inches round the corners, at the extreme points of which there will be 3 in 1 three times.

4th: Begin at a corner. X 2 d.c., 1 ch., miss 1, 1 d.c., 1 ch., miss 1, 2 d.c., 9 ch., miss 2, X 4 times. Then continue along the side, missing 6 instead of 2, until you come to within 41 stitches of the next corner, when you will miss 2 only again, and at the point of the corner miss none. All the sides are to be worked alike.

5th: (Begin over the 2nd of the first 2 d.c.) X 2 d.c., 1 ch. (which comes over the 1 d.c.), 2 d.c., 5 ch., 1 d.c. on 5th of 9 ch., 5 ch., X all round.

6th: X 3 d.c. (the second coming over the 1 ch.), 5 ch., 3 d.c. (the second coming over 1 d.c.), 5 ch., X all round.

7th: X 1 d.c. (on the second of the 3 d.c. you began with in last round), 5 ch., miss 4 ch., 2 d.c., 1 ch., miss 1 d.c., 2 d.c., 9 ch., X all round.

8th: (Begin on the last chain before the 2 d.c.) X 2 d.c., 1 ch., miss 1, 1 d.c. over 1 ch., 1 ch., miss 1, 2 d.c., 9 ch., X all round.

Repeat from the 5th to the 8th round, inclusive of both, thrice; then the 5th and 6th again. This will make 18 rounds.

19th: X 1 s.c. on centre of the three d.c. you began the last round with, 6 ch., 2 d.c., 1 ch. (over the middle of 3 d.c.), 2 d.c., 6 ch., X all round.

20th: X 1 s.c. over 1 s.c., 6 ch., 2 d.c., 1 ch., 1 d.c. (over 1 ch. of last round), 1 ch., 2 d.c., 6 ch., X all round.

21st: X 1 slip on s.c., 1 s.c. on first of 6 ch., 7 ch., 2 d.c. (the first over second d.c. of last round), 1 ch. over 1 d.c., 2 d.c., 7 ch., s.c. on last of 6 ch., X all round.

22nd: X s.c. on s.c., 4 ch., d.c. on fourth of 7 ch., 5 ch., 3 d.c. (the second over 1 ch. of last round), 5 ch., 1 d.c. on fourth of 7 ch., 4 ch., s.c. on s.c., X all around.

23rd: X s.c. on s.c., 5 ch., 2 d.c. (the first over 1 d.c. of last round), 5 ch., 1 d.c. over centre of 3 d.c., 5 ch., 2 d.c. (the second over 1 d.c.), 5 ch., sc. on sc., X all round.

24th: X s.c. on s.c., 4 ch., 3 d.c. over 2 d.c., 3 ch., miss 2, 3 t.c. on 2 ch., 4 ch., miss 3 (that is, 1 d.c., and 1 ch. on each side of it), 3 t.c. on 2 ch., 3 ch., miss 2, 3 d.c. on 2 d.c., 4 ch., s.c. on s.c., and X all round.

25th: S.c. on 4 ch., * 4 ch., miss none, 4 d.c., * 6 times, 4 ch, miss none, 4 s.c. on 4 chains, X all round.

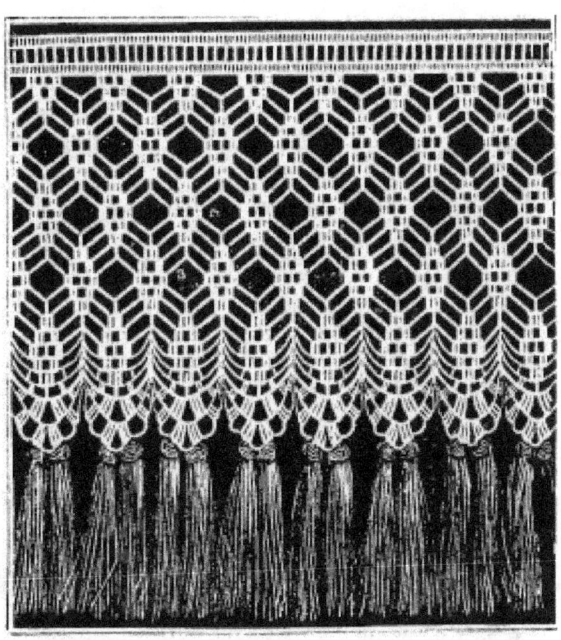

DEEP BORDER FOR BASSINET QUILT.

This is the last round. The fringe is then put on thus: wind your cotton (No. 4) twelve times round a card about 2-1/4 inches wide; slip it off, catch up the threads with a crochet-hook, and draw through one of the loops of 4 chain in the last round. When half-way through, pass the other ends through the loop; draw it up tightly, and cut the ends. Repeat this for every loop of 4 ch., and the fringe is complete.

Contents

CROCHET STRIPE FOR A BED QUILT.

CROCHET STRIPE FOR A BED QUILT.

MATERIALS..—Brooks' Great Exhibition Prize Goat's-head Crochet Cotton. Penelope Hook.

Make 2 stripes of this pattern. All the stripes are worked the short way, and forwards and back. This stripe is about 27-1/2 inches in width; it may be worked to any length, but great care must be taken that it is worked as evenly and tightly as the cotton and hook will permit, each l. stitch must measure in length over two-eighths of an inch, and nearly three-eighths.

Observe that the cotton must never be cut off, but that every row is worked forwards and back.

1st row: Make a chain of about 330 stitches in length, turn back, and work 108 squares.

2nd: Turn on reverse side, and observe this at the commencement of every row, work 4 l., 1 sq., 15 l., 2 sq., 15 l., 9 sq., 15 l., 1 sq., 9 l., 2 sq., 3 l., 10 sq., 3 l., 3 sq., 6 l., 6 sq., 6 l., 5 sq., 6 l., 4 sq., 3 l., 2 sq., 6 l., 19 sq., 15 l., 2 sq., 15 l., 1 sq., 3 l.

3rd: 4 l., 1 sq., 9 l., 4 sq., 15 l., 21 sq., 9 l., 1 sq., 3 l., 1 sq., 12 l., 2 sq., 6 l., 1 sq., 3 l., 2 sq., 3 l., 2 sq., 9 l, 4 sq., 6 l., 4 sq., 3 l., 7 sq., 9 l., 2 sq., 6 l., 10 sq., 15 l., 4 sq., 9 l., 1 sq., 3 l.

4th: 4 l., 2 sq., 9 l., 2 sq., 3 l., 1 sq., 9 l., 1 sq., 9 l., 9 sq., 15 l., 5 sq., 3 l., 2 sq., 15 l., 4 sq., 21 l., 3 sq., 12 l., 1 sq., 12 l., 1 sq., 6 l., 3 sq., 3 l., 17 sq., 9 l., 1 sq., 9 l., 1 sq., 3 l., 2 sq., 9 l., 2 sq., 3 l.

5th: 4 l., 2 sq., 18 l., 1 sq., 3 l., 2 sq., 15 l., 22 sq., 15 l., 1 sq., 12 l., 4 sq., 6 l., 1 sq., 15 l., 4 sq., 3 l., 2 sq., 6 l., 7 sq., 9 l., 9 sq., 15 l., 2 sq., 3 l., 1 sq., 18 l., 2 sq., 3 l.

6th: 4 l., 2 sq., 15 l., 2 sq., 3 l., 2 sq., 15 l., 17 sq., 6 l., 3 sq., 3 l., 3 sq., 24 l., 5 sq., 27 l., 2 sq., 6 l., 20 sq., 15 l., 2 sq., 3 l., 2 sq., 15 l., 2 sq., 3 l.

7th: 4 l., 3 sq., 6 l., 3 sq., 3 l., 3 sq., 15 l., 10 sq., 3 l., 8 sq., 18 l., 2 sq., 18 l., 4 sq., 9 l., 1 sq., 18 l., 2 sq., 3 l., 5 sq., 6 l., 15 sq., 15 l., 3 sq., 3 l., 3 sq., 6 l., 3 sq., 3 l.

8th: 4 l., 1 sq., 3 l., 1 sq., 15 l., 3 sq., 15 l., 15 sq., 3 l., 1 sq., 3 l., 3 sq., 9 l., 2 sq., 18 l., 1 sq., 3 l., 1 sq., 9 l., 3 sq., 12 l., 1 sq., 3 l., 2 sq., 15 l., 3 sq., 9 l., 1 sq., 3 l., 12 sq., 15 l., 3 sq., 15 l., 1 sq., 3 l., 1 sq., 3 l.

9th: 4 l., 1 sq., 3 l., 2 sq., 9 l., 2 sq., 6 l., 5 sq., 9 l., 10 sq., 3 l., 1 sq., 9 l., 2 sq., 12 l., 3 sq., 3 l., 1 sq., 3 l., 3 sq., 12 l., 3 sq., 6 l., 1 sq., 18 l., 2 sq., 9 l., 2 sq., 3 l., 14 sq., 9 l., 5 sq., 6 l., 2 sq., 9 l., 2 sq., 3 l., 1 sq., 3 l.

10th: 4 l., 1 sq., 6 l., 3 sq., 9 l., 2 sq., 9 l., 1 sq., 15 l., 12 sq., 3 l., 2 sq., 6 l., 1 sq., 3 l., 2 sq., 12 l., 3 sq., 9 l., 6 sq., 12 l., 1 sq., 6 l., 2 sq., 9 l., 1 sq., 21 l., 4 sq., 3 l., 4 sq., 15 l., 1 sq., 9 l., 2 sq., 9 l., 3 sq., 6 l., 1 sq., 3 l.

11th: 4 l., 1 sq., 9 l., 4 sq., 36 l., 1 sq., 3 l., 3 sq., 9 l., 2 sq., 6 l., 1 sq., 3 l., 5 sq., 3 l, 1 sq., 6 l., 1 sq., 18 l., 5 sq., 3 l., 1 sq., 6 l., 5 sq., 3 l., 2 sq., 3 l., 6 sq., 6 l., 10 sq., 36 l., 4 sq., 9 l., 1 sq., 3 l.

12th: 4 l., 1 sq., 6 l., 3 sq., 9 l., 2 sq., 9 l., 1 sq., 15 l., 9 sq., 3 l., 7 sq., 6 l., 9 sq., 3 l., 1 sq., 6 l., 4 sq., 9 l., 6 sq., 12 l., 2 sq., 9 l., 2 sq., 6 l., 3 sq., 9 l., 2 sq., 15 l., 1 sq., 9 l., 2 sq., 6 l., 3 sq., 6 l., 1 sq., 3 l.

13th: 4 l., 1 sq., 3 l., 2 sq., 9 l., 2 sq., 6 l., 5 sq., 9 l., 9 sq., 6 l., 1 sq., 12 l., 1 sq., 18 l, 1 sq., 9 l., 2 sq., 3 l., 4 sq., 9 l., 1 sq., 6 l., 3 sq., 3 l., 3 sq., 3 l., 1 sq., 3 l., 18 sq., 9 l., 5 sq., 6 l., 2 sq., 9 l., 2 sq., 3 l., 1 sq., 3 l.

14th: 4 l., 1 sq., 3 l., 1 sq., 15 l., 3 sq., 15 l., 20 sq., 6 l., 5 sq., 15 l., 2 sq., 3 l., 2 sq., 12 l., 2 sq., 15 l., 1 sq., 15 l., 1 sq., 6 l., 1 sq., 3 l., 3 sq., 6 l., 10 sq., 15 l., 4 sq., 15 l., 1 sq., 3 l., 1 sq., 3 l.

15th: 4 l., 3 sq., 3 l., 3 sq., 18 l., 8 sq., 3 l., 6 sq., 6 l., 2 sq., 15 l., 1 sq., 15 l., 1 sq., 18 l., 1 sq., 3 l., 2 sq., 12 l., 2 sq., 9 l., 1 sq., 3 l., 1 sq., 9 l., 16 sq., 15 l., 3 sq., 3 l., 3 sq., 6 l., 3 sq., 3 l.

16th: 4 l., 2 sq., 15 l., 2 sq., 3 l., 2 sq., 15 l., 15 sq., 15 l., 1 sq., 15 l., 3 sq., 6 l., 2 sq., 3 l., 1 sq., 18 l., 1 sq., 15 l., 2 sq., 9 l., 5 sq., 3 l., 14 sq., 15 l., 2 sq., 3 l., 2 sq., 15 l., 2 sq., 3 l.

17th: 4 l., 2 sq., 18 l., 1 sq., 3 l., 2 sq., 15 l., 14 sq., 3 l., 11 sq., 33 l., 1 sq., 3 l., 2 sq., 12 l., 1 sq., 15 l., 1 sq., 15 l., 4 sq., 3 l., 10 sq., 15 l., 2 sq., 3 l., 1 sq., 18 l., 2 sq., 3 l.

18th: 4 l., 2 sq., 9 l., 2 sq., 3 l., 1 sq., 9 l., 1 sq., 9 l., 12 sq., 3 l., 3 sq., 33 l., 2 sq., 6 l., 2 sq., 3 l., 2 sq., 15 l., 3 sq., 6 l., 1 sq., 9 l., 9 sq., 3 l., 14 sq., 9 l., 1 sq., 9 l., 1 sq., 3 l., 2 sq., 9 l., 2 sq., 3 l.

19th: 4 l., 1 sq., 9 l., 4 sq., 15 l., 26 sq., 18 l., 1 sq., 9 l., 1 sq., 6 l., 7 sq., 9 l., 2 sq., 9 l., 3 sq., 6 l., 2 sq., 9 l., 3 sq., 9 l., 10 sq., 15 l., 4 sq., 9 l., 1 sq., 3 l.

20th: 4 l., 1 sq., 15 l., 2 sq., 15 l., 9 sq., 15 l, 1 sq., 9 l., 1 sq., 9 l., 2 sq., 3 l., 2 sq., 3 l., 2 sq., 6 l., 1 sq., 3 l., 3 sq., 15 l., 1 sq., 6 l., 3 sq., 18 l., 26 sq., 15 l., 2 sq., 15 l., 1 sq., 3 l.

21st: 4 l., 1 sq., 9 l., 2 sq., 3 l., 1 sq., 15 l., 26 sq., 18 l., 4 sq., 3 l., 1 sq., 18 l., 2 sq., 6 l., 2 sq., 9 l., 1 sq., 3 l., 1 sq., 3 l., 1 sq., 12 l., 1 sq., 6 l., 1 sq., 15 l., 9 sq., 15 l., 1 sq., 3 l., 2 sq., 9 l., 1 sq., 3 l.

22nd: 4 l., 1 sq., 6 l., 6 sq., 9 l., 10 sq., 24 l., 1 sq., 12 l., 2 sq., 3 l., 2 sq., 12 l., 1 sq., 9 l., 1 sq., 18 l., 1 sq., 3 l., 3 sq., 6 l., 1 sq., 9 l., 1 sq., 9 l., 24 sq., 9 l., 6 sq., 6 l., 1 sq., 3 l.

23rd: 4 l., 1 sq., 6 l., 2 sq., 3 l., 33 sq., 3 l., 3 sq., 12 l., 3 sq., 24 l., 1 sq., 9 l., 1 sq., 15 l., 3 sq., 15 l, 1 sq., 3 l., 3 sq., 9 l., 17 sq., 3 l., 2 sq., 6 l., 1 sq., 3 l.

24th: 4 l., 1 sq., 6 l., 1 sq., 9 l., 17 sq., 3 l., 2 sq., 3 l., 2 sq., 3 l., 1 sq., 6 l., 1 sq., 27 l., 1 sq., 9 l., 2 sq., 9 l., 1 sq., 30 l., 1 sq., 12 l., 30 sq., 9 l., 1 sq., 6 l., 1 sq., 3 l.

25th: 4 l., 1 sq., 6 l., 2 sq., 3 l., 27 sq., 12 l., 3 sq., 3 l., 1 sq., 15 l., 1 sq., 15 l., 1 sq., 3 l., 3 sq., 9 l., 2 sq., 9 l., 1 sq., 15 l., 3 sq., 3 l., 1 sq., 3 l., 1 sq., 3 l., 1 sq., 9 l., 16 sq., 3 l., 2 sq., 6 l., 1 sq., 3 l.

26th: 4 l., 1 sq., 6 l., 6 sq., 9 l., 9 sq., 12 l., 2 sq., 3 l., 2 sq., 9 l., 1 sq., 15 l., 5 sq., 3 l., 1 sq., 6 l., 3 sq., 3 l., 1 sq., 15 l., 1 sq., 15 l., 1 sq., 12 l., 25 sq., 9 l., 6 sq., 6 l., 1 sq., 3 l.

27th: 4 l., 1 sq., 9 l., 2 sq., 3 l., 1 sq., 15 l., 22 sq., 21 l., 1 sq., 9 l., 2 sq., 15 l., 1 sq., 3 l., 3 sq., 12 l., 1 sq., 3 l., 2 sq., 3 l., 1 sq., 9 l., 1 sq., 15 l., 3 sq., 15 l., 8 sq., 15 l., 1 sq., 3 l., 2 sq., 9 l., 1 sq., 3 l.

28th: 4 l., 1 sq., 15 l., 2 sq., 15 l., 8 sq., 27 l., 1 sq., 6 l., 5 sq., 6 l., 2 sq., 3 l., 1 sq., 12 l., 3 sq., 3 l., 2 sq., 9 l., 2 sq., 3 l., 4 sq., 12 l., 3 sq., 12 l., 18 sq., 15 l., 2 sq., 15 l., 1 sq., 3 l.

29th: 4 l., 1 sq., 9 l, 4 sq., 15 l., 22 sq., 12 l., 1 sq., 3 l., 1 sq., 3 l., 3 sq., 3 l., 5 sq., 3 l., 2 sq., 3 l., 2 sq., 12 l., 1 sq., 6 l., 1 sq., 15 l., 4 sq., 15 l., 1 sq., 9 l., 9 sq., 15 l., 4 sq., 9 l., 1 sq., 3 l.

30th: 4 l., 2 sq., 9 l., 2 sq., 3 l., 1 sq., 9 l., 1 sq., 9 l., 10 sq., 15 l., 2 sq., 3 l., 2 sq., 9 l., 2 sq., 6 l., 1 sq., 9 l., 3 sq., 3 l., 2 sq., 9 l., 4 sq., 3 l., 2 sq., 3 l., 1 sq., 3 l., 1 sq., 18 l., 17 sq., 9 l., 1 sq., 9 l., 1 sq., 3 l., 2 sq., 9 l., 2 sq., 3 l.

31st: 4 l., 2 sq., 18 l., 1 sq., 3 l., 2 sq., 15 l., 11 sq., 12 l., 3 sq., 12 l., 3 sq., 3 l., 8 sq., 3 l., 3 sq., 3 l., 3 sq., 18 l., 4 sq., 3 l., 1 sq., 3 l., 1 sq., 3 l., 2 sq., 9 l., 10 sq., 15 l., 2 sq., 3 l., 1 sq., 18 l., 2 sq., 3 l.

32nd: 4 l., 2 sq., 15 l., 2 sq., 3 l., 2 sq., 15 l., 8 sq., 6 l., 3 sq., 3 l., 2 sq., 3 l., 2 sq., 9 l., 2 sq., 18 l., 2 sq., 3 l., 4 sq., 6 l., 7 sq., 3 l., 2 sq., 3 l., 1 sq., 3 l., 1 sq., 12 l., 15 sq., 15 l., 2 sq., 3 l., 2 sq., 15 l., 2 sq., 3 l.

33rd: 4 l., 3 sq., 6 l., 3 sq., 3 l., 3 sq., 15 l., 14 sq., 15 l., 1 sq., 15 l., 1 sq., 3 l., 6 sq., 18 l., 1 sq., 3 l., 3 sq., 6 l., 1 sq., 15 l., 1 sq., 15 l., 3 sq., 15 l., 2 sq., 3 l., 7 sq., 15 l., 3 sq., 3 l., 3 sq., 6 l., 3 sq., 3 l.

34th: 4 l., 1 sq., 3 l., 1 sq., 15 l., 3 sq., 15 l., 12 sq., 6 l., 1 sq., 27 l., 1 sq., 15 l., 5 sq., 6 l., 2 sq., 3 l., 1 sq., 15 l., 4 sq., 3 l., 2 sq., 3 l., 1 sq., 3 l., 1 sq., 3 l., 1 sq., 15 l., 10 sq., 15 l., 3 sq., 15 l., 1 sq., 3 l., 1 sq., 3 l.

35th: 4 l., 1 sq., 3 l., 2 sq., 9 l., 2 sq., 6 l., 5 sq., 9 l., 12 sq., 3 l., 1 sq., 3 l., 2 sq., 3 l., 2 sq., 3 l., 9 sq., 6 l., 1 sq., 9 l., 6 sq., 12 l., 1 sq., 12 l., 1 sq., 15 l., 11 sq., 9 l., 5 sq., 6 l., 2 sq., 9 l., 2 sq., 3 l., 1 sq., 3 l.

36th: 4 l., 1 sq., 6 l., 3 sq., 9 l., 2 sq., 9 l., 1 sq., 15 l., 10 sq., 15 l., 1 sq., 9 l., 3 sq., 6 l., 4 sq., 6 l., 1 sq., 9 l., 1 sq., 3 l., 1 sq., 3 l., 11 sq., 3 l., 2 sq., 3 l., 2 sq., 6 l., 9 sq., 15 l., 1 sq., 9 l., 2 sq., 9 l., 3 sq. 6 l., 1 sq., 3 l.

37th: 4 l., 1 sq., 9 l., 4 sq., 36 l., 7 sq., 6 l., 3 sq., 3 l., 3 sq., 3 l., 7 sq., 12 l., 2 sq., 3 l., 1 sq., 18 l., 4 sq., 6 l., 6 sq., 3 l., 1 sq., 9 l., 11 sq., 36 l., 4 sq., 9 l., 1 sq., 3 l.

38th: 4 l., 1 sq., 6 l., 3 sq., 9 l., 2 sq., 9 l., 1 sq., 15 l., 14 sq., 6 l., 4 sq., 6 l., 1 sq., 6 l., 4 sq., 15 l., 1 sq., 3 l., 1 sq., 12 l., 8 sq., 3 l., 3 sq., 3 l, 5 sq., 12 l, 3 sq., 15 l., 1 sq., 9 l., 2 sq., 9 l., 3 sq., 6 l., 1 sq., 3 l.

39th: 4 l., 1 sq., 3 l., 2 sq., 9 l., 2 sq., 6 l., 5 sq., 9 l., 12 sq., 3 l., 14 sq., 9 l., 1 sq., 3 l., 1 sq., 9 l., 2 sq., 9 l., 5 sq., 12 l., 1 sq., 12 l., 4 sq., 3 l., 8 sq., 9 l., 5 sq., 6 l., 2 sq., 9 l., 2 sq., 3 l., 1 sq., 3 l.

40th: 4 l., 1 sq., 3 l., 1 sq., 15 l., 3 sq., 15 l., 12 sq., 21 l., 4 sq., 6 l., 6 sq., 12 l., 2 sq., 33 l., 11 sq., 3 l., 14 sq., 15 l., 3 sq., 15 l., 1 sq., 3 l., 1 sq., 3 l.

41st: 4 l., 3 sq., 6 l., 3 sq., 3 l., 3 sq., 15 l., 19 sq., 3 l., 2 sq., 3 l., 4 sq., 18 l., 2 sq., 36 l., 1 sq., 3 l., 1 sq., 12 l., 1 sq., 12 l., 13 sq., 15 l., 3 sq., 3 l, 3 sq., 6 l., 3 sq., 3 l.

42nd: 4 l., 2 sq., 15 l., 2 sq., 3 l., 2 sq., 15 l., 11 sq., 15 l., 1 sq., 9 l., 1 sq., 6 l., 3 sq., 27 l., 1 sq., 3 l., 1 sq., 6 l., 5 sq., 24 l., 19 sq., 15 l., 2 sq., 3 l., 2 sq., 15 l., 2 sq., 3 l.

43rd: 4 l., 2 sq., 18 l., 1 sq., 3 l., 2 sq., 15 l., 16 sq., 3 l., 3 sq., 15 l., 4 sq., 24 l., 2 sq., 12 l., 6 sq., 9 l., 3 sq., 3 l., 1 sq., 18 l., 9 sq., 15 l., 2 sq., 3 l., 1 sq., 18 l., 2 sq., 3 l.

44th: 4 l., 2 sq., 9 l., 2 sq., 3 l., 1 sq., 9 l., 1 sq., 9 l., 8 sq., 18 l., 4 sq., 12 l., 1 sq., 15 l., 1 sq., 18 l., 3 sq., 6 l., 3 sq., 6 l., 18 sq., 9 l., 1 sq., 9 l., 1 sq., 3 l.,

2 sq., 9 l., 2 sq., 3 l.

45th: 4 l., 1 sq., 9 l., 4 sq., 15 l., 8 sq., 15 l., 7 sq., 9 l., 1 sq., 3 l., 1 sq., 6 l., 3 sq., 9 l., 2 sq., 18 l., 1 sq., 21 l., 2 sq., 3 l., 1 sq., 9 l., 23 sq., 15 l., 4 sq., 9 l., 1 sq., 3 l.

46th: 4 l., 1 sq., 15 l., 2 sq., 15 l., 19 sq., 18 l., 2 sq., 3 l., 1 sq., 24 l., 1 sq., 21 l., 6 sq., 3 l., 2 sq., 9 l., 3 sq., 6 l., 18 sq., 15 l., 2 sq., 15 l., 1 sq., 3 l.

47th: 4 l., 1 sq., 9 l., 2 sq., 3 l., 1 sq., 15 l., 16 sq., 6 l., 2 sq., 12 l., 1 sq., 6 l., 2 sq., 3 l., 5 sq., 3 l., 1 sq., 15 l., 1 sq., 18 l., 6 sq., 3 l., 1 sq., 6 l., 2 sq., 3 l., 18 sq., 15 l., 1 sq., 3 l., 2 sq., 9 l., 1 sq., 3 l.

48th: 4 l., 1 sq., 6 l., 6 sq., 9 l., 21 sq., 9 l., 1 sq., 3 l., 5 sq., 9 l., 1 sq., 9 l., 1 sq., 15 l., 2 sq., 3 l., 7 sq., 6 l., 1 sq., 3 l., 1 sq., 9 l., 20 sq., 9 l., 6 sq., 6 l., 1 sq., 3 l.

49th: 4 l., 1 sq., 6 l., 2 sq., 3 l., 24 sq., 6 l., 3 sq., 9 l., 2 sq., 3 l., 4 sq., 6 l., 2 sq., 18 l., 2 sq., 6 l., 2 sq., 9 l., 3 sq., 3 l., 2 sq., 3 l., 1 sq., 6 l., 26 sq., 3 l., 2 sq., 6 l., 1 sq., 3 l.

50th: 4 l., 1 sq., 6 l., 1 sq., 9 l., 25 sq., 3 l., 9 sq., 3 l., 2 sq., 3 l., 1 sq., 3 l., 3 sq., 6 l., 1 sq., 9 l., 2 sq., 3 l., 1 sq., 3 l., 3 sq., 3 l., 1 sq., 6 l., 1 sq., 12 l., 2 sq., 6 l., 21 sq., 9 l., 1 sq., 6 l., 1 sq., 3 l.

51st: 4 l., 1 sq., 6 l., 2 sq., 3 l., 25 sq., 9 l., 1 sq., 3 l., 1 sq., 6 l., 2 sq., 3 l., 4 sq., 3 l., 2 sq., 9 l., 1 sq., 3 l., 6 sq., 6 l., 12 sq., 3 l., 25 sq., 3 l., 2 sq., 6 l., 1 sq., 3 l.

52nd: 4 l., 1 sq., 6 l., 6 sq., 9 l., 32 sq., 6 l., 1 sq., 3 l., 7 sq., 3 l., 4 sq., 3 l., 2 sq., 3 l., 2 sq., 3 l., 2 sq., 9 l., 3 sq., 3 l., 18 sq., 9 l., 6 sq., 6 l., 1 sq., 3 l.

53rd: 4 l., 1 sq., 9 l., 2 sq., 3 l., 1 sq., 15 l., 15 sq., 6 l., 2 sq., 18 l., 1 sq., 3 l., 5 sq., 3 l., 12 sq., 3 l., 1 sq., 3 l., 1 sq., 3 l., 1 sq., 6 l., 27 sq., 15 l., 1 sq., 3 l., 2 sq., 9 l., 1 sq., 3 l.

54th: 4 l., 1 sq., 15 l., 2 sq., 15 l., 23 sq., 6 l., 3 sq., 6 l., 2 sq., 3 l., 1 sq., 6 l., 4 sq., 18 l., 1 sq., 3 l., 4 sq., 3 l., 2 sq., 6 l., 1 sq., 3 l., 1 sq., 6 l., 3 sq., 6 l., 13 sq., 15 l., 2 sq., 15 l., 1 sq., 3 l.

55th: 4 l., 1 sq., 9 l., 4 sq., 15 l., 16 sq., 6 l., 2 sq., 9 l., 2 sq., 3 l., 2 sq., 3 l., 2 sq., 3 l., 2 sq., 21 l., 2 sq., 3 l., 1 sq., 3 l., 1 sq., 3 l., 2 sq., 6 l., 2 sq., 9 l., 23 sq., 15 l., 4 sq., 9 l., 1 sq., 3 l.

56th: 4 l., 2 sq., 9 l., 2 sq., 3 l., 1 sq., 9 l., 1 sq., 9 l., 17 sq., 6 l., 3 sq., 3 l., 1 sq., 3 l., 1 sq., 3 l., 1 sq., 6 l., 1 sq., 3 l., 3 sq., 24 l., 7 sq., 3 l., 2 sq., 18 l., 2 sq., 3 l., 12 sq., 9 l., 1 sq., 9 l., 1 sq., 3 l., 2 sq., 9 l., 1 sq., 3 l.

57th: 4 l., 2 sq., 18 l., 1 sq., 3 l., 2 sq., 15 l., 10 sq., 3 l., 2 sq., 6 l., 1 sq., 3 l., 1 sq., 6 l., 2 sq., 3 l., 8 sq., 9 l., 2 sq., 6 l., 2 sq., 6 l., 1 sq., 6 l., 4 sq., 6 l., 2 sq., 9 l., 16 sq., 15 l., 2 sq., 3 l., 1 sq., 18 l., 2 sq., 3 l.

58th: 4 l., 2 sq., 15 l., 2 sq., 3 l., 2 sq., 15 l., 13 sq., 6 l., 3 sq., 12 l., 4 sq., 9 l., 2 sq., 3 l., 2 sq., 3 l., 2 sq., 12 l., 7 sq., 3 l., 2 sq., 3 l., 2 sq., 6 l., 3 sq., 3 l., 2 sq., 6 l., 8 sq., 15 l., 2 sq., 3 l., 2 sq., 15 l., 2 sq., 3 l.

59th: 4 l., 3 sq., 6 l., 3 sq., 3 l., 3 sq., 15 l., 11 sq., 3 l., 2 sq., 18 l., 1 sq., 3 l., 2 sq., 3 l., 7 sq., 12 l., 1 sq., 3 l., 1 sq., 6 l., 2 sq., 6 l., 1 sq., 3 l., 2 sq., 6 l., 1 sq., 9 l., 1 sq., 9 l., 2 sq., 6 l., 9 sq., 15 l., 3 sq., 3 l., 3 sq., 6 l., 3 sq., 3 l.

60th: 4 l., 1 sq., 3 l., 1 sq., 15 l., 3 sq., 15 l., 11 sq., 6 l., 3 sq., 9 l., 1 sq., 3 l., 1 sq., 6 l., 3 sq., 3 l., 1 sq., 6 l., 2 sq., 15 l., 3 sq., 15 l., 4 sq., 3 l., 2 sq., 6 l., 1 sq., 3 l., 1 sq., 6 l., 2 sq., 3 l., 11 sq., 15 l., 3 sq., 15 l., 1 sq., 3 l., 1 sq., 3 l.

61st: 4 l., 1 sq., 3 l., 2 sq., 9 l., 2 sq., 6 l., 5 sq., 9 l., 7 sq., 3 l., 2 sq., 3 l., 3 sq., 6 l., 2 sq., 3 l., 2 sq., 3 l., 1 sq., 30 l., 2 sq., 6 l., 3 sq., 6 l., 1 sq., 3 l., 4 sq., 3 l., 1 sq., 6 l., 2 sq., 15 l., 9 sq., 9 l., 5 sq., 6 l., 2 sq., 9 l., 2 sq., 3 l., 1 sq., 3 l.

62nd: 4 l., 1 sq., 6 l., 3 sq., 9 l., 2 sq., 9 l., 1 sq., 15 l., 3 sq., 21 l., 2 sq., 3 l., 2 sq., 6 l., 5 sq., 6 l., 2 sq., 3 l., 2 sq., 6 l., 1 sq., 6 l., 1 sq., 6 l, 3 sq., 15 l., 3 sq., 3 l., 1 sq., 15 l., 2 sq., 3 l., 2 sq., 3 l., 5 sq., 15 l., 1 sq., 9 l., 2 sq., 9 l., 3 sq., 6 l., 1 sq., 3 l.

63rd: 4 l., 1 sq., 9 l., 4 sq., 36 l., 7 sq., 3 l., 2 sq., 9 l., 1 sq., 6 l., 2 sq., 3 l., 2 sq., 9 l., 3 sq., 9 l., 1 sq., 9 l., 1 sq., 6 l., 1 sq., 6 l., 3 sq., 12 l., 3 sq., 6 l., 1 sq., 6 l., 1 sq., 6 l., 2 sq., 15 l., 1 sq., 36 l., 4 sq., 9 l., 1 sq., 3 l.

64th: 4 l., 1 sq., 6 l., 3 sq., 9 l., 2 sq., 9 l., 1 sq., 15 l., 7 sq., 9 l., 1 sq., 6 l., 8 sq., 3 l., 1 sq., 9 l., 1 sq., 3 l., 1 sq., 6 l., 2 sq., 6 l., 1 sq., 30 l., 1 sq., 3 l., 1 sq., 3 l., 2 sq., 6 l., 2 sq., 3 l., 1 sq., 3 l., 7 sq., 15 l., 1 sq., 9 l., 2 sq., 9 l., 3 sq., 6 l., 1 sq., 3 l.

65th: 4 l., 1 sq., 3 l., 2 sq., 9 l., 2 sq., 6 l., 5 sq., 9 l., 7 sq., 3 l., 2 sq., 3 l., 1 sq., 3 l., 1 sq., 3 l., 2 sq., 3 l., 2 sq., 3 l., 1 sq., 24 l., 1 sq., 9 l., 1 sq., 9 l., 2 sq., 15 l., 1 sq., 9 l., 6 sq., 6 l., 1 sq., 9 l., 7 sq., 9 l., 5 sq., 6 l., 2 sq., 9 l., 2 sq., 3 l., 1 sq., 3 l.

66th: 4 l., 1 sq., 3 l., 1 sq., 15 l., 3 sq., 15 l., 21 sq., 12 l., 1 sq., 15 l., 2 sq., 21 l., 3 sq., 12 l., 6 sq., 3 l., 1 sq., 3 l., 2 sq., 3 l., 2 sq., 3 l., 2 sq., 3 l., 9 sq., 15 l., 3 sq., 15 l., 1 sq., 3 l., 1 sq., 3 l.

67th: 4 l., 3 sq., 6 l., 3 sq., 3 l., 3 sq., 15 l., 7 sq., 3 l., 3 sq., 3 l., 1 sq., 3 l., 1 sq., 3 l., 1 sq., 3 l., 2 sq., 3 l., 12 sq., 18 l., 1 sq., 6 l., 1 sq., 27 l., 20 sq., 15 l., 3 sq., 3 l., 3 sq., 6 l., 3 sq., 3 l.

68th: 4 l., 2 sq., 15 l., 2 sq., 3 l., 2 sq., 15 l., 17 sq., 6 l., 1 sq., 15 l., 3 sq., 15 l., 1 sq., 12 l., 13 sq., 3 l., 2 sq., 3 l., 1 sq., 3 l., 1 sq., 3 l., 2 sq., 3 l., 10 sq., 15 l., 2 sq., 3 l., 2 sq., 15 l., 2 sq., 3 l.

69th: 4 l., 2 sq., 18 l., 1 sq., 3 l., 2 sq., 15 l., 9 sq., 3 l., 2 sq., 3 l., 2 sq., 3 l., 1 sq., 3 l., 2 sq., 3 l., 12 sq., 3 l., 1 sq., 3 l., 3 sq., 12 l., 2 sq., 3 l., 2 sq., 9 l., 1 sq., 6 l., 1 sq., 6 l., 15 sq., 15 l., 2 sq., 3 l., 2 sq., 15 l., 2 sq., 3 l.

70th: 4 l., 2 sq., 9 l., 2 sq., 3 l., 1 sq., 9 l., 1 sq., 9 l., 12 sq., 3 l., 2 sq., 3 l., 1 sq., 6 l., 1 sq., 3 l., 3 sq., 3 l., 1 sq., 3 l., 1 sq., 3 l., 1 sq., 12 l., 5 sq., 3 l., 3 sq., 12 l., 4 sq., 3 l., 2 sq., 3 l., 2 sq., 3 l., 2 sq., 3 l., 3 sq., 3 l., 9 sq., 9 l., 1 sq., 9 l., 1 sq., 3 l., 2 sq., 9 l., 2 sq., 3 l.

71st: 4 l., 1 sq., 9 l., 4 sq., 15 l., 11 sq., 3 l., 3 sq., 3 l., 3 sq., 3 l., 2 sq., 3 l., 7 sq., 15 l., 1 sq., 3 l., 5 sq., 3 l., 1 sq., 9 l., 2 sq., 3 l., 2 sq., 9 l., 3 sq., 3 l., 1 sq., 12 l., 16 sq., 15 l., 4 sq., 9 l., 1 sq., 3 l.

72nd: 4 l., 1 sq., 15 l., 2 sq., 15 l., 17 sq., 3 l., 1 sq., 3 l, 4 sq., 15 l., 3 sq., 6 l., 2 sq., 6 l., 1 sq., 9 l., 1 sq., 3 l., 1 sq., 3 l., 1 sq., 9 l., 7 sq., 3 l., 2 sq., 3 l., 3 sq., 3 l., 4 sq., 3 l., 10 sq., 15 l., 2 sq., 15 l., 1 sq., 3 l.

73rd: 4 l., 1 sq., 9 l., 2 sq., 3 l., 1 sq., 15 l., 14 sq., 3 l., 3 sq., 3 l., 4 sq., 3 l., 7 sq., 15 l., 1 sq., 21 l., 1 sq., 33 l., 24 sq., 15 l., 1 sq., 3 l., 2 sq., 9 l., 1 sq., 3 l.

74th: 4 l., 1 sq., 6 l., 6 sq., 9 l., 22 sq., 6 l., 1 sq., 15 l., 1 sq., 15 l., 3 sq., 15 l., 2 sq., 3 l., 3 sq., 12 l., 8 sq., 3 l., 3 sq., 3 l., 15 sq., 9 l., 6 sq., 6 l., 1 sq., 3 l.

75th: 4 l., 1 sq., 6 l., 2 sq., 3 l., 20 sq., 3 l., 4 sq., 3 l., 6 sq., 12 l., 1 sq., 6 l., 1 sq., 9 l., 1 sq., 12 l., 2 sq., 3 l., 1 sq., 15 l., 2 sq., 9 l., 1 sq., 12 l., 27 sq., 3 l., 2 sq., 6 l., 1 sq., 3 l.

76th: 4 l., 1 sq., 6 l., 1 sq., 9 l., 26 sq., 15 l., 3 sq., 6 l., 1 sq., 9 l., 1 sq., 3 l., 1 sq., 3 l., 1 sq., 9 l., 2 sq., 3 l., 1 sq., 6 l., 1 sq., 21 l., 5 sq., 3 l., 5 sq., 3 l., 18 sq., 9 l., 1 sq., 6 l., 1 sq., 3 l.

77th: 4 l., 1 sq., 6 l., 2 sq., 3 l., 18 sq., 3 l., 6 sq., 3 l, 4 sq., 21 l., 2 sq., 12 l., 4 sq., 3 l., 2 sq., 3 l., 5 sq., 33 l., 27 sq., 3 l., 2 sq., 6 l., 1 sq., 3 l.

78th: 4 l., 1 sq., 6 l., 6 sq., 9 l., 23 sq., 6 l., 3 sq., 12 l., 1 sq., 9 l., 3 sq., 9 l., 3 sq., 12 l., 3 sq., 12 l., 14 sq., 6 l., 10 sq., 9 l., 6 sq., 6 l., 1 sq., 3 l.

79th: 4 l., 1 sq., 9 l., 2 sq., 3 l., 1 sq., 15 l., 8 sq., 3 l., 23 sq., 12 l., 2 sq., 33 l., 1 sq., 6 l., 2 sq., 3 l., 2 sq., 9 l., 20 sq., 15 l., 1 sq., 3 l., 2 sq., 9 l., 1 sq., 3 l.

80th: 4 l., 1 sq., 15 l., 2 sq., 15 l., 19 sq., 12 l., 1 sq., 3 l., 1 sq., 3 l., 1 sq., 6 l., 1 sq., 15 l., 1 sq., 15 l., 3 sq., 9 l., 32 sq., 15 l., 2 sq., 15 l., 1 sq., 3 l.

81st: 4 l., 1 sq., 9 l., 4 sq., 15 l., 21 sq., 15 l., 7 sq., 3 l., 4 sq., 15 l., 1 sq., 15 l., 1 sq., 6 l., 2 sq., 3 l., 2 sq., 12 l., 19 sq., 15 l., 4 sq., 9 l., 1 sq., 3 l.

82nd: 4 l., 2 sq., 9 l., 2 sq., 3 l., 1 sq., 9 l., 1 sq., 9 l., 16 sq., 15 l., 3 sq., 12 l., 1 sq., 9 l., 1 sq., 3 l., 1 sq., 9 l., 12 sq., 21 l., 7 sq., 3 l., 9 sq., 9 l., 1 sq., 9 l., 1 sq., 3 l., 2 sq., 9 l., 2 sq., 3 l.

83rd: 4 l., 2 sq., 18 l., 1 sq., 3 l., 2 sq., 15 l., 9 sq., 6 l., 1 sq., 3 l., 3 sq., 24 l., 3 sq., 15 l., 6 sq., 6 l., 4 sq., 27 l., 1 sq., 6 l., 2 sq., 3 l., 13 sq., 15 l., 2 sq., 3 l., 1 sq., 18 l., 2 sq., 3 l.

84th: 4 l., 2 sq., 15 l, 2 sq., 3 l., 2 sq., 15 l., 9 sq., 6 l., 3 sq., 6 l., 2 sq., 15 l., 1 sq., 9 l., 5 sq., 12 l., 3 sq., 21 l., 2 sq., 24 l., 3 sq., 6 l., 11 sq., 15 l., 2 sq., 3 l., 2 sq., 15 l, 2 sq., 3 l.

85th: 4 l., 3 sq., 6 l., 3 sq., 3 l., 3 sq., 15 l., 13 sq., 3 l., 2 sq., 27 l., 1 sq., 24 l., 1 sq., 6 l, 1 sq., 6 l., 9 sq., 15 l., 3 sq., 18 l., 9 sq., 15 l., 3 sq., 3 l., 3 sq., 6 l., 3 sq., 3 l.

86th: 4 l., 1 sq., 3 l., 1 sq., 15 l., 3 sq., 15 l., 11 sq., 12 l., 5 sq., 9 l., 3 sq., 6 l., 5 sq., 3 l., 1 sq., 3 l., 3 sq., 27 l., 1 sq., 9 l., 1 sq., 15 l., 1 sq., 3 l., 15 sq., 15 l., 3 sq., 15 l., 1 sq., 3 l., 1 sq., 3 l.

87th: 4 l., 2 sq., 9 l., 2 sq., 6 l., 5 sq., 9 l., 8 sq., 3 l., 3 sq., 3 l., 2 sq., 12 l., 2 sq., 6 l., 1 sq., 6 l., 1 sq., 18 l. 3 sq., 3 l., 7 sq., 3 l., 1 sq., 6 l., 8 sq., 6 l., 2 sq., 12 l., 4 sq., 9 l., 5 sq., 6 l., 2 sq., 9 l., 2 sq., 3 l.

88th: 4 l., 3 sq., 9 l., 2 sq., 3 l., 1 sq., 15 l., 2 sq., 12 l., 2 sq., 9 l., 7 sq., 24 l., 4 sq., 6 l., 1 sq., 12 l.; 2 sq., 3 l., 1 sq., 15 l., 1 sq., 3 l., 2 sq., 6 l., 8 sq., 15 l., 1 sq., 9 l., 2 sq., 9 l., 3 sq., 3 l.

89th: 4 l., 1 sq., 9 l., 4 sq., 36 l., 10 sq., 9 l., 2 sq., 18 l., 4 sq., 3 l., 1 sq., 18 l., 1 sq., 6 l., 3 sq., 9 l., 1 sq., 9 l., 9 sq., 6 l., 1 sq., 18 l., 2 sq., 36 l., 4 sq., 9 l., 1 sq., 3 l.

90th: 4 l., 1 sq., 6 l., 3 sq., 9 l., 2 sq., 9 l., 1 sq., 15 l., 2 sq., 18 l., 1 sq., 3 l., 4 sq., 9 l., 3 sq., 3 l., 1 sq., 3 l., 1 sq., 12 l., 2 sq., 6 l., 1 sq., 21 l., 2 sq., 9 l., 1 sq., 3 l., 4 sq., 6 l., 3 sq., 3 l., 9 sq., 15 l., 1 sq., 9 l., 2 sq., 9 l., 3 sq., 6 l., 1 sq., 3 l.

91st: 4 l., 1 sq., 3 l., 2 sq., 9 l., 2 sq., 6 l., 5 sq., 9 l., 13 sq., 24 l., 3 sq., 6 l., 1 sq., 3 l., 2 sq., 12 l., 1 sq., 3 l., 1 sq., 3 l., 3 sq., 12 l., 1 sq., 18 l., 8 sq., 12 l., 4 sq., 9 l., 5 sq., 6 l., 2 sq., 9 l., 2 sq., 3 l., 1 sq., 3 l.

92nd: 4 l., 1 sq., 3 l., 1 sq., 15 l., 3 sq., 15 l., 16 sq., 18 l., 1 sq., 3 l., 2 sq., 15 l., 2 sq., 3 l., 1 sq., 3 l., 1 sq., 18 l., 2 sq., 3 l., 4 sq., 27 l., 15 sq., 15 l, 3 sq., 15 l., 1 sq., 3 l., 1 sq., 3 l.

93rd: 4 l., 3 sq., 6 l., 3 sq., 3 l., 3 sq., 15 l., 10 sq., 3 l., 3 sq., 24 l., 5 sq., 6 l., 1 sq., 15 l., 2 sq., 3 l., 2 sq., 3 l., 1 sq., 6 l., 1 sq., 6 l., 2 sq., 3 l., 2 sq., 18 l., 14 sq., 15 l., 3 sq., 3 l., 3 sq., 6 l., 3 sq., 3 l.

94th: 4 l., 2 sq., 15 l., 2 sq., 3 l., 2 sq., 15 l., 16 sq., 9 l., 2 sq., 6 l., 2 sq., 6 l., 2 sq., 3 l., 4 sq., 3 l., 6 sq., 3 l., 1 sq., 3 l., 5 sq., 3 l., 2 sq., 18 l., 2 sq., 3 l., 2 sq., 9 l., 6 sq., 15 l., 2 sq., 3 l., 2 sq., 15 l., 2 sq., 3 l.

95th: 4 l., 2 sq., 18 l., 1 sq., 3 l., 2 sq., 15 l., 5 sq., 3 l., 3 sq., 15 l., 1 sq., 27 l., 4 sq., 3 l., 1 sq., 15 l., 2 sq., 6 l., 6 sq., 3 l., 3 sq., 27 l., 14 sq., 15 l., 2 sq., 3 l., 1 sq., 18 l., 2 sq., 3 l.

96th: 4 l., 2 sq., 9 l., 2 sq., 3 l., 1 sq., 9 l., 1 sq., 9 l., 14 sq., 30 l., 10 sq., 3 l., 1 sq., 21 l., 2 sq., 3 l., 3 sq., 3 l., 1 sq., 3 l., 1 sq., 21 l., 2 sq., 3 l., 3 sq., 3 l., 9 sq., 9 l., 1 sq., 9 l., 1 sq., 3 l., 2 sq., 9 l., 2 sq., 3 l.

97th: 4 l., 1 sq., 9 l., 4 sq., 15 l., 15 sq., 3 l., 4 sq., 12 l., 2 sq., 9 l., 4 sq., 3 l., 2 sq., 15 l., 1 sq., 6 l., 10 sq. 6 l., 1 sq., 6 l., 1 sq., 9 l., 17 sq., 15 l., 4 sq., 9 l., 1 sq., 3 l.

98th: 4 l., 1 sq., 15 l., 2 sq., 15 l., 16 sq., 9 l., 2 sq., 6 l., 1 sq., 6 l., 8 sq., 9 l., 1 sq., 15 l., 2 sq., 18 l., 1 sq., 9 l., 25 sq., 15 l., 2 sq., 15 l., 1 sq., 3 l.

99th: 4 l., 1 sq., 9 l., 2 sq., 3 l., 1 sq., 15 l., 21 sq., 6 l., 1 sq., 12 l., 1 sq., 9 l., 1 sq., 27 l., 1 sq., 3 l., 11 sq., 3 l., 2 sq., 3 l., 21 sq., 15 l., 1 sq., 3 l., 2 sq., 9 l., 1 sq., 3 l.

100th: 4 l., 1 sq., 6 l., 9 sq., 9 l., 36 sq., 6 l., 1 sq., 27 l., 1 sq., 24 l., 3 sq., 3 l., 1 sq., 12 l., 16 sq., 9 l., 6 sq., 6 l., 1 sq., 3 l.

101st: 4 l., 1 sq., 6 l., 2 sq., 3 l, 23 sq., 12 l., 4 sq., 24 l., 2 sq., 21 l., 1 sq., 3 l., 1 sq., 9 l., 40 sq., 3 l., 2 sq., 6 l., 1 sq., 3 l.

102nd: 4 l., 1 sq., 6 l., 1 sq., 9 l., 37 sq., 15 l., 1 sq., 3 l., 1 sq., 24 l., 2 sq., 24 l., 4 sq., 9 l., 1 sq., 12 l., 18 sq., 9 l., 1 sq., 6 l., 1 sq., 3 l.

103rd: 4 l., 1 sq., 6 l., 2 sq., 3 l., 17 sq., 33 l., 3 sq., 24 l., 1 sq., 3 l., 1 sq., 15 l., 2 sq., 3 l., 2 sq., 15 l., 37 sq., 3 l., 2 sq. 6 l., 1 sq., 3 l.

104th: 4 l., 1 sq., 6 l., 6 sq., 9 l., 28 sq., 18 l., 4 sq., 3 l., 5 sq., 3 l., 3 sq., 3 l., 1 sq., 18 l., 4 sq., 6 l., 1 sq., 27 l., 10 sq., 9 l., 6 sq., 6 l., 1 sq., 3 l.

105th: 4 l., 1 sq., 9 l., 2 sq., 3 l., 1 sq., 15 l., 9 sq., 18 l., 1 sq., 6 l., 1 sq., 6 l., 5 sq., 12 l., 2 sq., 3 l., 3 sq., 3 l., 6 sq., 3 l., 13 sq., 3 l., 3 sq., 3 l., 18 sq., 15 l., 1 sq., 3 l., 2 sq., 9 l., 1 sq., 3 l.

Now repeat from 2nd row until of sufficient length.

CENTRE STRIPE FOR A BED QUILT, ROSE GARLAND PATTERN.

MATERIALS..—Brooks' Great Exhibition Prize Goat's-head Crochet Cotton. Penelope Hook.

Make a chain of about 360 stitches, turn back and work 118 squares.

1st row: ** 4 l., 1 sq., 15 l., 2 sq., 15 l.,* 21 sq., 9 l., 1 sq., 3 l., 1 sq., 15 l., 7 sq., 12 l., 2 sq., 3 l., 3 sq., 6 l., 4 sq., 6 l., 2 sq., 6 l., 2 sq., 12 l., 23 sq. Now repeat from * to ** beginning at 15 l., and working these figures backwards, but always ending every row with 3 l. instead of 4 l., this is to make the border both sides alike.

2nd: ** 4 l., 1 sq., 9 l., 4 sq., 15 l., * 15 sq., 18 l., 2 sq., 15 l., 4 sq., 6 l., 4 sq., 9 l., 3 sq., 3 l., 4 sq., 9 l., 5 sq., 12 l., 1 sq., 6 l., 2 sq., 9 l., 21 sq., repeat from * to **.

3rd: ** 4 l., 2 sq., 9 l., 2 sq., 3 l., 1 sq., 9 l., 1 sq., 9 l., * 18 sq., 12 l., 1 sq., 6 l., 1 sq., 15 l., 3 sq., 3 l., 7 sq., 6 l., 2 sq., 6 l., 5 sq., 12 l., 4 sq., 6 l., 1 sq., 30 l., 10 sq., repeat from * to **.

4th: ** 4 l., 2 sq., 18 l., 1 sq., 3 l., 2 sq., 15 l., * 8 sq., 18 l., 3 sq., 9 l., 1 sq., 15 l., 4 sq., 9 l., 2 sq., 3 l., 1 sq., 3 l., 3 sq., 3 l., 10 sq., 6 l., 1 sq., 6 l., 1 sq., 3 l., 4 sq., 6 l., 17 sq., repeat from * to **.

5th: ** 4 l., 2 sq., 15 l., 2 sq., 3 l., 2 sq., 15 l., * 17 sq., 15 l., 1 sq., 3 l., 1 sq., 6 l., 1 sq., 6 l., 10 sq., 3 l., 3 sq., 3 l., 1 sq., 3 l., 3 sq., 15 l., 1 sq., 12 l., 1 sq., 9 l., 3 sq., 9 l., 3 sq., 9 l., 7 sq., repeat from * to **.

6th: ** 4 l., 3 sq., 6 l., 3 sq., 3 l., 3 sq., 15 l., * 7 sq., 15 l., 2 sq., 9 l., 1 sq., 9 l., 4 sq., 9 l., 2 sq., 3 l., 3 sq., 6 l., 1 sq., 6 l., 13 sq., 6 l., 1 sq., 6 l., 2 sq., 18 l., 17 sq., repeat from * to **.

7th: ** 4 l., 1 sq., 3 l., 1 sq., 15 l., 3 sq., 15 l.,* 19 sq., 6 l., 5 sq., 3 l., 2 sq., 6 l., 12 sq., 6 l., 3 sq., 3 l., 3 sq., 6 l., 3 sq., 9 l., 1 sq., 9 l., 1 sq., 9 l., 2 sq., 6 l., 7 sq., repeat from * to **.

8th: ** 4 l., 1 sq., 3 l., 2 sq., 9 l., 2 sq., 6 l., 5 sq., 9 l., * 4 sq., 9 l., 2 sq., 6 l., 1 sq., 3 l., 4 sq., 4 l., 1 sq., 9 l., 5 sq., 3 l., 4 sq., 3 l., 3 sq., 6 l., 3 sq., 15 l., 3 sq., 3 l., 1 sq., 6 l, 2 sq., 21 l., 16 sq., repeat from * to **.

9th: ** 4 l., 1 sq., 6 l., 3 sq., 9 l., 2 sq., 9 l., 1 sq., 15 l., * 16 sq., 21 l., 2 sq., 3 l., 1 sq., 3 l., 2 sq., 21 l., 1 sq., 3 l., 1 sq., 5 l., 3 sq., 3 l., 4 sq., 6 l., 2 sq., 18 l., 1 sq., 12 l., 5 sq., 12 l., 3 sq., repeat from * to **.

10th: ** 4 l., 1 sq., 9 l., 4 sq., 36 l., * 2 sq., 6 l., 4 sq., 6 l., 1 sq., 39 l, 1 sq., 3 l., 5 sq., 3 l., 3 sq., 3 l., 2 sq., 12 l., 2 sq., 6 l., 2 sq., 3 l., 7 sq., 9 l., 17 sq., repeat from * to **.

11th: ** 4 l., 1 sq., 6 l., 3 sq., 9 l., 2 sq., 9 l., 1 sq., 15 l., * 18 sq., 24 l., 1 sq., 3 l., 4 sq., 18 l., 2 sq., 6 l., 2 sq., 3 l., 5 sq., 3 l., 1 sq., 39 l., 1 sq., 6 l., 1 sq., 15 l., 2 sq., repeat from * to **.

12th: ** 4 l., 1 sq., 3 l., 2 sq., 9 l., 2 sq., 6 l., 5 sq., 9 l., * 4 sq., 9 l., 1 sq., 9 l., 1 sq., 21 l., 1 sq., 15 l., 1 sq., 3 l., 5 sq., 3 l., 5 sq., 12 l., 2 sq., 6 l., 3 sq., 24 l., 21 sq., repeat from * to **.

13th: ** 4 l., 1 sq., 3 l., 1 sq., 15 l., 3 sq., 15 l., * 31 sq., 6 l., 2 sq., 3 l., 2 sq., 18 l., 4 sq., 3 l., 1 sq., 12 l., 2 sq., 6 l., 1 sq., 3 l. 1 sq., 6 l., 1 sq., 12 l., 4 sq., 12 l., 8 sq., repeat from * to **.

14th: ** 4 l., 3 sq., 6 l., 3 sq., 3 l., 3 sq., 15 l, * 9 sq., 3 l, 1 sq., 9 l., 2 sq., 6 l., 7 sq., 6 l., 1 sq. 18 l., 5 sq., 6 l, 2 sq., 9 l., 2 sq., 6 l., 1 sq., 6 l., 2 sq., 27 l., 18 sq., repeat from n * to **.

15th: ** 4 l., 2 sq., 15 l., 2 sq., 3 l., 2 sq., 15 l., * 16 sq., 42 l., 1 sq., 6 l., 1 sq., 3 l., 1 sq., 6 l., 2 sq., 12 l., 4 sq., 18 l., 1 sq., 3 l., 2 sq., 18 l., 2 sq., 18 l., 10 sq., repeat from * to **.

16th: ** 4 l., 2 sq., 18 l., 1 sq., 3 l., 2 sq., 15 l., * 10 sq., 15 l., 1 sq., 9 l., 2 sq., 15 l., 2 sq., 24 l., 2 sq., 15 l., 3 sq., 6 l., 1 sq., 6 l., 2 sq., 3 l., 2 sq., 3 l., 6 sq., 12 l., 15 sq., repeat from * to **.

CENTER STRIPE FOR BED QUILT.

17th: ** 4 l., 2 sq., 9 l., 2 sq., 3 l., 1 sq., 9 l., 1 sq., 9 l., * 15 sq., 30 l., 3 sq., 6 l., 2 sq., 6 l., 1 sq., 6 l., 1 sq., 3 l., 4 sq., 6 l., 1 sq., 24 l., 1 sq., 27 l., 1 sq., 9 l., 1 sq., 12 l., 11 sq., repeat from * to **.

18th: ** 4 l., 1 sq., 9 l., 4 sq., 15 l., * 15 sq., 3 l., 2 sq., 12 l., 1 sq., 30 l., 2 sq., 21 l., 1 sq., 9 l., 1 sq., 6 l., 1 sq., 6 l., 1 sq., 6 l., 2 sq., 6 l., 1 sq., 3 l., 4 sq., 21 l., 17 sq., repeat from * to **.

19th: ** 4 l., 1 sq., 15 l., 2 sq., 15 l., * 17 sq., 6 l., 7 sq., 3 l., 1 sq., 6 l., 1 sq., 6 l., 2 sq., 9 l., 1 sq., 6 l., 1 sq., 15 l., 1 sq., 24 l., 1 sq., 30 l., 1 sq., 3 l., 2 sq., 3 l., 1 sq., 12 l., 13 sq., repeat from * to **.

20th: ** 4 l., 1 sq., 9 l., 2 sq., 3 l., 1 sq., 15 l., * 13 sq., 9 l., 1 sq., 3 l., 1 sq., 6 l., 1 sq., 3 l., 1 sq., 30 l., 1 sq., 21 l., 2 sq., 30 l., 3 sq., 6 l., 1 sq., 6 l., 1 sq., 6 l., 2 sq., 21 l., 16 sq., repeat from * to **.

21st: ** 4 l., 1 sq., 6 l., 6 sq., 9 l., * 17 sq., 15 l., 2 sq., 3 l., 1 sq., 6 l., 1 sq., 15 l., 5 sq., 18 l., 5 sq., 15 l., 2 sq., 24 l., 4 sq., 12 l., 1 sq., 12 l., 14 sq., repeat from * to **.

22nd: ** 4 l., 1 sq., 6 l., 2 sq., 3 l., * 20 sq., 12 l., 1 sq., 9 l., 1 sq., 9 l., 1 sq., 24 l., 1 sq., 3 l., 2 sq., 9 l., 8 sq., 3 l., 8 sq., 12 l., 1 sq., 6 l., 1 sq., 6 l., 4 sq., 6 l., 23 sq., repeat from * to **.

23rd: ** 4 l., 1 sq., 6 l., 1 sq., 9 l., * 22 sq., 12 l., 2 sq., 6 l., 1 sq., 6 l., 1 sq., 12 l., 8 sq., 3 l., 7 sq., 21 l., 1 sq., 21 l., 1 sq., 15 l., 2 sq., 3 l., 1 sq., 9 l., 20 sq., repeat from * to **.

24th: ** 4 l., 1 sq., 6 l., 2 sq., 3 l., * 24 sq., 6 l., 5 sq., 9 l., 2 sq., 12 l., 2 sq., 21 l., 3 sq., 9 l., 2 sq., 9 l., 6 sq., 18 l., 1 sq., 6 l., 1 sq., 3 l., 1 sq., 9 l., 23 sq., repeat from * to **.

25th: ** 4 l., 1 sq., 6 l., 6 sq., 9 l., * 17 sq., 6 l., 1 sq., 6 l., 1 sq., 24 l., 6 sq., 30 l., 2 sq., 18 l., 2 sq., 3 l., 5 sq., 12 l., 5 sq., 3 l., 1 sq., 6 l., 16 sq., repeat from * to **.

26th: ** 4 l., 1 sq., 9 l., 2 sq., 3 l., 1 sq., 15 l., * 15 sq., 6 l., 1 sq., 3 l., 6 sq., 6 l., 1 sq., 18 l., 2 sq., 15 l., 2 sq., 36 l., 7 sq., 36 l., 16 sq., repeat from * to **.

27th: ** 4 l., 1 sq., 15 l., 2 sq., 15 l., * 16 sq., 27 l., 10 sq., 36 l., 3 sq., 9 l., 1 sq., 3 l., 1 sq., 18 l., 8 sq., 3 l., 1 sq., 9 l., 1 sq., 9 l., 11 sq., repeat from * to **.

28th: ** 4 l., 1 sq., 9 l., 4 sq., 15 l., * 10 sq., 12 l., 2 sq., 9 l., 2 sq., 3 l., 3 sq., 9 l., 1 sq., 15 l., 1 sq., 6 l., 4 sq., 24 l., 1 sq., 15 l., 2 sq., 12 l., 29 sq., repeat from * to **.

29th: ** 4 l., 2 sq., 9 l., 2 sq., 3 l., 1 sq., 9 l., 1 sq., 9 l., * 25 sq., 21 l., 1 sq., 12 l., 1 sq., 27 l., 3 sq., 9 l., 1 sq., 15 l., 1 sq., 6 l., 2 sq., 3 l., 1 sq., 12 l., 2 sq., 9 l., 1 sq., 6 l., 6 sq., repeat from * to **.

30th: ** 4 l., 2 sq., 18 l., 1 sq., 3 l., 2 sq., 15 l., * 5 sq., 9 l., 1 sq., 3 l., 3 sq., 9 l., 1 sq., 3 l., 2 sq., 9 l., 1 sq., 15 l., 1 sq., 12 l., 2 sq., 24 l., 1 sq., 9 l., 2 sq., 27 l., 23 sq., repeat from * to **.

31st: ** 4 l., 2 sq., 15 l., 2 sq., 3 l., 2 sq., 15 l., * 23 sq., 21 l., 9 sq., 3 l., 1 sq., 15 l., 2 sq., 12 l., 2 sq., 15 l., 3 sq., 6 l., 1 sq., 3 l., 4 sq., 3 l., 5 sq., 6 l., 4 sq., repeat from * to **.

32nd: ** 4 l., 3 sq., 6 l., 3 sq., 3 l., 3 sq., 15 l., * 4 sq., 15 l., 1 sq., 15 l., 1 sq., 6 l., 2 sq., 18 l., 2 sq., 3 l., 1 sq., 12 l., 2 sq., 15 l., 2 sq., 12 l., 1 sq., 12 l., 4 sq., 9 l., 23 sq., repeat from * to **.

33rd: ** 4 l., 1 sq., 3 .., 1 sq., 15 l., 3 sq., 15 l., * 25 sq., 9 l., 1 sq., 15 l., 1 sq., 21 l., 1 sq., 9 l., 3 sq., 18 l., 1 sq., 3 l., 6 sq., 12 l., 3 sq., 12 l., 1 sq., 9 l., 6 sq., repeat from * to **.

34th: ** 4 l., 1 sq., 3 l., 2 sq., 9 l., 2 sq., 6 l., 5 sq., 9 l., * 5 sq., 15 l., 1 sq., 9 l., 1 sq., 6 l., 1 sq., 39 l., 7 sq., 24 l., 1 sq., 18 l., 2 sq., 6 l., 9 sq., 3 l., 11 sq., repeat from * to **.

35th: ** 4 l., 1 sq., 6 l., 3 sq., 9 l., 2 sq., 9 l., 1 sq., 15 l., * 8 sq., 3 l., 2 sq., 3 l., 7 sq., 12 l., 1 sq., 18 l., 1 sq., 24 l., 1 sq., 18 l., 1 sq., 9 l., 1 sq., 12 l., 1 sq., 9 l., 6 sq., 6 l., 9 sq., repeat from * to **.

36th: ** 4 l., 1 sq., 9 l., 4 sq., 36 l., * 9 sq., 18 l., 3 sq., 6 l., 2 sq., 6 l., 5 sq., 18 l., 1 sq., 27 l., 1 sq., 21 l., 1 sq., 9 l., 5 sq., 3 l., 1 sq., 9 l., 9 sq., repeat from * to **.

37th: ** 4 l., 1 sq., 6 l., 3 sq., 9 l., 2 sq., 9 l., 1 sq., 15 l., * 11 sq., 9 l., 6 sq., 6 l., 1 sq., 12 l., 1 sq., 6 l., 2 sq., 24 l., 3 sq., 4 l., 8 sq., 3 l., 3 sq., 3 l., 2 sq., 18 l., 8 sq., repeat from * to **.

38th: ** 4 l., 1 sq., 3 l., 2 sq., 9 l., 2 sq., 6 l., 5 sq., 9 l, * 9 sq., 6 l., 5 sq., 12 l., 1 sq., 3 l., 7 sq., 18 l., 1 sq., 27 l., 1 sq., 3 l., 2 sq., 3 l., 2 sq., 6 l., 1 sq., 3 l., 8 sq., 3 l., 3 sq., 3 l., 9 sq., repeat from * to **.

39th: ** 4 l., 1 sq., 3 l., 1 sq., 15 l., 3 sq., 15 l., * 13 sq., 12 l., 6 sq., 9 l., 1 sq., 3 l., 1 sq., 9 l., 1 sq., 9 l., 1 sq., 24 l., 2 sq., 15 l., 7 sq., 12 l., 4 sq., 9 l., 1 sq., 3 l., 12 sq., repeat from * to **.

40th: ** 4 l., 3 sq., 6 l., 3 sq., 3 l., 3 sq., 15 l., * 11 sq., 12 l., 1 sq., 9 l., 2 sq., 9 l., 7 sq., 12 l., 1 sq., 3 l., 1 sq., 18 l., 2 sq., 12 l., 1 sq., 9 l., 1 sq., 3 l, 1 sq., 9 l., 2 sq., 9 l., 1 sq., 18 l., 10 sq., repeat from * to **.

41st: ** 4 l., 2 sq., 15 l., 2 sq., 3 l., 2 sq., 15 l., * 7 sq., 3 l., 1 sq., 39 l., 1 sq., 6 l., 1 sq., 3 l., 1 sq., 3 l., 4 sq., 12 l., 1 sq., 12 l, 1 sq., 3 l., 1 sq., 15 l., 1 sq., 3 l., 3 sq., 3 l., 2 sq., 9 l., 1 sq., 9 l., 4 sq., 6 l., 11 sq., repeat from * to **.

42nd: ** 4 l., 2 sq., 18 l., 1 sq., 3 l., 2 sq., 15 l., * 11 sq., 9 l., 1 sq., 3 l., 2 sq., 6 l., 1 sq., 6 l., 3 sq., 15 l, 2 sq., 9 l., 2 sq., 3 l., 1 sq., 9 l., 2 sq., 6 l., 7 sq., 3 l., 1 sq., 3 l., 4 sq., 24 l., 3 sq., 6 l., 2 sq., 6 l., 3 sq., repeat from * to **.

43rd: ** 4 l., 2 sq., 9 l., 2 sq., 3 l., 1 sq., 9 l., 1 sq., 9 l., * 6 sq., 12 l., 1 sq., 6 l., 3 sq., 15 l., 4 sq., 6 l., 1 sq., 3 l., 1 sq., 3 l., 5 sq., 6 l., 1 sq., 3 l., 3 sq., 6 l., 1 sq., 15 l., 2 sq., 9 l., 4 sq., 15 l., 1 sq., 6 l., 1 sq., 9 l., 12 sq., repeat from * to **.

44th: ** 4 l., 1 sq., 9 l., 4 sq., 15 l., * 16 sq., 6 l., 1 sq., 6 l., 1 sq., 12 l., 10 sq., 18 l., 1 sq., 12 l., 1 sq., 3 l., 1 sq., 3 l., 4 sq., 3 l., 1 sq., 3 l., 1 sq., 9 l., 7 sq., 9 l., 4 sq., 3 l., 13 sq., repeat from * to **.

45th: ** 4 l., 1 sq., 15 l., 2 sq., 15 l., * 11 sq., 6 l., 1 sq., 21 l., 5 sq., 6 l., 1 sq., 9 l., 1 sq., 3 l., 6 sq., 9 l., 1 sq., 9 l., 1 sq., 18 l., 11 sq., 18 l., 1 sq., 6 l., 16 sq., repeat from * to **.

46th: ** 4 l., 1 sq., 9 l., 2 sq., 3 l., 1 sq., 15 l., * 17 sq., 18 l., 3 sq., 3 l., 1 sq., 3 l., 7 sq., 15 l., 1 sq., 3 l., 1 sq., 6 l., 1 sq., 9 l., 4 sq., 3 l., 1 sq., 6 l., 5 sq., 9 l., 2 sq., 3 l., 1 sq., 15 l., 15 sq., repeat from * to **.

47th: ** 4 l., 1 sq., 6 l., 6 sq., 9 l., * 15 sq., 3 l., 4 sq., 3 l., 3 sq., 6 l., 1 sq., 3 l., 5 sq., 9 l., 1 sq., 18 l., 1 sq., 6 l., 1 sq., 6 l., 2 sq., 9 l., 9 sq., 3 l., 7 sq., 6 l., 19 sq., repeat from * to **.

48th: ** 4 l., 1 sq., 6 l., 2 sq., 3 l., * 29 sq., 9 l., 2 sq., 3 l., 8 sq., 3 l., 4 sq., 12 l., 2 sq., 3 l., 2 sq., 3 l., 2 sq., 12 l., 5 sq., 3 l., 3 sq., 6 l., 3 sq., 3 l., 25 sq., repeat from * to **.

49th: ** 4 l., 1 sq., 6 l., 1 sq., 9 l., * 26 sq., 12 l., 3 sq., 3 l., 6 sq., 12 l., 1 sq., 9 l., 1 sq., 3 l., 1 sq., 12 l., 4 sq., 6 l., 8 sq., 9 l., 30 sq., repeat from * to **.

50th: ** 4 l., 1 sq., 6 l., 2 sq., 3 l., * 24 sq., 12 l., 4 sq., 9 l., 3 sq., 15 l., 5 sq., 30 l., 1 sq., 9 l., 11 sq., 15 l., 3 sq., 3 l., 22 sq., repeat from * to **.

51st: ** 4 l., 1 sq., 6 l., 6 sq., 9 l., * 13 sq., 3 l., 3 sq., 3 l., 2 sq., 15 l., 10 sq., 3 l., 4 sq., 15 l., 1 sq., 9 l., 6 sq., 18 l., 1 sq., 6 l., 5 sq., 9 l., 2 sq., 3 l., 17 sq., repeat from * to ** .

52nd: ** 4 l., 1 sq., 9 l., 2 sq., 3 l., 1 sq., 15 l., * 22 sq., 15 l., 1 sq., 3 l., 1 sq., 18 l., 1 sq., 3 l., 1 sq., 18 l., 8 sq., 3 l., 1 sq., 12 l., 3 sq., 12 l., 10 sq., 30 l., 13 sq., repeat from * to ** .

53rd: ** 4 l., 1 sq., 15 l., 2 sq., 15 l., * 11 sq., 6 l., 2 sq., 21 l., 10 sq., 6 l., 5 sq., 3 l., 5 sq., 3 l., 8 sq., 48 l., 20 sq., repeat from * to **.

54th: ** 4 l., 1 sq., 9 l., 4 sq., 15 l., * 19 sq., 3 l., 3 sq., 39 l., 3 sq., 3 l., 3 sq., 6 l., 2 sq., 3 l, 1 sq., 12 l., 1 sq., 12 l., 7 sq., 15 l., 1 sq., 15 l., 3 sq., 3 l., 10 sq., repeat from * to ** .

55th: ** 4 l., 2 sq., 9 l., 2 sq., 3 l., 1 sq., 9 l., 1 sq., 9 l., * 11 sq., 15 l., 1 sq., 9 l., 2 sq., 3 l., 5 sq., 12 l., 4 sq., 6 l., 1 sq., 3 l., 3 sq., 15 l., 6 sq., 12 l., 1 sq., 15 l., 2 sq., 15 l., 15 sq., repeat from * to **.

56th: ** 4 l., 2 sq., 18 l., 1 sq., 3 l., 2 sq., 15 l., * 12 sq., 3 l., 1 sq., 21 l., 5 sq., 9 l., 7 sq., 6 l., 1 sq., 3 l., 3 sq., 9 l., 2 sq., 6 l., 3 sq., 6 l., 8 sq., 12 l., 1 sq., 15 l., 9 sq., repeat from * to **.

57th: ** 4 l., 2 sq., 15 l., 2 sq., 3 l., 2 sq., 15 l., * 8 sq., 3 l., 1 sq., 6 l., 3 sq., 15 l., 7 sq., 12 l., 1 sq., 9 l., 1 sq., 9 l., 3 sq., 3 l., 9 sq., 21 l., 1 sq., 24 l., 1 sq., 12 l., 8 sq., repeat from * to **.

58th: ** 4 l., 3 sq., 6 l., 3 sq., 3 l., 3 sq., 15 l., * 7 sq., 3 l., 2 sq., 3 l., 2 sq., 21 l., 1 sq., 18 l., 1 sq., 9 l, 3 sq., 3 l., 4 sq., 3 l., 3 sq., 9 l., 1 sq., 6 l., 3 sq., 9 l., 6 sq., 6 l., 1 sq., 9 l., 1 sq., 3 l., 2 sq., 3 l., 10 sq., repeat from * to **.

59th: ** 4 l., 1 sq., 3 l., 1 sq., 15 l., 3 sq., 15 l., * 11 sq., 3 l., 1 sq., 3 l., 2 sq., 9 l., 2 sq., 3 l., 6 sq., 6 l., 2 sq., 3 l., 2 sq., 12 l., 4 sq., 3 l., 5 sq., 18 l., 1 sq., 21 l., 4 sq., 9 l., 2 sq., 3 l., 11 sq., repeat from * to **.

60th: ** 4 l., 1 sq., 3 l., 2 sq., 9 l., 2 sq., 6 l., 5 sq., 9 l., * 11 sq., 6 l., 1 sq., 9 l., 1 sq., 21 l., 1 sq., 3 l., 1 sq., 9 l., 6 sq., 3 l., 4 sq., 12 l., 1 sq., 6 l., 1 sq., 9 l., 6 sq., 3 l., 1 sq., 3 l., 1 sq., 9 l., 3 sq., 9 l., 6 sq., repeat from * to **.

61st: ** 4 l., 1 sq., 6 l., 3 sq., 9 l., 2 sq., 9 l., 1 sq., 15 l., * 4 sq., 3 l., 2 sq., 15 l., 1 sq., 3 l, 4 sq., 3 l., 6 sq., 6 l., 1 sq., 6 l., 1 sq., 9 l., 5 sq., 3 l., 4 sq., 15 l., 1 sq., 3 l., 1 sq., 24 l., 1 sq., 3 l., 3 sq., 3 l., 10 sq., repeat from * to **.

62nd: ** 4 l., 1 sq., 9 l., 4 sq., 36 l., * 10 sq., 3 l., 3 sq., 3 l., 1 sq., 24 l., 1 sq., 3 l., 2 sq., 3 l., 1 sq., 15 l., 1 sq., 6 l., 5 sq., 24 l., 11 sq., 3 l., 4 sq., 9 l., 6 sq., repeat from * to **.

63rd: ** 4 l., 1 sq., 6 l., 3 sq., 9 l., 2 sq., 9 l., 1 sq., 15 l., * 5 sq., 6 l., 1 sq., 3 l., 3 sq., 3 l., 13 sq., 15 l., 5 sq., 12 l., 3 sq., 3 l., 1 sq., 3 l., 1 sq., 3 l., 2 sq., 6 l., 1 sq., 21 l., 1 sq., 3 l., 3 sq., 3 l., 10 sq., repeat from * to **.

64th: ** 4 l., 1 sq., 3 l., 2 sq., 9 l., 2 sq., 6 l., 5 sq., 9 l., * 5 sq., 3 l., 4 sq., 6 l., 4 sq., 21 l., 2 sq., 6 l., 2 sq., 3 l., 3 sq., 6 l., 2 sq., 6 l., 3 sq., 3 l., 2 sq., 3 l., 21 sq., 3 l., 2 sq., 6 l., 6 sq., repeat from * to ***

65th: ** 4 l., 1 sq., 3 l., 1 sq., 15 l., 3 sq., 15 l., * 9 sq., 3 l., 25 sq., 3 l., 2 sq., 15 l., 3 sq., 3 l., 3 sq., 3 l., 4 sq., 9 l., 2 sq., 48 l., 8 sq., repeat from * to **.

66th: ** 4 l., 3 sq., 6 l., 3 sq., 3 l., 3 sq., 15 l., * 8 sq., 6 l., 2 sq., 3 l., 3 sq., 3 l., 9 sq., 3 l., 1 sq., 3 l., 7 sq., 3 l., 3 sq., 3 l., 1 sq., 6 l., 2 sq., 6 l., 25 sq., 3 l., 8 sq., repeat from * to **.

67th: ** 4 l., 2 sq., 15 l., 2 sq., 3 l., 2 sq., 15 l., * 7 sq., 3 l., 11 sq., 21 l., 8 sq., 6 l., 5 sq., 3 l., 2 sq., 3 l., 8 sq., 3 l., 2 sq., 9 l., 6 sq., 3 l., 3 sq., 9 l., 4 sq., 3 l., 5 sq., repeat from * to **.

68th: ** 4 l., 2 sq., 18 l., 1 sq., 3 l., 2 sq., 15 l., * 6 sq., 18 l., 1 sq., 3 l., 2 sq., 6 l., 4 sq., 3 l., 6 sq., 3 l., 10 sq., 6 l., 3 sq., 9 l., 6 sq., 21 l., 1 sq., 3 l., 19 sq., repeat from * to **.

69th: ** 4 l., 2 sq., 9 l., 2 sq., 3 l., 1 sq., 9 l., 1 sq., 9 l., * 19 sq., 9 l., 1 sq., 3 l., 1 sq., 15 l., 5 sq., 3 l., 1 sq., 6 l., 2 sq., 3 l., 1 sq., 3 l, 21 sq., 3 l., 1 sq., 3 l., 4 sq., 9 l., 9 sq., repeat from * to **.

70th: ** 4 l., 1 sq., 9 l., 4 sq., 15 l., * 11 sq., 12 l., 30 sq., 3 l., 3 sq., 3 l., 1 sq., 3 l., 4 sq., 9 l., 1 sq., 6 l., 1 sq., 3 l., 2 sq., 6 l., 22 sq., repeat from * to **.

71st: ** 4 l., 1 sq., 15 l., 2 sq., 15 l., * 22 sq., 12 l., 2 sq., 6 l., 1 sq., 9 l., 4 sq., 3 l., 2 sq., 3 l., 2 sq., 3 l., 6 sq., 3 l., 23 sq., 3 l., 1 sq., 6 l., 11 sq., repeat from * to **.

72nd: t 4 l., 1 sq., 9 l., 2 sq., 3 l., 1 sq., 15 l., * 10 sq., 6 L, 2 sq., 3 l., 23 sq., 9 l., 5 sq., 6 l., 2 sq., 9 l., 2 sq., 12 l., 1 sq., 9 l., 4 sq., 3 l., 22 sq., repeat from * to **.

73rd: ** 4 l., 1 sq., 6 l., 6 sq., 9 l., * 23 sq., 12 l., 2 sq., 3 l., 2 sq., 12 l., 1 sq., 6 l., 1 sq., 3 l., 3 sq., 24 l., 6 sq., 3 l., 16 sq., 3 l., 4 sq., 3 l., 11 sq., repeat from * to **.

74th: ** 4 l., 1 sq., 6 l., 2 sq. 3 L, * 17 sq., 3 l., 11 sq., 15 l., 6 sq., 36 l., 2 sq., 6 l., 1 sq., 3 l., 4 sq., 6 l., 1 sq., 6 l., 3 sq., 15 l., 29 sq., repeat from * to **.

75th: ** 4 l., 1 sq., 6 l., 1 sq., 9 l., * 28 sq., 6 l., 4 sq., 12 l., 1 sq., 6 l., 4 sq., 3 l., 1 sq., 3 l., 2 sq., 3 l., 1 sq., 30 l., 4 sq., 18 l., 1 sq., 6 l., 10 sq., 3 l., 16 sq., repeat from * to **.

76th: ** 4 l., 1 sq., 6 l., 2 sq., 3 l., * 28 sq., 9 l., 1 sq., 3 l., 1 sq., 15 l., 7 sq., 12 l., 2 sq., 3 l., 2 sq., 6 l., 5 sq., 6 l., 2 sq., 6 l., 2 sq., 12 l., 30 sq., repeat from * to **.

77th: ** 4 l., 1 sq., 6 l, 6 sq., 9 l., * 16 sq., 18 l., 2 sq., 15 l., 4 sq., 6 l., 4 sq., 9 l., 3 sq., 3 l., 4 sq., 9 l., 5 sq., 12 l., 1 sq., 6 l., 2 sq., 9 l., 22 sq., repeat from * to **.

78th: ** 4 l., 1 sq., 9 l., 2 sq., 3 l., 1 sq., 15 l., 21 sq., 12 l., 1 sq., 6 l., 1 sq., 15 l., 3 sq., 3 l., 7 sq., 3 l., 3 sq., 15 l., 2 sq., 12 l., 4 sq., 6 l., 1 sq., 30 l., 13 sq., repeat from * to **.

79th: ** 4 l., 1 sq., 15 l., 2 sq., 15 l., * 12 sq., 18 l., 3 sq., 9 l., 1 sq., 15 l., 4 sq., 9 l., 2 sq., 3 l., 1 sq., 3 l., 3 sq., 3 l., 10 sq., 6 l., 1 sq., 6 l., 1 sq., 3 l., 4 sq., 6 l., 21 sq., repeat from * to **.

80th: ** 4 l., 1 sq., 9 l., 4 sq., 15 l., * 21 sq., 15 l., 1 sq., 3 l., 1 sq., 6 l., 1 sq., 9 l., 9 sq., 3 l., 3 sq. 3 l., 1 sq., 3 l., 3 sq., 15 l., 1 sq., 15 l., 1 sq., 9 l., 2 sq., 9 l., 2 sq., 9 l., 3 sq., 9 l., 11 sq., repeat from * to **.

81st: ** 4 l., 2 sq., 9 l., 2 sq., 3 l., 1 sq., 9 l., 1 sq., 9 l., * 8 sq., 15 l., 2 sq., 9 l., 1 sq., 9 l., 4 sq., 9 l., 2 sq., 3 l., 3 sq., 6 l, 1 sq., 6 l., 3 sq., 3 l., 8 sq., 9 l., 1 sq., 6 l., 2 sq., 18 l., 18 sq., repeat from * to **.

82nd: ** 4 l., 2 sq., 18 l., 1 sq., 3 l., 2 sq., 15 l., * 18 sq., 6 l., 5 sq., 3 l., 2 sq., 9 l., 7 sq., 3 l., 3 sq., 6 l., 3 sq., 3 l., 3 sq., 6 l., 3 sq., 6 l., 3 sq., 9 l., 1 sq., 9 l., 1 sq., 9 l., 2 sq., 6 l., 6 sq., repeat from * to **.

83rd: ** 4 l., 2 sq., 15 l., 2 sq., 3 l., 2 sq., 15 l., * 6 sq., 9 l., 2 sq., 6 l., 1 sq., 3 l., 4 sq., 3 l., 1 sq., 9 l., 5 sq., 3 l., 4 sq., 3 l., 3 sq., 6 l., 4 sq., 15 l., 2 sq., 3 l., 1 sq., 6 l., 2 sq., 21 l., 18 sq., repeat from * to **.

84th: ** 4 l., 3 sq., 6 l., 3 sq., 3 l., 3 sq., 15 l., * 19 sq., 21 l., 2 sq., 3 l., 1 sq., 3 l., 1 sq., 24 l., 1 sq., 3 l., 1 sq., 3 l., 3 sq., 3 l., 4 sq., 6 l. 2 sq., 18 l., 1 sq., 12 l., 5 sq., 12 l., 6 sq., repeat from * to **.

85th: ** 4 l., 1 sq., 3 l., 1 sq., 15 l., 3 sq., 15 l., * 6 sq., 6 l., 4 sq., 6 l., 1 sq., 39 l., 1 sq., 3 l., 5 sq., 3 l., 3 sq., 3 l., 2 sq., 12 l., 3 sq., 6 l., 1 sq., 3 l., 7 sq., 9 l., 21 sq., repeat from * to **.

86th: ** 4 l., 1 sq., 3 l., 2 sq., 9 l., 2 sq., 6 l., 6 sq., 9 l., * 19 sq., 24 l., 1 sq., 3 l., 1 sq., 3 l., 2 sq., 18 l., 3 sq., 3 l., 2 sq., 3 l., 5 sq., 3 l., 1 sq., 39 l., 1 sq., 6 l., 1 sq., 15 l., 3 sq., repeat from * to **.

87th: ** 4 l., 1 sq., 6 l., 3 sq., 9 l, 2 sq., 9 l., 1 sq., 15 l., * 3 sq., 9 l., 1 sq., 9 l., 1 sq., 21 l., 1 sq., 15 l., 1 sq., 3 l., 5 sq., 3 l., 5 sq., 9 l., 3 sq., 6 l., 1 sq., 3 l., 1 sq., 24 l., 20 sq., repeat from * to **.

88th: ** 4 l., 1 sq., 9 l., 4 sq., 36 l., * 27 sq., 6 l., 2 sq., 3 l., 2 sq., 15 l., 5 sq., 3 l., 1 sq., 12 l., 2 sq., 6 l., 1 sq., 3 l., 1 sq., 6 l., 1 sq., 12 l., 4 sq., 12 l., 4 sq., repeat from * to **.

89th: ** 4 l, 1 sq., 6 l., 3 sq., 9 l., 2 sq., 9 l., 1 sq., 15 l., * 6 sq., 3 l., 1 sq., 9 l., 2 sq., 6 l., 7 sq., 6 l., 1 sq., 18 l., 6 sq., 3 l., 2 sq., 9 l., 2 sq., 6 l., 1 sq., 6 l., 2 sq., 27 l., 15 sq., repeat from * to **.

90th: ** 4 l., 1 sq., 3 l., 2 sq., 9 l., 2 sq., 6 l., 5 sq., 9 l., * 14 sq., 42 l., 1 sq., 6 l., 1 sq., 3 l., 1 sq., 6 l., 2 sq., 9 l., 5 sq., 18 l., 1 sq., 3 l., 2 sq., 18 l., 2 sq., 18 l., 8 sq., repeat from * to **.

91st: ** 4 l., 1 sq., 3 l., 1 sq., 15 l., 3 sq., 15 l., * 11 sq., 15 l., 1 sq., 9 l., 2 sq., 15 l, 2 sq., 24 l., 2 sq., 15 l., 3 sq., 6 l., 1 sq., 6 l., 2 sq., 3 l., 2 sq., 3 l., 6 sq., 12 l., 16 sq., repeat from * to **.

92nd: ** 4 l., 3 sq., 6 l., 3 sq., 3 l., 3 sq., 15 l., * 14 sq., 30 l., 3 sq., 6 l., 2 sq., 6 l., 1 sq., 6 l., 1 sq., 3 l., 4 sq., 6 l., 1 sq., 24 l., 1 sq., 27 l., 1 sq., 9 l., 1 sq., 12 l., 10 sq., repeat from * to **.

93rd: ** 4 l., 2 sq., 15 l., 2 sq., 3 l., 2 sq., 15 l., * 11 sq., 3 l., 2 sq., 12 l., 1 sq., 30 l, 2 sq., 21 l., 1 sq., 9 l., 1 sq., 6 l, 1 sq., 6 l., 1 sq., 6 l., 2 sq., 6 l, 1 sq., 3 l, 4 sq., 24 l., 13 sq., repeat from * to **.

94th: ** 4 l., 2 sq., 18 l., 1 sq., 3 l., 2 sq., 15 l., * 13 sq., 6 l., 7 sq., 3 l., 1 sq., 6 l., 1 sq., 6 l., 2 sq., 9 l., 1 sq., 6 l., 1 sq., 15 l., 1 sq., 24 l., 1 sq., 30 l., 1 sq., 3 l., 2 sq., 3 l., 1 sq., 12 l., 9 sq., repeat from * to **.

95th: ** 4 l., 2 sq., 9 l., 2 sq., 3 l, 1 sq., 9 l., 1 sq., 9 l., * 10 sq., 9 l, 1 sq., 3 l., 1 sq., 6 l., 1 sq., 3 l., 1 sq., 30 l., 1 sq., 21 l., 2 sq., 30 l., 3 sq., 6 l., 1 sq., 6 l., 1 sq., 6 l., 2 sq., 21 l., 13 sq., repeat from * to **.

96th: ** 4 l, 1 sq., 9 l., 4 sq., 15 l., * 16 sq., 15 l., 2 sq., 3 l., 1 sq., 6 l., 1 sq., 15 l., 5 sq., 18 l., 5 sq., 15 l., 2 sq., 24 l., 4 sq., 12 l., 1 sq., 12 l., 13 sq. repeat from * to **.

97th: ** 4 l., 1 sq., 15 l., 2 sq., 15 l., * 13 sq., 12 l., 1 sq., 9 l., 1 sq., 9 l., 1 sq., 21 l., 1 sq., 3 l., 2 sq., 9 l., 8 sq., 3 l., 8 sq., 12 l., 1 sq., 6 l., 1 sq., 6 l., 4 sq., 6 l., 16 sq., repeat from * to **.

98th: ** 4 l., 1 sq., 9 l., 2 sq., 3 l., 1 sq., 15 l., * 16 sq., 12 l., 2 sq., 6 l., 1 sq., 6 l., 1 sq., 12 l., 8 sq., 3 l., 7 sq., 21 l., 1 sq., 21 l., 1 sq., 15 l., 2 sq., 3 l., 1 sq., 9 l., 14 sq., repeat from * to **.

99th: ** 4 l., 1 sq., 6 l., 6 sq., 9 l., * 18 sq., 6 l., 5 sq., 9 l., 2 sq., 12 l., 2 sq., 20 l., 3 sq., 9 l., 2 sq., 9 l., 6 sq., 21 l., 1 sq., 6 l., 1 sq., 3 l., 1 sq., 9 l., 17 sq., repeat from * to **.

100th: ** 4 L, 1 sq., 6 l., 2 sq., 3 l., * 23 sq., 6 l., 1 sq., 6 l., 1 sq., 24 l., 6 sq., 30 l., 2 sq., 18 l., 2 sq., 3 l., 5 sq., 12 l., 5 sq., 3 l., 1 sq., 6 l., 22 sq., repeat from * to **.

101st: ** 4 l., 1 sq., 6 l., 1 sq., 9 l., * 21 sq., 6 l., 1 sq., 3 l., 6 sq., 6 l., 1 sq., 18 l., 2 sq., 15 l., 2 sq., 36 l., 7 sq., 36 l., 22 sq., repeat from * to **.

102nd: ** 4 l., 1 sq., 6 l., 2 sq., 3 l., * 23 sq., 27 l., 10 sq., 36 l., 3 sq., 9 l., 1 sq., 3 l., 1 sq., 18 l., 8 sq., 3 l., 1 sq., 9 l., 1 sq., 9 l., 18 sq., repeat from * to

**.

103rd: ** 4 l., 1 sq., 6 l., 6 sq., 9 l., * 11 sq., 12 l., 2 sq., 9 l., 2 sq., 3 L, 3 sq., 9 l., 1 sq., 15 l., 1 sq., 6 l., 4 sq., 24 l., 1 sq., 15 l., 2 sq., 12 l., 30 sq., repeat from * to **.

104th: ** 4 l., 1 sq., 9 l., 2 sq., 3 l., 1 sq., 15 l., * 28 sq., 21 l., 1 sq., 12 l., 1 sq., 27 l., 3 sq., 9 l., 1 sq., 15 l., 1 sq., 6 l., 2 sq., 3 l., 1 sq., 12 l., 2 sq., 9 l., 1 sq., 6 l., 9 sq., repeat from * to **.

105th: ** 4 l., 1 sq., 15 l., 2 sq., 15 l., * 9 sq., 9 l., 1 sq., 3 l., 3 sq., 9 l., 1 sq., 3 l., 2 sq., 9 l., 1 sq., 15 l., 1 sq., 12 l., 2 sq., 21 l., 1 sq., 9 l., 2 sq., 27 l., 27 sq., repeat from * to **.

106th: ** 4 l., 1 sq., 9 l., 4 sq. 15 l., * 27 sq., 21 l., 9 sq., 3 l., 1 sq., 15 l., 2 sq., 12 l., 2 sq., 15 l., 3 sq., 6 l., 1 sq., 3 l., 4 sq., 3 l., 5 sq., 6 l., 8 sq., repeat from * to **.

107th: ** 4 l., 2 sq., 9 l., 2 sq., 3 l., 1 sq., 9 l., 1 sq., 9 l., * 5 sq., 15 l., 1 sq., 15 l., 1 sq., 6 l., 2 sq., 18 l., 2 sq., 3 l., 1 sq., 12 l., 2 sq., 15 l., 2 sq., 12 l., 1 sq., 12 l., 4 sq., 9 l., 24 sq., repeat from * to **.

108th: ** 4 l., 2 sq., 18 l., 1 sq., 3 l., 2 sq., 15 l., * 24 sq., 9 l., 1 sq., 15 l., 1 sq., 21 l., 1 sq., 9 l., 3 sq., 18 l., 1 sq., 3 l., 6 sq., 12 l., 3 sq., 12 l., 1 sq., 9 l., 5 sq., repeat from * to **.

109th: ** 4 l., 2 sq., 15 l., 2 sq., 3 l., 2 sq., 15 l., * 7 sq., 15 l., 1 sq., 9 l., 1 sq., 6 l., 1 sq., 39 l., 7 sq., 24 l., 1 sq., 18 l., 2 sq., 6 l., 9 sq., 3 l., 13 sq., repeat from * to **.

110th: ** 4 l., 3 sq., 6 l., 3 sq., 3 l., 3 sq., 15 l., * 11 sq., 3 l., 2 sq., 3 l., 7 sq., 12 l., 1 sq., 18 l., 1 sq., 24 l., 1 sq., 18 l., 1 sq., 9 l., 1 sq., 12 l., 1 sq., 9 l., 6 sq., 6 l., 12 sq., repeat from * to **.

111th: ** 4 l., 1 sq., 3 l., 1 sq., 15 l., 3 sq., 15 l., * 13 sq., 18 l., 3 sq., 6 l., 2 sq., 6 l., 5 sq., 18 l., 1 sq., 27 l., 1 sq., 21 l., 1 sq., 9 l., 5 sq., 3 l., 1 sq., 9 l., 13 sq., repeat from * to **.

112th: ** 4 l., 1 sq., 3 l., 2 sq., 9 l., 2 sq., 6 l., 5 sq., 9 l., * 12 sq., 9 l., 6 sq., 6 l., 1 sq., 12 l., 1 sq., 6 l., 2 sq., 24 l., 3 sq., 12 l., 8 sq., 3 l., 3 sq., 3 l., 2 sq., 18 l., 9 sq., repeat from * to **.

113th: ** 4 l., 1 sq., 6 l., 3 sq., 9 l., 2 sq., 9 l., 1 sq., 15 l., * 8 sq., 6 l., 5 sq., 12 l., 1 sq., 3 l., 7 sq., 18 l., 1 sq., 27 l., 1 sq., 3 l., 2 sq., 3 l., 2 sq., 6 l., 1 sq., 3 l., 8 sq., 3 l., 3 sq., 3 l., 8 sq., repeat from * to **.

114th: ** 4 l., 1 sq., 9 l., 4 sq., 36 l., * 9 sq., 12 l., 6 sq., 9 l., 1 sq., 3 l., 1 sq., 9 l., 1 sq., 9 l., 1 sq., 24 l., 2 sq., 15 l., 7 sq., 12 l., 4 sq., 9 l., 1 sq., 3 l., 8 sq., repeat from * to **.

115th: ** 4 l., 1 sq., 6 l., 3 sq., 9 l., 2 sq., 9 l., 1 sq., 15 l., * 8 sq., 12 l., 1 sq., 9 l., 2 sq., 9 l., 7 sq., 12 l., 1 sq., 3 l., 1 sq., 18 l., 2 sq., 12 l., 1 sq., 9 l., 1 sq., 3 l., 1 sq., 9 l., 2 sq., 9 l., 1 sq., 18 l., 7 sq., repeat from * to **.

116th: ** 4 l., 1 sq., 3 l., 2 sq., 9 l., 2 sq., 6 l., 5 sq., 9 l., * 5 sq., 3 l., 1 sq., 39 l., 1 sq., 6 l., 1 sq., 3 l., 1 sq., 3 l., 4 sq., 12 l., 1 sq., 12 l., 1 sq., 3 l., 1 sq., 15 l., 1 sq., 3 l., 3 sq., 3 l., 2 sq., 9 l., 1 sq., 9 l., 4 sq., 6 l., 9 sq., repeat from* to **.

117th: ** 4 l., 1 sq., 3 l., 1 sq., 15 l., 3 sq., 15 l., * 12 sq., 9 l., 1 sq., 3 l., 2 sq., 6 l., 1 sq., 6 l., 3 sq., 15 l., 2 sq., 9 l., 2 sq., 3 l., 1 sq., 9 l., 2 sq., 6 l., 7 sq., 3 l., 1 sq., 3 l., 4 sq., 24 l., 3 sq., 6 l., 2 sq., 6 l., 5 sq., repeat from * to **.

118th: ** 4 l., 3 sq., 6 l., 3 sq., 3 l., 3 sq., 15 l., * 5 sq., 12 l., 1 sq., 6 l., 3 sq., 15 l., 4 sq., 6 l., 1 sq., 3 l., 1 sq., 3 l., 5 sq., 6 l., 1 sq., 3 l., 3 sq., 6 l., 1 sq., 15 l., 2 sq., 9 l., 4 sq., 13 l., 1 sq., 6 l., 1 sq., 9 l., 11 sq., repeat from * to **.

119th: ** 4 l., 2 sq., 15 l., 2 sq., 3 l., 2 sq., 15 l., * 12 sq., 6 l., 1 sq., 6 l., 1 sq., 12 l., 10 sq., 18 l., 1 sq., 12 l., 1 sq., 3 l., 1 sq., 3 l., 4 sq., 3 l., 1 sq., 3 l., 1 sq., 9 l., 7 sq., 9 l., 4 sq., 3 l., 9 sq., repeat from * to **.

120th: ** 4 l., 2 sq., 18 l., 1 sq., 3 l., 2 sq., 15 l., * 7 sq., 6 l., 1 sq., 21 l., 5 sq., 6 l., 1 sq., 9 l., 1 sq., 3 l., 6 sq., 9 l., 1 sq., 9 l., 1 sq., 18 l., 11 sq., 18 l., 1 sq., 6 l., 12 sq., repeat from * to **.

121st: ** 4 l., 2 sq., 9 l., 2 sq., 3 l., 1 sq., 9 l., 1 sq., 9 l., * 14 sq., 18 l., 3 sq., 3 l., 1 sq., 3 l., 7 sq., 15 l., 1 sq., 3 l., 1 sq., 6 l., 1 sq., 9 l., 4 sq., 3 l., 1 sq., 6 l., 5 sq., 9 l., * 2 sq., 3 l., 1 sq., 15 l., 12 sq., repeat from * to **.

122nd: ** 4 l., 1 sq., 9 l., 4 sq., 15 l., * 14 sq., 3 l., 4 sq., 3 l., 3 sq., 6 l., 1 sq., 3 l., 5 sq., 9 l., 1 sq., 18 l., 1 sq., 6 l., 1 sq., 6 l., 2 sq., 9 l., 9 sq., 3 l., 7 sq., 6 l., 18 sq., repeat from * to **.

123rd: ** 4 l., 1 sq., 15 l., 2 sq., 15 l., * 22 sq., 9 l., 2 sq., 3 l., 8 sq., 3 l., 4 sq., 12 l., 2 sq., 3 l., 3 sq., 3 l., 2 sq., 12 l., 5 sq., 3 l., 2 sq., 6 l., 3 sq., 3 l., 18 sq., repeat from * to **.

124th: ** 4 l., 1 sq., 9 l., 2 sq., 3 l., 1 sq., 15 l., * 20 sq., 12 l., 3 sq., 3 l., 6 sq., 12 l., 1 sq., 9 l., 1 sq., 3 l., 1 sq., 12 l., 4 sq., 6 l., 8 sq., 9 l., 24 sq., repeat from * to **.

125th: ** 4 l., 1 sq., 6 l., 6 sq., 9 l., * 18 sq., 12 l., 4 sq., 9 l., 3 sq., 15 l., 5 sq., 30 l., 1 sq., 9 l., 11 sq., 15 l., 3 sq., 3 l., 16 sq., repeat from * to **.

126th: ** 4 l., 2 sq., 6 l., 2 sq., 3 l., * 19 sq., 3 l., 3 sq., 3 l., 2 sq., 15 l., 10 sq., 3 l., 4 sq., 15 l., 1 sq., 9 l., 6 sq., 18 l., 1 sq., 6 l., 5 sq., 9 l., 2 sq., 3 l., 23 sq., repeat from * to **.

127th: ** 4 l., 1 sq., 6 l., 1 sq., 9 l., * 28 sq., 15 l., 1 sq., 3 l., 1 sq., 18 l., 8 sq., 3 l., 1 sq., 12 l., 3 sq., 12 l., 10 sq., 30 l., 19 sq., repeat from * to **.

128th: ** 4 l., 1 sq., 6 l., 2 sq., 3 l., * 18 sq., 6 l., 2 sq., 21 l., 10 sq., 6 l., 5 sq., 3 l., 5 sq., 3 l., 8 sq., 48 l., 27 sq., repeat from * to **.

129th: ** 4 l., 1 sq., 6 l., 6 sq., 9 l., * 20 sq., 3 l., 3 sq., 39 l., 3 sq., 3 l., 3 sq., 6 l., 2 sq., 3 l., 1 sq., 12 l., 1 sq., 12 l., 7 sq., 15 l., 1 sq., 15 l., 3 sq., 3 l., 11 sq., repeat from * to **.

130th: ** 4 l., 1 sq., 9 l., 2 sq., 3 l., 1 sq., 15 l., * 14 sq., 15 l., 1 sq., 9 l., 2 sq., 3 l., 5 sq., 12 l., 4 sq., 6 l., 1 sq., 3 l., 3 sq., 15 l., 4 sq., 12 l., 1 sq., 15 l., 2 sq., 15 l., 18 sq., repeat from * to **.

131st: ** 4 l., 1 sq., 15 l., 2 sq., 15 l., * 16 sq., 3 l., 1 sq., 21 l., 5 sq., 9 l., 7 sq., 6 l., 1 sq., 3 l., 3 sq., 9 l., 2 sq., 6 l., 3 sq., 6 l., 8 sq., 12 l., 1 sq., 15 l., 13 sq., repeat from * to **.

132nd: ** 4 l., 1 sq., 9 l., 4 sq., 15 l., * 12 sq., 3 l., 1 sq., 6 l., 3 sq., 15 l., 7 sq., 12 l., 1 sq., 9 l., 1 sq., 9 l., 3 sq., 3 l., 9 sq., 24 l., 1 sq., 24 l., 1 sq., 12 l., 12 sq., repeat from * to **.

133rd: ** 4 l., 2 sq., 9 l., 2 sq., 3 l., 1 sq., 9 l., 1 sq., 9 l., * 8 sq., 3 l., 2 sq., 3 l., 2 sq., 21 l., 1 sq., 18 l., 1 sq., 9 l., 3 sq., 3 l., 4 sq., 3 l., 3 sq., 9 l., 1 sq., 6 l., 3 sq., 9 l., 6 sq., 6 l., 1 sq., 9 l., 1 sq., 3 l., 2 sq., 3 l., 11 sq., repeat from * to **.

134th: ** 4 l., 2 sq., 18 l., 1 sq., 3 l., 2 sq., 15 l., * 10 sq., 3 l., 1 sq., 3 l., 2 sq., 9 l., 2 sq., 3 l., 6 sq., 6 l., 2 sq., 3 l., 2 sq., 12 l., 4 sq., 3 l., 5 sq., 18 l., 1 sq., 21 l., 4 sq., 9 l., 2 sq., 3 l., 10 sq., repeat from * to **.

135th: ** 4 l., 2 sq., 15 l., 2 sq., 3 l., 2 sq., 15 l., * 13 sq., 6 l., 1 sq., 9 l., 1 sq., 21 l., 1 sq., 3 l., 1 sq., 9 l., 6 sq., 3 l., 4 sq., 12 l., 1 sq., 6 l., 1 sq., 9 l., 6 sq., 3 l., 1 sq., 3 l., 1 sq., 9 l., 3 sq., 9 l., 8 sq., repeat from * to **.

136th: ** 4 l., 3 sq., 6 l., 3 sq., 3 l., 3 sq., 15 l., * 7 sq., 3 l., 2 sq., 15 l., 1 sq., 3 l., 4 sq., 3 l., 6 sq., 6 l., 1 sq., 6 l., 1 sq., 9 l., 5 sq., 3 l., 4 sq., 15 l., 1 sq., 3 l., 1 sq., 24 l., 1 sq., 3 l., 3 sq., 3 l., 13 sq., repeat from * to **.

137th: ** 4 l., 1 sq., 3 l., 1 sq., 15 l., 3 sq., 15 l., * 14 sq., 3 l., 3 sq., 3 l., 1 sq., 24 l., 1 sq., 3 l., 2 sq., 3 l., 1 sq., 15 l., 1 sq., 6 l., 5 sq., 24 l., 11 sq., 3 l., 4 sq., 9 l., 10 sq., repeat from * to **.

138th: ** 4 l., 1 sq., 3 l., 2 sq., 9 l., 2 sq., 6 l., 5 sq., 9 l., * 6 sq., 6 l., 1 sq., 3 l., 3 sq., 3 l., 13 sq., 15 l., 5 sq., 12 l., 3 sq., 3 l., 1 sq., 3 l., 1 sq., 3 l., 2 sq., 6 l., 1 sq., 21 l., 1 sq., 3 l., 3 sq., 3 l., 11 sq., repeat from * to **.

139th: ** 4 l., 1 sq., 6 l., 3 sq., 9 l., 2 sq., 9 l., 1 sq., 15 l., * 4 sq., 3 l., 4 sq., 6 l., 4 sq., 21 l., 2 sq., 6 l., 2 sq., 3 l., 3 sq., 6 l., 2 sq., 6 l., 3 sq., 3 l., 2 sq., 3 l., 21 sq., 3 l., 2 sq., 6 l., 5 sq., repeat from * to **.

140th: ** 4 l., 1 sq., 9 l., 4 sq., 36 l., * 5 sq., 3 l., 25 sq., 3 l., 2 sq., 15 l., 3 sq., 3 l., 3 sq., 3 l., 4 sq., 9 l., 2 sq., 48 l., 4 sq., repeat from * to **.

141st: ** 4 l., 1 sq., 6 l., 3 sq., 9 l., 2 sq., 9 l., 1 sq., 15 l., * 5 sq., 6 l., 2 sq., 3 l., 3 sq., 3 l., 9 sq., 3 l., 1 sq., 3 l., 7 sq., 3 l., 3 sq., 3 l., 1 sq., 6 l., 2 sq., 6 l., 25 sq., 3 l., 5 sq., repeat from * to **.

142nd: ** 4 l., 1 sq., 3 l., 2 sq., 9 l., 2 sq., 6 l., 5 sq., 9 l., * 5 sq., 3 l., 11 sq., 21 l., 8 sq., 6 l., 5 sq., 3 l., 2 sq., 3 l., 8 sq., 3 l., 2 sq., 9 l., 6 sq., 3 l., 3 sq., 9 l., 4 sq., 3 l., 3 sq., repeat from * to **.

143rd: ** 4 l., 1 sq., 3 l., 1 sq., 15 l., 3 sq., 15 l., * 7 sq., 18 l., 1 sq., 3 l., 2 sq., 6 l., 4 sq., 3 l., 6 sq., 3 l., 10 sq., 6 l., 3 sq., 9 l., 6 sq., 21 l., 1 sq., 3 l., 20 sq., repeat from * to **.

144th: ** 4 l., 3 sq., 6 l., 3 sq., 3 l., 3 sq., 15 l., * 18 sq., 9 l., 1 sq., 3 l., 1 sq., 15 l., 5 sq., 3 l. 1 sq., 6 l., 2 sq., 3 l., 1 sq., 3 l., 21 sq., 3 l., 1 sq., 3 l., 4 sq., 9 l., 8 sq., repeat from * to **.

145th: ** 4 l., 2 sq., 15 l., 2 sq., 3 l., 2 sq., 15 l., * 7 sq., 12 l., 30 sq., 3 l., 3 sq., 3 l., 1 sq., 3 l., 4 sq., 9 l., 1 sq., 6 l., 1 sq., 3 l., 2 sq., 6 l., 18 sq., repeat from * to **.

146th: ** 4 l., 2 sq., 18 l., 1 sq., 3 l., 2 sq., 15 l., * 18 sq., 12 l., 2 sq., 6 l., 1 sq., 9 l., 4 sq., 3 l., 2 sq., 3 l., 2 sq., 3 l., 6 sq., 3 l., 23 sq., 3 l., 1 sq., 6 l., 7 sq., repeat from * to **.

147th: ** 4 l., 1 sq., 15 l., 2 sq., 15 l., * 10 sq., 3 l., 11 sq., 15 l., 6 sq., 36 l., 5 sq., 3 l., 4 sq., 6 l., 1 sq., 6 l., 3 sq., 15 l., 22 sq., repeat from * to **.

148th: ** 4 l., 1 sq., 9 l., 2 sq., 3 l., 1 sq., 15 l., * 22 sq., 6 l., 4 sq., 12 l., 1 sq., 6 l., 4 sq., 3 l., 4 sq., 3 l., 1 sq., 30 l., 4 sq., 18 l., 1 sq., 6 l., 10 sq., 3 l., 10 sq., repeat from * to **.

Now repeat from first row.

Contents

HANDKERCHIEF CASE FOR HANGING TO THE HEAD OF A BED.

MATERIALS..—Use Brook's Great Exhibition Prize Goat's-head Crochet Cotton. No. 4 Penelope Hook; 1 long strip of Whalebone; 1 yard of Satin Ribbon 1 inch in width. 2 yards ditto, 2 or 3 inches wide.

1st row: Make a chain of 261 stitches, turn back, and work 87 squares.

2nd: Turn back, and work another row of squares.

3rd: Turn back 8 sq., 5 l., 22 sq., 9 l., 5 sq., 3 l., 8 sq., 24 l., 21 sq., 9 l., 6 sq. The cotton must now be cut off at every row.

4th: 7 sq., 12 l., 10 sq., 6 l., 4 sq., 6 l., 2 sq., 6 l., 1 sq., 6 l., 3 sq., 6 l., 2 sq., 21 l., 3 sq., 18 l., 8 sq., 6 l., 4 sq., 6 l., 2 sq., 6 l., 1 sq., 6 l., 5 sq.

5th: 7 sq., 3 l., 2 sq., 3 l., 1 sq., 6 l., 5 sq., 3 l., 1 sq., 6 l., 3 sq., 12 l., 1 sq., 3 l., 3 sq. 3 l., 3 sq., 3 l., 1 sq., 9 l., 4 sq., 15 l., 2 sq., 15 l., 5 sq., 3 l., 1 sq., 6 l., 3 sq., 12 l., 1 sq., 3 l., 3 sq., 3 l., 5 sq.

6th: 3 sq., 9 l., 1 sq., 3 l., 2 sq., 3 l., 1 sq., 9 l., 1 sq., 15 l., 4 sq., 15 l., 5 sq., 3 l., 3 sq., 6 l., 6 sq., 24 l., 1 sq., 12 l., 3 sq., 12 l., 4 sq., 15 l., 5 sq., 3 l., 5 sq.

7th: 2 sq., 6 l., 2 sq., 3 l., 5 sq., 9 l., 6 sq., 6 l., 2 sq., 9 l., 2 sq., 9 l., 1 sq., 3 l., 3 sq., 3 l., 2 sq., 9 l., 3 sq., 3 l., 1 sq., 21 l., 5 sq., 6 l., 4 sq., 6 l., 2 sq., 9 l., 2 sq., 9 l., 1 sq., 3 l., 6 sq.

8th: 2 sq., 3 l., 5 sq., 9 l., 1 sq., 12 l., 7 sq., 3 l., 1 sq., 6 l., 1 sq., 15 l., 2 sq., 9 l., 4 sq., 9 l., 2 sq., 3 l., 1 sq., 24 l., 1 sq., 9 l., 2 sq., 3 l., 5 sq., 3 l., 1 sq., 6 l., 1 sq., 15 l., 2 sq., 9 l., 3 sq.

9th: 2 sq., 6 l., 2 sq., 18 l., 1 sq., 9 l., 8 sq., 6 l., 1 sq., 21 l., 3 sq., 6 l., 5 sq., 3 l., 2 sq., 6 l., 1 sq., 21 l., 3 sq., 6 l., 8 sq., 6 l., 1 sq., 21 l., 3 sq., 6 l., 2 sq.

10th: 3 sq., 6 l., 1 sq., 21 l., 1 sq., 6 l., 5 sq., 3 l., 2 sq., 6 l., 1 sq., 21 l., 3 sq., 6 l., 8 sq., 6 l., 1 sq., 21 l., 3 sq., 6 l., 5 sq., 3 l., 2 sq., 6 l., 1 sq., 21 l., 3 sq., 6 l., 2 sq.

11th: 6 sq., 21 l., 1 sq., 6 l., 3 sq., 9 l., 2 sq., 3 l., 1 sq., 24 l., 1 sq., 9 l., 2 sq., 3 l., 5 sq., 3 l., 1 sq., 6 l., 1 sq., 18 l., 1 sq., 9 l., 4 sq. 9 l., 2 sq., 3 l., 1 sq., 24 l., 1 sq., 9 l., 3 sq.

12th: 4 sq., 6 l., 1 sq., 21 l., 1 sq., 3 l., 2 sq., 9 l., 3 sq., 3 l., 1 sq., 21 l., 5 sq., 6 l., 4 sq., 6 l., 2 sq., 9 l., 2 sq., 9 l., 1 sq., 3 l., 3 sq., 3 l., 2 sq., 9 l., 3 sq., 3 l., 1 sq., 21 l., 8 sq.

13th: 3 sq., 9 l., 1 sq., 21 l., 1 sq., 9 l., 6 sq., 24 l., 1 sq., 12 l., 3 sq., 12 l., 4 sq., 15 l., 5 sq., 3 l., 3 sq., 6 l., 6 sq., 24 l., 1 sq., 12 l., 4 sq.

14th: 3 sq., 12 l., 1 sq., 18 l., 1 sq., 3 l., 1 sq., 15 l., 3 sq., 15 l., 2 sq., 15 l., 5 sq., 3 l., 1 sq., 6 l., 3 sq., 12 l., 1 sq., 3 l., 3 sq., 3 l., 3 sq., 3 l., 1 sq., 9 l., 4 sq., 15 l., 2 sq., 15 l., 4 sq.

HANDKERCHIEF CASE, FOR HANGING TO THE HEAD OF A BED.

15th: 4 sq., 12 l., 2 sq., 18 l, 2 sq., 3 l., 2 sq., 18 l., 3 sq., 18 l., 8 sq., 6 l., 4 sq., 6 l., 2 sq., 6 l., 1 sq., 6 l., 3 sq., 6 l., 2 sq., 21 l., 3 sq., 18 l., 5 sq.

16th: 5 sq., 15 l., 2 sq., 9 l., 3 sq., 6 l., 6 sq., 24 l., 21 sq., 9 l., 5 sq., 3 l., 8 sq., 24 l., 7 sq.

17th: 8 sq., 15 l., 1 sq., 3 l., 3 sq., 6 l., 54 sq., 3 l., 6 sq., 3 l., 5 sq.

18th: 7 sq., 3 l., 3 sq., 6 l., 48 sq., 3 l., 4 sq., 6 l., 6 sq., 3 l., 5 sq.

19th: 3 sq., 6 l., 1 sq., 3 l., 7 sq., 3 l., 2 sq., 6 l., 49 sq., 18 l., 1 sq., 3 l., 5 sq., 3 l., 5 sq.

20th: 3 sq., 6 l., 1 sq., 3 l., 2 sq., 6 l., 3 sq., 3 l., 54 sq., 9 l., 1 sq., 3 l., 1 sq., 6 l., 4 sq., 6 l., 4 sq.

21st: 5 sq., 3 l., 4 sq., 6 l., 1 sq., 6 l., 58 sq., 3 l., 1 sq., 6 l., 4 sq., 3 l., 5 sq.

22nd: 4 sq., 6 l., 4 sq., 6 l., 1 sq., 3 l., 58 sq., 6 l., 2 sq., 6 l., 2 sq., 3 l., 1 sq., 6 l., 3 sq.

23rd: 5 sq., 3 l., 5 sq., 3 l., 1 sq., 3 l., 58 sq., 3 l., 7 sq., 3 l., 1 sq., 6 l., 3 sq.

24th: 5 sq., 3 l., 1 sq., 3 l., 4 sq., 3 l., 1 sq., 6 l., 15 sq., 3 l., 40 sq., 3 l., 6 sq., 3 l., 7 sq.

25th: 6 sq., 3 l., 5 sq., 9 l., 15 sq., 3 l., 41 sq., 3 l., 1 sq., 15 l., 8 sq.

26th: 6 sq., 3 l., 1 sq., 6 l., 1 sq., 3 l., 17 sq., 3 l., 42 sq., 9 l., 2 sq., 15 l., 5 sq.

27th: 7 sq., 12 l., 4 sq., 6 l., 2 sq. 6 l., 4 sq., 9 l., 1 sq., 3 l., 3 sq., 3 l., 2 sq., 9 l., 2 sq., 6 l.; 1 sq., 6 l., 4 sq., 9 l., 2 sq., 6 l., 3 sq., 6 l., 4 sq., 9 l., 2 sq., 18 l., 2 sq., 12 l., 4 sq.

28th: 4 sq., 6 l., 1 sq., 3 l., 2 sq., 3 l., 5 sq., 3 l., 1 sq., 3 l., 1 sq., 3 l., 3 sq., 3 l., 2 sq., 3 l., 1 sq., 3 l., 3 sq., 3 l., 1 sq., 3 l., 2 sq., 3 l., 1 sq., 3 l., 1 sq., 6 l., 1 sq., 3 l., 3 sq., 3 l., 2 sq., 3 l., 1 sq., 3 l, 1 sq., 6 l., 1 sq., 3 l., 1 sq., 6 l., 2 sq., 3 l., 2 sq., 9 l., 2 sq., 18 l., 1 sq., 12 l., 3 sq.

29th: 3 sq., 9 l., 1 sq., 3 l., 2 sq., 3 l., 5 sq., 3 l., 3 sq., 3 l., 3 sq., 3 l., 2 sq., 3 l., 1 sq., 3 l., 3 sq., 3 l., 4 sq., 3 l., 3 sq., 3 l., 2 sq., 3 l., 3 sq., 3 l., 2 sq., 3 l., 3 sq., 6 l., 3 sq., 6 l., 4 sq., 3 l., 5 sq., 21 l., 1 sq., 9 l., 3 sq.

30th: 3 sq., 9 l., 5 sq., 3 l., 1 sq., 3 l., 1 sq., 6 l., 3 sq., 3 l., 1 sq., 3 l., 1 sq., 3 l., 2 sq., 3 l., 1 sq., 3 l., 2 sq., 6 l., 1 sq., 6 l., 1 sq., 3 l., 3 sq., 3 l., 2 sq., 3 l., 1 sq., 3 l., 1 sq., 3 l., 2 sq., 3 l., 3 sq., 6 l., 3 sq., 6 l., 3 sq., 6 l., 5 sq., 21 l., 1 sq., 6 l., 4 sq.

31st: 2 sq., 12 l., 1 sq., 9 l., 3 sq., 6 l., 1 sq., 6 l., 2 sq., 6 l., 2 sq., 9 l., 3 sq., 6 l., 1 sq., 3 l., 2 sq., 6 l., 4 sq., 6 l., 1 sq., 6 l., 2 sq., 9 l., 4 sq., 6 l., 3 sq., 6 l., 3 sq., 6 l., 3 sq., 6 l., 1 sq., 21 l., 6 sq.

32nd: 2 sq., 9 l., 1 sq., 18 l., 21 sq., 3 l., 22 sq., 6 l., 3 sq., 6 l., 3 sq., 6 l., 1 sq., 3 l., 1 sq., 6 l., 1 sq., 21 l., 1 sq., 6 l., 3 sq.

33rd: 2 sq., 6 l., 1 sq., 21 l., 1 sq., 6 l., 18 sq., 3 l., 22 sq., 6 l., 2 sq., 12 l., 2 sq., 9 l., 2 sq., 9 l., 1 sq., 18 l., 2 sq., 6 l., 2 sq.

34th: 2 sq., 6 l., 1 sq., 21 l., 8 sq., 3 l., 12 sq., 3 l., 22 sq., 6 l., 3 sq., 6 l., 3 sq., 6 l., 3 sq., 12 l., 1 sq., 9 l., 5 sq., 3 l., 2 sq.

35th: 2 sq., 3 l., 1 sq., 21 l., 1 sq., 6 l., 15 sq., 3 l., 2 sq., 3 l., 23 sq., 6 l., 3 sq., 6 l., 3 sq., 6 l., 3 sq., 12 l., 5 sq., 3 l., 2 sq., 6 l., 2 sq.

36th: 2 sq., 3 l., 1 sq., 21 l., 1 sq., 9 l., 15 sq., 6 l., 24 sq., 6 l., 3 sq., 6 l., 3 sq., 6 l., 4 sq., 9 l., 1 sq., 3 l., 2 sq., 3 l., 1 sq., 9 l., 3 sq.

37th: 2 sq., 3 l., 1 sq., 18 l., 1 sq., 12 l., 41 sq., 6 l., 2 sq., 3 l., 1 sq., 6 l., 2 sq., 3 l., 3 sq., 3 l., 2 sq., 6 l., 1 sq., 3 l., 2 sq., 3 l., 7 sq.

38th: 2 sq., 18 l., 2 sq., 12 l., 41 sq., 3 l., 1 sq., 9 l., 3 sq., 9 l., 1 sq., 9 l., 6 sq., 12 l., 7 sq.

39th: 3 sq., 9 l., 2 sq., 15 l., 62 sq., 3 l., 1 sq., 6 l., 1 sq., 3 l., 6 sq.

40th: 3 sq., 3 l., 1 sq., 15 l., 65 sq., 3 l., 5 sq., 9 l., 3 sq.

41st: 7 sq., 3 l., 6 sq., 3 l., 56 sq., 6 l., 1 sq., 3 l., 4 sq., 3 l., 1 sq., 3 l., 5 sq.

42nd: 3 sq., 6 l., 1 sq., 3 l., 7 sq., 3 l., 56 sq., 3 l., 1 sq., 6 l., 4 sq., 6 l., 6 sq.

43rd: 3 sq., 6 l., 1 sq., 3 l., 2 sq., 6 l., 2 sq., 6 l., 58 sq., 3 l., 1 sq., 6 l., 4 sq., 6 l., 4 sq.

44th: 5 sq., 3 l., 4 sq., 6 l., 1 sq., 3 l., 58 sq., 6 l., 1 sq., 6 l., 4 sq., 3 l., 5 sq.

45th: 4 sq., 6 l., 4 sq., 6 l., 1 sq., 3 l., 1 sq., 9 l., 54 sq., 3 l., 3 sq., 6 l., 2 sq., 3 l., 1 sq., 6 l., 3 sq.

46th: 5 sq., 3 l., 5 sq., 3 l., 1 sq., 18 l., 49 sq., 6 l., 2 sq., 3 l., 7 sq., 3 l., 1 sq., 6 l., 3 sq.

47th: 5 sq., 3 l., 6 sq., 6 l., 4 sq., 3 l., 48 sq., 6 l., 3 sq., 3 l., 6 sq., 3 l., 7 sq.

48th: 5 sq., 3 l., 6 sq., 3 l., 54 sq., 6 l., 3 sq., 3 l., 1 sq., 15 l., 8 sq.

49th: 7 sq., 24 l., 8 sq., 3 l., 5 sq., 9 l., 21 sq., 24 l., 6 sq., 6 l., 3 sq., 9 l., 2 sq., 15 l., 5 sq.

50th: 5 sq., 18 l., 3 sq., 21 l., 2 sq., 6 l., 3 sq., 6 l., 1 sq., 6 l., 2 sq., 6 l., 4 sq., 6 l., 8 sq., 18 l., 3 sq., 18 l., 2 sq., 3 l., 2 sq., 18 l., 2 sq., 12 l., 4 sq.

51st: 4 sq., 15 l., 2 sq., 15 l., 4 sq., 9 l., 1 sq., 3 l., 3 sq., 3 l., 3 sq., 3 l., 1 sq., 12 l., 3 sq., 6 l., 1 sq., 3 l., 5 sq., 15 l., 2 sq., 15 l., 3 sq., 15 l., 1 sq., 3 l., 1 sq., 18 l., 1 sq., 12 l., 3 sq.

52nd: 4 sq., 12 l., 1 sq., 24 l., 6 sq., 6 l., 3 sq., 3 l., 5 sq., 15 l., 4 sq., 12 l., 3 sq., 12 l., 1 sq., 24 l., 6 sq., 9 l., 1 sq., 21 l., 1 sq., 9 l., 3 sq.

53rd: 8 sq., 21 l., 1 sq., 3 l., 3 sq., 9 l., 2 sq., 3 l., 3 sq., 3 l., 1 sq., 9 l., 2 sq., 9 l., 2 sq., 6 l., 4 sq., 6 l., 5 sq., 21 l., 1 sq., 3 l., 3 sq., 9 l., 2 sq., 3 l., 1 sq., 21 l., 1 sq., 6 l., 4 sq.

54th: 3 sq., 9 l., 1 sq., 24 l., 1 sq., 3 l., 2 sq., 9 l., 4 sq., 9 l., 2 sq., 15 l., 1 sq., 6 l., 1 sq., 3 l., 8 sq., 9 l., 1 sq., 24 l., 1 sq., 3 l., 2 sq., 9 l., 3 sq., 6 l., 1 sq., 21 l., 6 sq.

55th: 2 sq., 6 l., 3 sq., 21 l., 1 sq., 6 l., 2 sq., 3 l., 5 sq., 6 l., 3 sq., 21 l., 1 sq., 6 l., 8 sq., 6 l., 3 sq., 21 l., 1 sq., 6 l., 2 sq., 3 l., 5 sq., 6 l., 1 sq., 21 l., 1 sq., 6 l., 3 sq.

56th: 2 sq., 6 l., 3 sq., 21 l., 1 sq., 6 l., 8 sq., 6 l., 3 sq., 21 l., 1 sq., 6 l., 2 sq., 3 l., 5 sq., 6 l., 3 sq., 21 l., 1 sq., 6 l., 8 sq., 9 l., 1 sq., 18 l., 2 sq., 6 l., 2 sq.

57th: 3 sq., 9 l., 2 sq., 15 l., 1 sq., 6 l., 1 sq., 3 l., 5 sq., 3 l., 2 sq., 9 l., 1 sq., 21 l., 1 sq., 3 l., 2 sq., 9 l., 4 sq., 9 l., 2 sq., 15 l., 1 sq., 6 l., 1 sq., 3 l., 7 sq., 12 l., 1 sq., 9 l., 5 sq., 3 l, 2 sq.

58th: 6 sq., 3 l., 1 sq., 9 l., 2 sq., 9 l., 2 sq., 6 l., 4 sq., 6 l., 5 sq., 21 l., 1 sq., 3 l., 3 sq., 9 l., 2 sq., 3 l., 3 sq., 3 l., 1 sq., 9 l, 2 sq., 9 l., 2 sq., 6 l., 6 sq., 9 l., 5 sq., 3 l., 2 sq., 6 l., 2 sq.

59th: 5 sq., 3 l., 5 sq., 15 l., 4 sq., 12 l., 3 sq., 12 l., 1 sq., 24 l., 6 sq., 6 l., 3 sq., 3 l., 5 sq., 15 l., 4 sq., 15 l., 1 sq., 9 l., 1 sq., 3 l., 2 sq., 3 l., 1 sq., 9 l., 3 sq.

60th: 5 sq., 3 l., 3 sq., 3 l., 1 sq., 12 l., 3 sq., 6 l., 1 sq., 3 l., 5 sq., 15 l., 2 sq., 15 l., 4 sq., 9 l., 1 sq., 3 l., 3 sq., 3 l., 3 sq., 3 l., 1 sq., 12 l., 3 sq., 6 l., 1 sq., 3 l., 5 sq., 6 l., 1 sq., 3 l., 2 sq., 3 l., 7 sq.

61st: 5 sq., 6 l., 1 sq., 6 l., 2 sq., 6 l., 4 sq., 6 l., 8 sq., 18 l., 3 sq., 21 l., 2 sq., 6 l., 3 sq., 6 l., 1 sq., 6 l., 2 sq., 6 l., 4 sq., 6 l., 10 sq., 12 l., 7 sq.

62nd: 6 sq., 9 l., 21 sq., 24 l., 8 sq., 3 l., 5 sq., 9 l., 22 sq., 6 l., 8 sq.

63rd: 1 row of squares.

64th: Turn back, 4 double l., made by first twisting the cotton twice over the hook, then 4 double long to come in the 1st 4 loops, which will exactly fill up the 4 loops over 1st sq., then 5 ch., miss 2 squares, 4 more double long in the 4th loop of next sq., repeat, the row will end with 1 long stitch, turn back.

65th: 5 d.c. under the 5 ch., 4 ch., repeat. This forms the front of the case.

For the back: Commence on the wrong side of the foundation chain, and work 41 rows of squares, then work as at 42nd row, and continue working till the end of 62nd row.

Now 2 rows of squares.

Now a row of double long stitches the same as the row on the other end. Turn back.

1 double l. on l., * 5 ch., 4 double l. on the l., repeat from *.

Now a row of long stitches, not double long.

Now work 3 d.c. into every space up both sides, then crochet both sides together on the right side, by working 1 d.c. stitch into every loop of both sides, first doubling it at the foundation chain, consequently the back will be a trifle higher than the front.

Now, up the side and along the top of the back, work thus: 1 l. in 1st loop, * 9 ch., 1 l. into 7th loop, repeat from * and at each corner make 2 l. into 1 loop, with 9 ch. between each l.

Next row, 9 d c. under every 9 ch.

Cover 2 strips of narrow whalebone the exact length of the back of the case, with coloured ribbon, and run it into the 2 open rows; for the front, cut a length of whalebone two inches longer than the pieces for the back, and run in the front row, then add ribbon and bow as in engraving.

Contents

WATCH POCKET.

MATERIALS..—3 shades of scarlet, the lightest to be a very bright military scarlet, 1 skein of the darkest, 2 of each of the lighter shades; 4 skeins of bright maize colour; skein of shaded violet; 1 skein of shaded scarlet; 3 shades of green; 1 skein of each shade, the darkest to be very dark, and the lightest to be very light; 2 shades of sky-blue, 1 skein of each; 1 skein of white; all 4 thread Berlin wool; 24 curtain rings, the size of a fourpenny-piece, or a trifle larger; 4 yards of blind cord;

1-1/4 yards of scarlet satin ribbon, half an inch in width, or covered curtain rings will answer the same purpose. No. 2 Penelope hook.

With darkest scarlet work, 14 d.c. stitches over the cord, then turn the cord round in as small a circle as possible, unite and work 3 rows with this shade, increasing in the two rows after the 1st, 1 stitch in every loop; then 4th, 5th, and 6th rows, of next shade, increasing as may be required; 7th, 8th, and 9th rows of next shade, increasing the same.

10th row.—4 stitches Maize, 4 stitches Violet.

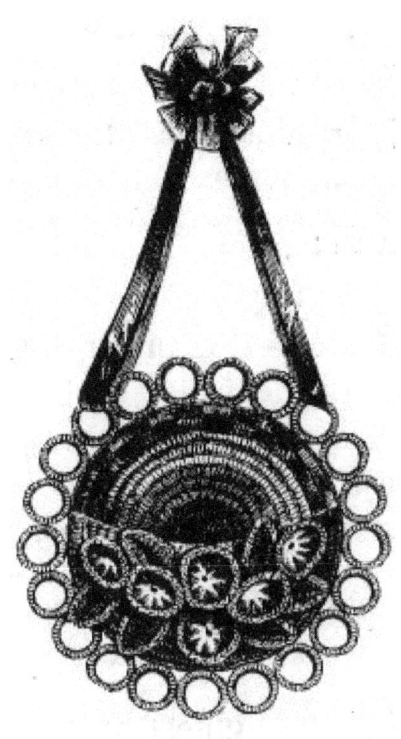

WATCH POCKET.

11th row.—All Violet; there should be 150 stitches in this row.

Cut off the cord, and fasten it nearly, also the wool.

The Mat should now measure 4-1/4 inches across.

Count 42 stitches from where the cord was cut of, counting towards the right hand, work on the cord, with shaded scarlet, beginning at the 42nd stitch, 21 d.c. stitches; then turn on reverse side, and turn back every row, working ridged crochet, and, at the end of each row, instead of working an extra stitch, as is usually done in a straight piece of ridged crochet, to prevent its decreasing, omit the stitch, and by so doing, each row will be decreased 1 stitch till it comes to a point; work 3 more of these points, then, with the same wool, sew these up from the bottom to the point, sewing them flat on the finger, not seaming them, and sewing all the points strongly together at the top that they may not give way; this forms the pocket. Now take some elastic, such as is worn for sandals for shoes, it would be better to procure it 4 rows of India rubber wide instead of 2; with the point of the scissors, push the end through to the wrong side, between the 2 last rows of cord, and close to the broad end of the point, sew this end firmly on to the cord on the wrong side with black cotton, but very neatly; now draw the long end straight across the front to the opposite side, not drawing it too tight, or allowing it to be too loose push the end through on this side the same as the other, and sew it at the back in the same manner. Now, with black thread sew the pocket to the elastic, so that neither this nor the stitches are seen.

RINGS WITH MAIZE WOOL.—D.c. under the rings all round, 34 stitches will be about sufficient to cover the ring well, unite, and tie the ends in a knot neatly, then, with Maize colour cotton, sew the rings round, attaching them by the part where the wool was joined; now sew the rings together, be careful that not a stitch is seen through on the right side.

FOR THE FLOWERS.—With white wool make 9 ch. tightly, unite, and under this circle work 11 l. with 1 ch. between each, cut off the white.

Tie on with a weaver's knot the lightest blue, work 1 l. under each 1 ch., with 1 ch. between each, only let there be 12 l. instead of 11.

Next shade blue. Work this row rather loosely, d.c. under every 1 ch., then 1 ch., repeat; at the end draw down the end of blue wool, and tie it to the end of white; make 4 flowers this size, which should not be larger than the size of a sixpence. Now make 2 of larger size, working them exactly the same, only making 14 l. stitches of the white, and 15 l. stitches of the blue; now, with white wool sew on the two largest flowers on the centre seam of the pocket, then the 2 smaller ones on each side.

FOR THE LEAVES.—With darkest green make 8 ch., turn back, work 7 d.c. down, join on the next green; work 3 d.c. up, 4 l., and 4 l., into the top loop, 1 ch., 4 more l. into same loop, 4 l. down, 3 d.c., join on the lightest shade: work d.c. all round, and 3 d.c. into the 1 ch, but enclosing a wire pulled from white ribbon wire, taking care to bend the end of the wire back after the 1st and last stitch to prevent its slipping; make 6 of these leaves, arrange them as in engraving, and with dark green wool sew them on.

To prevent the pocket from curving, cover a narrow piece of whalebone the length with scarlet ribbon, and sew it across the centre on the wrong side.

Contents

TOILET SACHET.

MATERIALS..—Three-quarters of a pound of Brooks' Great Exhibition Prize Goat's-head Knitting Cord No. 16; and tapered indented Crochet Hook, No. 20. A yard of pink or blue ingrain gingham.

This article, made in the form of an envelope, is intended to hold the night-dress and cap, and lies on the pillow during the day, forming an elegant appendage to the drapery. The lining should, of course, be of a tint to suit the rest of the furniture, and may be of silk, if preferred; but, as gingham will wash with the cotton, it is less troublesome. The sachet is worked in crochet, the edging in knitting, for which the receipt will afterwards be given.

Make a chain of 285 stitches, with three more, which you will twist; miss these three, and work in d.c. along the row. Break off at the end.

2nd row: d.c., working on the third of the three chain at the beginning of the row, as if it were a d.c. stitch.

Observe, that as there are bits of thread left at the ends of each row, they should be worked in at the next, which may easily be done, as there are two close squares at the beginning and end of every row.

3rd: 2 close squares; then open squares till you come to within 7 d.c. of the end. Finish with 2 close squares.

4th *(b)* 2 close, 19 open, 4 close, 20 open, *(a)* 5 close.

5th: *(b)* 2 close, 14 open, 2 close, 2 open, 6 close, 17 open, *(a)* 9 close.

6th: *(b)* 2 close, 13 open, 4 close, 1 open, 6 close, 15 open, *(a)* 13 close.

TOILET SACHET.

7th: *(b)* 2 close, 8 open, 2 close, 2 open, 14 close, 12 open, 5 close, *(a)* 5 open.

8th: *(b)* 2 close, 7 open, 4 close, 1 open, 15 close, 10 open, 5 close, *(a)* 7 open.

9th: *(b)* 2 close, 3 open, 8 close, 1 open, 16 close, 8 open, 6 close, 2 open, *(a)* 3 close.

10th: *(b)* 2 close, 2 open, 2 close, 3 open, 10 close, 6 open, 5 close, 7 open, 7 close, 1 open, *(a)* 5 close.

11th: *(b)* 2 close, 1 open, 6 close, 1 open, 8 close, 1 open, 6 close, 1 open, 4 close, 7 open, 7 close, 1 open, 2 close, *(a)* 1 open.

12th: *(b)* 2 close, 4 open, 4 close, 1 open, 6 close, 1 open, 8 close, 1 open, 3 close, 6 open, 8 close, 1 open, 2 close, *(a)* 1 open.

13th: (b) 2 close, 5 open, 4 close, 1 open, 4 close, 1 open, 3 close, 4 open, 5 close, 3 open. 1 close, 2 open, 8 close, 1 open, 2 close, (a) 3 open.

14th: (b) 2 close, 6 open, 4 close, 1 open, 2 close, 1 open, 3 close, 6 open, 3 close, 4 open. 5 close, 1 open, 5 close, 1 open, 2 close, (a) 3 open.

15th: (b) 2 close, 5 open, 5 close, X 1 open, 2 close, X twice, 14 open, * 5 close, 1 open, * twice, 2 close, (a) 3 open.

16th: (b) 2 close, 4 open, 7 close, 1 open, 1 close, 1 open, 2 close, 15 open, 3 close, 2 open, 4 close, 1 open, 2 close, (a) 5 open.

17th: (b) 2 close, 6 open, 5 close, 1 open, 1 close, 1 open, 2 close, 20 open, 4 close, 1 open, 2 close, (a) 5 open.

18th: (b) 2 close, 7 open, 4 close, 1 open, 1 close, 1 open, 2 close, 19 open, 4 close, 1 open, 2 close, (a) 7 open.

19th: (b) 2 close, 8 open, 4 close, 2 open, 2 close, 11 open, 3 close, 5 open, 4 close, 1 open, 2 close, (a) 7 open.

20th: (b) 2 close, 8 open, 4 close, 2 open, 2 close, 9 open, 4 close, 5 open, 4 close, 1 open, 2 close, (a) 9 open.

21st: (6) 2 close, 9 open, 4 close, 1 open, 3 close, 7 open, 4 close, 5 open, 4 close, 1 open, 3 close, (a) 4 open, 3 close, 2 open.

22nd: (b) 2 close, 10 open, 3 close, 1 open, 4 close, 5 open, 6 close, 3 open, 4 close, 1 open, 3 close, (a) 3 open, 3 close, 1 open, 2 close, 2 open.

23rd: (b) 2 close, 11 open, 3 close, 1 open, 4 close, 5 open, 11 close, 1 open, 3 close, 3 open, 1 close, 1 open, 1 close, (a) 1 open.

24th: (b) 2 close, 6 open, 8 close, 2 open, 18 close, 1 open, 4 close, 3 open, 1 close, 1 open, 1 close, (a) 1 open.

25th: (b) 2 close, 5 open, 11 close, 2 open, 14 close, 2 open, 4 close, 3 open, 2 close, 1 open, 1 close, (a) 1 open.

26th: (b) 2 close, 4 open, 13 close, 2 open, 11 close, 3 open, 5 close, 3 open, 4 close, (a) 1 open.

27th: (b) 2 close, 3 open, 4 close, 7 open, 4 close, 3 open, 7 close, 4 open, 5 close, 3 open, (a) X 2 close, 1 open, X 3 times, 2 close.

28th: (b) 2 close, 2 open, 4 close, 22 open, 2 close, 1 open, 5 close, 4 open, 2 close, 1 open, 1 close, (a) 3 open.

29th: (b) 2 close, 1 open, 4 close, 1 open, 15 close, 2 open, 5 close, 3 open, 4 close, 4 open, 2 close, 1 open, 2 close, (a) 3 open.

30th: (b) 2 close, 1 open, 3 close, 1 open, 15 close, 2 open, 4 close, 2 open, 6 close, 5 open, 2 close, 1 open, (a) 3 close, 2 open, 2 close.

31st: (b) 2 close, X 1 open, 3 close, X twice, 5 open, 5 close, 2 open, 5 close, 1 open, 7 close, 5 open, 2 close, 1 open, 2 close, 2 open, (a) 1 close.

32nd: (b) 2 close, X 1 open, 2 close, X twice, 5 open, 5 close, 2 open, 6 close, 1 open, 7 close, 5 open, 3 close, 1 open, 2 close, 2 open, (a) 1 close.

33rd: (b) 2 close, 2 open, 4 close, 4 open, 6 close, 2 open, 5 close, 1 open, 7 close, 5 open, 3 close, 1 open, 2 close, 3 open, (a) 1 close.

34th: (b) 2 close, 2 open, 3 close, 3 open, 6 close, 3 open, 5 close, 1 open, 8 close, 4 open, 3 close, 1 open, 3 close, (a) 4 open, 1 close, 2 open.

35th: (b) 2 close, 3 open, 1 close, 3 open, 5 close, 4 open, X 5 close, 1 open, X twice, 2 close, 4 open, 3 close, 1 open, 3 close, (a) 5 open, 1 close, 3 open.

36th: (b) 2 close, 6 open, 5 close, 1 open, 2 close, 2 open, 4 close, 2 open, 4 close, 3 open, 1 close, 2 open, 4 close, 1 open, 4 close, (a) 5 open, 1 close, 3 open.

37th: (b) 2 close, 5 open, 4 close, 2 open, 3 close, X 1 open, 5 close, X twice, 5 open, 4 close, 1 open, 4 close, 3 open, (a) 3 close, 1 open, 1 close.

38th: (b) 2 close, 4 open, 4 close, 1 open, 4 close, 1 open, 6 close, 1 open, 4 close, 5 open, 3 close, 2 open, 4 close, (a) 2 open, 8 close, 3 open.

39th: (b) 2 close, 4 open, 3 close, 1 open, 5 close, 1 open, 3 close, X 1 open, 2 close, X twice, 1 open, 1 close, 4 open, 3 close, 1 open, 6 close, (a) 1 open, 2 close, 2 open, 2 close, 1 open, 3 close, 2 open.

40th: (b) 2 close, 3 open, 4 close, 1 open, 5 close, 1 open, 2 close, 2 open, 5 close, 5 open, 3 close, 1 open, 6 close, (a) 1 open, 2 close, 1 open, 7 close, 4 open, 1 close, 1 open, 2 close, 2 open.

41st: (*b*) 2 close, 3 open, 3 close, 1 open, 6 close, 1 open, 2 close, 2 open., 5 close, 5 open, 2 close, 1 open, 6 close, (*a*) 1 open, 2 close, 1 open, 7 close, 1 open, 2 close, 3 open.

42nd: (*b*) 2 close, 2 open, 3 close, 1 open, 6 close, 1 open, 3 close, 3 open, 3 close, 5 open, 2 close, 1 open, 6 close, (*a*) 2 open, 2 close, 1 open, 4 close, 1 open, 2 close, 1 open, 3 close, 3 open.

43rd (*b*) 2 close, 2 open, 2 close, 1 open, 7 close, 1 open, 3 close, 4 open, 3 close, 4 open, 2 close, 1 open, 4 close, 3 open, (*a*) 2 close, 1 open, 5 close, 1 open, 3 close, 1 open, 2 close, 5 open.

44th: (*b*) 2 close, 2 open, 4 close, 1 open, 5 close, 1 open, 3 close, 11 open, 4 close, (*a*) 6 open, 2 close, 1 open, 4 close, 2 open, X 1 close, 1 open, X twice, 2 close, 8 open.

45th: (*b*) 2 close, 2 open, 3 close, 2 open, 4 close, 1 open, 5 close, 10 open, 2 close, 2 open, 2 close, (*a*) 3 open, 2 close, 1 open, 4 close, X 1 open, 1 close, X 3 times, 1 open, 2 close, 6 open.

46th: (*b*) X 2 close, 2 open, X twice, 4 close, 2 open, 6 close, 9 open, 1 close, 2 open, 2 close, (*a*) 4 open, 2 close, 1 open, 3 close, * 1 open, 3 close, * twice, 2 open, 2 close, 7 open.

47th: (*b*) 2 close, 3 open, 1 close, 2 open, 3 close, 1 open, 1 close, 1 open, 7 close, 9 open, 4 close, (*a*) 4 open, 2 close, 1 open, 3 close, X 1 open, 2 close, X twice, 1 open, 3 close, 7 open.

48th: (*b*) 2 close, 5 open, 3 close, 1 open, X 2 close, 1 open, X twice, 3 close, 9 open, 4 close, (*a*) 6 open, 1 close, 1 open, 3 close, 1 open, 2 close, 1 open, 1 close, 2 open, 2 close, 9 open.

49th: (*b*) 2 close, 4 open, X 3 close, 1 open, X twice, 2 close, 13 open, 4 close, (*a*) 7 open, 1 close, 1 open, 6 close, 2 open, 3 close, 9 open.

50th: 2 close, 4 open, 2 close, 1 open, 4 close, 1 open, 2 close, 7 open, 1 close, 5 open, 3 close, (*a*) 8 open, 2 close, 1 open, 3 close, 2 open, 1 close, 1 open, 2 close, 11 open.

51st: (*b*) 2 close, 4 open, 4 close, 1 open, 2 close, 1 open, 3 close, 5 open, 2 close, 6 open, 3 close, (*a*) 8 open, 2 close, 3 open, 3 close, 1 open, 1 close,

11 open.

52nd: (*b*) 2 close, 5 open, X 2 close, 2 open, X twice, 3 close, 3 open, 3 close, (*a*) 19 open, 3 close, 1 open, 1 close, 23 open.

53rd: (*b*) 2 close, 6 open, 3 close, 2 open, 3 close, 2 open, 7 close, (*a*) 49 open.

54th: (*b*) 2 close, 10 open, 3 close, 4 open, 4 close, (*a*) 49 open.

55th: (*b*) 2 close, 11 open, 9 close, (*a*) 51 open.

56th: (*b*) 2 close, 12 open, 7 close (*a*) 53 open.

57th: 2 close, 13 open, 4 close, 57 open, 4 close, 13 open, 2 close.

58th to 78th row inclusive: 2 close squares at each end, and the intermediate all open squares. Finish with two rows double crochet. Two of these pieces are required.

FOR THE POINTED PIECE.—As the narrow edging with which this is trimmed is added at the sides, the piece itself is not so wide as that already given. Make a chain of 268 stitches, and work on one row in d.c.

The second is also worked in d.c., but diminished two squares at each end, thus: begin on the second d.c. stitch, slip 2, s.c. 2, d.c. till you come to within five of the end, then s.c. 2, slip 2.

Decrease the next and all succeeding rows one square at each end, by working on the first four d.c. stitches of the row 1 slip, 2 s.c., 1 d.c., after which three more d.c., the other end being made to correspond.

The row succeeding the two of d.c. is entirely in open square crochet, except these 7 stitches at the ends.

4th row: (*b*) 1 slip, 2 s.c., 4 d.c., 31 open squares, 3 close, 4 open, (*a*) 3 close. (Observe that in this and all the following rows, the first open square comes over the second of the preceding line. The first and last 7 stitches are not mentioned, as they occur in every row).

5th: (*b*) 28 open, 2 close, 3 open, 1 close, 2 open, 1 close, (*a*) 3 open.

6th: (*b*) 24 open, 3 close, 6 open, 1 close, 1 open, 1 close, (*a*) 3 open.

7th: (*b*) 23 open, 1 close, 9 open, 1 close, 1 open, (*a*) 3 close.

8th: 21 open, 1 close, 27 open, 1 close, 21 open.

9th: Here the initial begins. I have chosen an M as being a common letter; any other may be substituted; care being taken to place it in the exact centre of the space indicated between the brackets. 19 open, 1 close, [7 open, 1 close, 2 open, 2 close, 3 open, 3 close, 11 open,] 1 close, 19 open.

10th: 12 open, 3 close, 3 open, 1 close, [8 open, 3 close, 1 open, 1 close, 1 open, 2 close, 2 open, 1 close, 10 open,] 1 close, 3 open, 3 close, 12 open.

11th: 10 open, 1 close, 3 open, 1 close, 1 open, 1 close, [10 open, 1 close, X 3 open, 2 close, X twice, 10 open,] 1 close, 1 open, 1 close, 3 open, 1 close, 10 open.

12th: 9 open, X 1 close, 2 open, X twice, 1 close, [10 open, 2 close, 2 open, 2 close, 1 open, 1 close, 1 open, 3 close, 9 open,] 1 close, * 2 open, 1 close, * twice, 9 open.

13th: 9 open, 1 close, 3 open, 1 close, [11 open, 2 close, 2 open, 3 close, 2 open, 2 close, 11 open,] 1 close, 3 open, 1 close, 9 open.

14th: 9 open, 3 close, [12 open, X 2 close, 2 open, X twice, 3 close, 12 open,] 3 close, 9 open.

15th: 8 open, 3 close, [12 open, 2 close, 1 open, 3 close, 2 open, 2 close, 1 open, 1 close, 11 open,] 3 close, 8 open.

16th: 6 open, 1 close, 3 open, 1 close, [11 open, X 2 close, 2 open, X twice, 2 close, 12 open,] 1 close, 3 open, 1 close, 6 open.

17th: 4 open, X 1 close, 2 open, X twice, 1 close, [10 open, 2 close, 2 open, 2 close, 3 open, 1 close, 11 open,] * 1 close, 2 open, * twice, 1 close, 4 open.

18th: X 3 open, 1 close, X twice, 1 open, 1 close, [7 open, 1 close, X 2 open, 2 close, X twice, 1 open, 1 close, 2 open, 1 close, 10 open,] 1 close, 1 open, X 1 close, 1 open, X twice.

19th: 3 open, 3 close, 3 open, 1 close, [7 open, 4 close, 2 open, 2 close, 2 open, 1 close 2 open, 3 close, 6 open,] 1 close, 3 open, 3 close, 3 open.

20th: 8 open, 1 close, [8 open, 2 close, 2 open, 2 close, 4 open, 3 close, 2 open, 1 close, 5 open,] 1 close, 8 open. This is the last row of the letter.

21st: 8 open, 1 close, 27 open, 1 close, 8 open.

22nd: (*b*) 8 open, 1 close, 9 open, 1 close, 1 open (*a*) 3 close.

23rd: (*b*) 7 open, 3 close, 6 open, 1 close, 1 open, 1 close, (*a*) 3 open.

24th: (*b*) 9 open, 2 close, 3 open, 1 close, 2 open, 1 close, (*a*) 3 open.

25th: (*b*) 10 open, 3 close, 4 open, (*a*) 3 close.

26th: Open square crochet, except the ends.

27th: All d.c.

It will be remembered that when the letters *b a* occur, the stitches between are to be repeated backwards, those following the *a* being the centre of the line, whether few or many.

The knitted edgings for trimming this sachet are given separately; the narrow one trims the point, which is then sewed to the top of one of the squares; the two squares are then sewed together at the bottom and sides, and the broad lace goes all round. The whole is lined with silk or gingham.

Contents

A LADY'S NIGHTCAP IN CROCHET.

MATERIALS..—3 reels No. 20 Brooks' Great Exhibition Prize Goat's-head Crochet Cotton. No. 4 Penelope Hook.

Make 386 chain, turn back, work 1 l., 2 ch., 1 l. into 3rd loop, make 138 squares. 2nd row: Insertion.—6 sq., * 9 l., 3 sq., repeat from *, end with 9 sq.

A LADY'S NIGHTCAP.

3rd: Decrease a sq. by d.c. on 1st l. stitch, 3 ch., 1 l. on 2nd l., then 6 sq., * 9 l., 3 sq., repeat from *, end with 7 sq., decrease a sq.

4th: Decrease a sq., then 6 sq., * 9 l., 3 sq., repeat from *, end with 5 sq., decrease a sq.

5th: Decrease a sq., then 2 sq., * 9 l., 3 sq., these 3 sq., should come over the 9 l. of last row, repeat from *, end with 1 sq., decrease a sq.

6th: 1 sq., * 9 l., 3 sq., repeat from *, end with 3 sq.

7th: * 9 l., 3 sq., repeat from *, end with 4 sq.

8th and 9th: 2 rows of squares.

10th: Decrease a sq., then 8 sq., 5 ch., 1 l. under every 2 ch. till within 9 squares of the end, then 8 sq., decrease a sq.

11th: Decrease a sq., then 7 sq., 5 ch., 1 l. under every 5 ch., then 7 sq., decrease a sq.

12th: 7 sq., 5 ch., 1 l. under every 5 ch., 7 sq.

13th: Decrease a sq., then 6 sq., 5 ch., 1 l. under every 5, 6 sq., decrease a sq.

14th: 6 sq., work as before, end with 6 sq.

15th: Decrease a sq., 5 sq., work as before, then 5 sq., decrease a sq.

16th: 5 sq., 1 l. under every 5 ch., with 2 ch. between each 5 sq.

17th and 18th: 2 rows of squares.

19th: Begin with 6 sq., then work the same as at 1st row of insertion, and end with 9 sq.

20th: Begin with 7 sq., work as 2nd row of insertion, end with 10 sq.

21st: Begin with 8 sq., work as 3rd row of insertion, end with 5 sq.

22nd: Begin with 5 sq., work as 4th row of insertion, end with 5 sq.

23rd: Begin with 4 sq., work as 5th row of insertion, end with 6 sq.

24th: Begin with 3 sq., work as 6th row of insertion, end with 7 sq.

25th, 26, and 27th: 3 rows of squares.

To SLOPE THE BACK OF THE CAP.—Begin on the right side of the work, under the 1st 2 ch., work 2 l. with 2 ch. between each, then 2 ch., 1 l. on next l., this must be carefully attended to, otherwise 1 stitch will be lost; after this, work 38 sq., then 2 ch., d.c. on next l., turn on reverse side, 3 ch., d.c. on 1st l., then 2 ch., 1 l. on next l., then 38 sq., 2 ch., 1 l. under the last 2 ch., 2 ch., 1 more l. under same, turn on reverse side, 5 ch., 1 l., under the 1st 2 ch., 2 ch., 1 l. on next l.; after this, work 16 sq., 2 ch., d.c. on next l., turn on reverse side, 3 ch., d.c. on 1st l., 2 ch., d.c. on next l., 2 ch., 1 l. on next l.; after this, work 15 sq., 2 ch., 1 l. into the 5 ch. at the end, turn on reverse side, 5 ch., 1 l. under 1st 2 ch. 2 ch., 1 l. on next l.; after this, work 8 sq., 2 ch., d.c. on next l., turn on reverse side, 3 ch., d.c. on 1st l., 2 ch., 1 l.

on next l.; after this, work 8 sq., 2 ch., 1 l. under the 5 ch., turn on reverse side, 5 ch., 1 l., under 2 ch., 2 ch., 1 l. on 1st l.; after this, work 5 sq., 2 ch., d.c. on next l., turn on reverse side, 3 ch., d.c. on 1st l., 2 ch., 1 l. on next l.; after this, work 5 sq., 2 ch., 1 l. under 5 ch., turn on reverse side, 5 ch., 1 l. under 2 ch., 2 ch., 1 l. on next l.; after this, work 3 sq., 2 ch., d.c. on next l., turn on reverse side, 3 ch., d.c. on 1st l., 2 ch., 1 l. on next l.; after this, work 3 sq., 2 ch., 1 l. under the 5 ch., turn on reverse side, 5 ch., 1 l. under the 2 ch., 2 ch., 1 l. on next l.; after this, work 2 sq., 2 ch., d.c. on next l., turn on reverse side, 3 ch., d.c. on 1st l., 2 ch., 1 l. on next l.; after this, work 2 sq., 2 ch., 1 l. under 5 ch., turn on reverse side, 5 ch., 1 l. under 2 ch., 2 ch., 1 l. on next l.; after this, work 1 sq., 2 ch., d.c. on next l. This finishes the slope on one side; now slope the other side the same, only beginning on the wrong side of the work instead of the right. Now crochet the two sides together, and under every space, and under the chain stitches which form the slope, all round and where the crown is to be sewed in, work 2 d.c. stitches; and round the front and back, where the border will be worked, crotchet 3 d.c. stitches into every space, making 7 d.c. at the 2 corners.

FOR THE CROWN OF THE CAP.—Make 7 ch., unite, 7 ch., d.c. into every loop, thus making 7 chains of seven. The cotton must be cut off at every row.

2nd: D.c. into centre loop of 7, 7 ch., repeat.

3rd: D.c. into centre loop of 7, 7 ch., d.c. on d.c. stitch, 7 ch., repeat.

4th: Same as 2nd.

5th: Same as 3rd.

6th: Same as 2nd.

8th: Same as 3rd.

Now repeat again 2nd, 3rd and 2nd rows.

12th: D.c. into centre loop of 7, 5 ch., repeat.

13th: 1 l., 2 ch., 1 l. into 3rd loop all round, including the d.c. stitches. In this row there are not sufficient stitches for the next row by 5, therefore for 5 times miss 1 loop instead of 2, at different intervals. There must be 114 squares in this row, therefore it is not very material whether 1 loop or 2 be missed occasionally, so that 114 squares are made.

14th: 10 l., 3 sq., * 9 l., 3 sq., repeat from * all round

15th: 10 l. the 1st on 4th l. of the 10 l, * 3 sq., 9 l., repeat from *.

16th: Same as last.

17th: 10 l. the 1st on the last of the 9 l., * 3 sq., 9 l., repeat from *.

18th: 10 l. the 1st on the last l. of the 2nd sq., * 3 sq., 9 l., repeat from *.

19th: The same as last row. This pattern is simply the same as the insertion in the front.

20th: 1 l., 2 ch., miss 1 loop, repeat.

21st: 5 ch., d c. on every l.

22nd: 5 ch., d.c. into centre loop of 5 ch., repeat.

23rd, 24th, 25th, 26th, and 27th: The same as 22nd.

28th: 1 l. into the centre loop of the 5 ch., 2 ch., repeat.

29th: Begin on a l. stitch, 10 l. in the next 7 loops, including the 1st stitch, 3 sq., 9 l., in the next 7 loops, 3 sq., 9 l., in the next 7 loops, * 3 sq., 9 l. in the next 9 loops, repeat from *; the reason for commencing the row in this manner is, that there were not squares enough in the last row for the pattern. This row is the same as the 14th row. Now work as at 15th, 16th, 17th, 18th, and 19th rows.

Now 1 l., 2 ch., 1 l. into 3rd loop.

Now 1 l. on l., 2 ch., repeat.

2 d.c. under ever 2 ch., worked tightly. Now sew the crown into the front, gathering it in as it may be required.

BORDER.—1st row: Work all round 1 l. into every loop, with 2 ch. between each.

2nd: 5 ch., 1 l. under every 2 ch., all round.

3rd and 4th: 1 l. under the 5 ch., 5 ch., repeat.

5th: Work an extra row the same as the last, along the front, beginning and ending at the ears, just where the chains of 5, in the centre of the 2 rows of insertion, begin.

6th: Work all round, * 5 l., with 3 ch. between each, under the 5 ch., 3 ch., d.c. under next 5, 3 ch, d.c. under next 5, 3 ch., d.c. under next 5, 3 ch., repeat from * under next 5.

7th: 3 ch., d.c. under every 3 ch., all round. Narrow ribbon, or wide white cotton-braid, may be drawn in round the crown and along the front, but it is not actually necessary excepting for ornament.

Contents

SHAVING TIDY.

MATERIALS..—No. 16 Brooks' Great Exhibition Prize Goat's-head Crochet Cotton. No. 4 Penelope Hook.

1st row: Make 180 chain, turn back, 1 l. into 9th loop, in the next row this forms 1 sq., by working the 1st l. into the 5th loop of the 8 ch., new 2 ch., 1 l. into 3rd loop till there are 58 sq.

2nd: 1 row all squares.

3rd: 6 sq., 3 l., 51 sq.

4th: 5 sq., 3 l., 3 sq., 15 l., 44 sq.

5th: 5 sq., 3 l., 2 sq., 9 l., 3 sq., 3 l., 43 sq.

6th: 6 sq., 12 l., 4 sq., 3 l., 43 sq.

7th and 8th: 14 sq., 3 l., 43 sq.

9th: 13 sq., 3 l., 24 sq., 3 l., 19 sq.

10th: 8 sq., 15 l., 7 sq., 12 l., 3 sq., 3 l., 5 sq., 9 l., 3 sq., 3 l., 3 sq., 18 l., 9 sq.

11th: 6 sq., 6 l., 1 sq., 3 l., 1 sq., 6 l., 5 sq., 6 l., 2 sq., 15 l., 5 sq., 3 l., 2 sq., 6 l., 2 sq., 3 l., 2 sq., 3 l., 5 sq., 6 l., 8 sq.

12th: 5 sq., 6 l., 2 sq.; 3 l., 1 sq., 6 l., 4 sq., 6 l., 4 sq., 3 l., 3 sq., 3 l., 3 sq., 6 l., 1 sq., 3 l., 1 sq., 9 l., 2 sq., 3 l., 3 sq., 3 l., 3 sq., 6 l., 7 sq.

13th: 5 sq., 6 l., 2 sq., 3 l., 1 sq., 6 l., 4 sq., 6 l., 4 sq., 3 l., 2 sq., 3 l., 4 sq., 6 l., 1 sq., 3 l., 10 sq., 6 l., 2 sq., 6 l., 7 sq.

14th: 5 sq., 6 l., 1 sq., 6 l., 1 sq., 6 l., 1 sq., 3 l., 2 sq., 6 l., 3 sq., 6 l., 1 sq., 6 l., 4 sq., 6 l., 1 sq., 3 l., 10 sq., 6 l., 2 sq., 6 l., 7 sq.

15th: 5 sq., 6 l., 2 sq., 3 l., 1 sq., 9 l., 3 sq., 6 l., 4 sq., 3 l., 1 sq., 9 l.; 3 sq., 6 l., 1 sq., 3 l., 1 sq., 3 l., 8 sq., 6 l., 2 sq., 6 l., 7 sq.

16th: 5 sq., 6 l., 1 sq., 6 l., 1 sq., 6 l., 4 sq., 6 l., 3 sq., 6 l., 1 sq., 6 l., 4 sq., 6 l., 1 sq., 6 l., 9 sq., 6 l., 2 sq., 6 l., 7 sq.

17th: 5 sq., 6 l., 2 sq., 3 l., 1 sq., 6 l., 4 sq., 6 l., 4 sq., 3 l., 1 sq., 6 l., 4 sq., 6 l., 1 sq., 3 l., 10 sq., 6 l., 2 sq., 3 l., 8 sq.

18th: 5 sq., 6 l., 2 sq., 3 l., 1 sq., 6 l., 4 sq., 6 l., 4 sq., 3 l., 1 sq., 3 l., 5 sq., 6 l., 1 sq., 3 l., 2 sq., 3 l., 7 sq., 3 l., 2 sq., 3 l., 3 sq., 3 l., 5 sq.

A SHAVING TIDY.

19th: 5 sq., 6 l., 2 sq., 3 l., 1 sq., 9 l., 1 sq., 3 l., 1 sq., 9 l., 3 sq., 15 l., 3 sq., 9 l., 4 sq., 3 l., 3 sq., 18 l., 4 sq., 3 l., 5 sq.

20th: 5 sq., 9 l., 1 sq., 6 l., 1 sq., 9 l., 3 sq., 33 l., 2 sq., 3 l., 1 sq., 9 l., 2 sq., 6 l., 1 sq., 3 l., 3 sq., 21 l., 6 sq.

21st: 6 sq., 9 l., 2 sq., 3 l., 1 sq., 3 l., 5 sq., 15 l., 4 sq., 3 l., 1 sq., 3 l., 3 sq., 12 l., 3 sq., 3 l., 5 sq., 12 l., 7 sq.

22nd: 11 sq., 3 l., 4 sq.

23rd and 24th: 58 sq.

25th: 5 sq., 3 l., 3 sq., 3 l., 48 sq.

26th: 4 sq., 3 l., 1 sq., 3 l., 49 sq.

27th: 3 sq., 3 l., 35 sq., 3 l., 18 sq.

28th: 3 sq., 6 l., 33 sq., 3 l., 19 sq.

29th: 4 sq., 12 l., 2 sq., 6 l., 1 sq., 6 l., 4 sq., 6 l., 5 sq., 6 l., 4 sq., 6 l., 1 sq., 6 l., 1 sq., 3 l., 3 sq., 3 l., 3 sq., 12 l., 4 sq., 3 l., 3 sq.

30th: 4 sq., 3 l., 2 sq., 3 l., 1 sq., 3 l., 1 sq., 3 l., 2 sq., 3 l., 3 sq., 3 l., 1 sq., 3 l., 3 sq., 6 l., 1 sq., 3 l., 3 sq., 3 l., 1 sq., 3 l., 2 sq., 3 l., 1 sq., 3 l., 3 sq., 3 l., 2 sq., 6 l., 1 sq., 21 l., 3 sq.

31st: 4 sq., 3 l., 2 sq., 3 l., 3 sq., 3 l., 2 sq., 3 l., 5 sq., 3 l., 3 sq., 3 l., 2 sq., 3 l., 5 sq., 12 l., 1 sq., 3 l., 3 sq., 3 l., 1 sq., 6 l., 3 sq., 15 l., 4 sq.

32nd: 4 sq., 3 l., 2 sq., 3 l., 3 sq., 3 l., 1 sq., 6 l., 1 sq., 3 l., 3 sq., 3 l., 1 sq., 3., 1 sq., 3 l., 1 sq., 6 l., 1 sq., 3 l., 3 sq., 3 l., 1 sq., 3 l., 2 sq., 3 l., 2 sq., 6 l., 1 sq., 6 l., 4 sq., 3 l, 7 sq.

33rd: 5 sq., 6 l., 4 sq., 6 l., 1 sq., 6 l., 4 sq., 6 l., 2 sq., 6 l., 1 sq., 6 l., 4 sq., 6 l., 4 sq., 6 l., 1 sq., 3., 1 sq., 3 l., 1 sq., 21 l., 5 sq.

34th: 42 sq., 3 l., 2 sq., 3 l., 1 sq., 21 l., 1 sq.

35th: 42 sq., 3 l., 2 l., 6 l., 1 sq., 3 l., 4 sq., 6 l., 3 sq.

36th: 20 sq., 3 l., 21 sq., 3 l., 3 sq., 21 l., 1 sq., 3 l., 3 sq.

37th: 28 sq., 3 l., 2 sq., 3 l., 5 sq., 24 l., 3 sq.

38th: 39 sq., 6 l., 4 sq., 3 l., 7 sq., 3 l., 4 sq.

39th: 45 sq., 6 l., 2 sq., 6 l., 2 sq., 3 l., 4 sq.

40th: 45 sq., 12 l., 1 sq., 9 l., 5 sq.

41st and 42nd: Two rows of squares.

Now work 3 d.c. into ever space on three sides, but not on the side above the top of the letters, making 7 d.c. at each corner.

BORDER.—1st row: Begin at the side where the letter S is, 3 l. the first into 1st loop, 3 ch., 3 l. the 1st into 4th loop, repeat this till within 4 loops of the corner, then in the corner loop make 3 l., 3 ch., 3 more l. into same loop, now 3 ch., miss 3 loops, then 3 l. the 1st into 4th loop, now repeat till the corner loop of next corner, then 3 ch., then 3 l. into the same loop in which the last of the 3 l. was worked, now 3 ch., 3 l. the 1st into 4th loop, and repeat.

2nd: When at the end, turn back, work 3 l. on l., 3 ch., repeat; at the corner, after the last 3 l. and 3 ch., make 3 l. under the 3 ch. at corner, 3 ch., 3 more l. under same, 3 ch. 3 l. on l., repeat.

3rd: Turn back and work the same.

4th: Turn back, d.c. on the 1st of the l. stitches, * 5 ch., 3 d.c. under the 3 ch, repeat from *.

5th: Turn back, 6 ch., 3 d.c. on the d.c., repeat.

6th: Turn back, 7 ch, 3 d.c. on d.c., repeat.

Now, along the top work a row of extra long stitches, made by twisting the cotton twice over the hook instead of once, beginning on the d.c. stitches of the border, and working 5 l. stitches across the width of the border at regular spaces, then 1 l., 2 ch., 1 l. on every l. across the squares, terminating with 5 l. in the width of the border.

Now 3 d.c. into every space between the l. stitches, then crochet the two pieces together on the right side of the work, or sewing will do as well. If the tidy should require washing, let it now be done, and pressed between a double linen cloth, under a heavy weight; when dry, line it with coloured cambric, omitting the border; double it in half, and run a small tuck at the bottom of the extra l. stitches; in this tuck insert a narrow piece of whalebone, not quite so long as the work, and secure it at both ends; get a yard of satin ribbon, place a pin in the centre, and on one side of this pin sew on to the ribbon some pieces of old linen fringed about 3 inches in width, and 8 inches long, if this is doubled over the ribbon it will make each piece 4 inches long; sew then on the other side of the pin some soft chamois leather the same width and length, now place it in the centre of the tidy, draw the ribbon over, and tie it in a bow at the back. This should be laid on the toilet table, and not hung up; it will have the appearance of a book.

Contents

EXHIBITION OVAL TIDY FOR EASY CHAIR.

MATERIALS..—12 Reels No. 10 or 12 Brooks' Great Exhibition Prize Goat's-head Crochet Cotton. No. 3 Penelope Hook.

Make 266 chain stitches; this chain must be worked very evenly and well, as it is the centre of the pattern, and will have to be worked into on the other side after the 33rd row; turn back 1 l., into 4th loop from hook, 3 more long into successive loops, now 14 square, formed by working 2 ch., 1 l. into 3rd loop, 3 l., 4 sq., 6 l., 1 sq., 6 l., 6 sq., 15 l., 3 sq., 9 l., 1 sq., 3 l., 2 sq., 12 l., 1 sq., 12 l., 2 sq., 3 l., 1 sq., 3 l., 1 sq., 3 l., 1 sq., 3 l., 1 sq., 15 l., 2 sq., 9 l., 11 sq., 3 l.

The cotton must be cut off every row.

2nd: 4 l., 7 sq., 6 l., 2 sq., 3 l., 2 sq., 3 l., 3 sq., 21 l., 2 sq., 6 l., 1 sq., 15 l., 1 sq., 6 l., 2 sq., 6 l., 1 sq., 18 l., 1 sq., 18 l., 1 sq., 9 l., 1 sq., 9 l., 1 sq., 3 l., 1 sq., 3 l., 4 sq., 9 l., 10 sq., 3 l.

3rd: 4 l., 9 sq., 9 l., 3 sq., 3 l., 2 sq., 9 l., 1 sq., 9 l., 2 sq., 9 l., 1 sq., 9 l., 1 sq., 9 l., 3 sq., 3 l., 1 sq., 18 l., 1 sq., 18 l., 1 sq., 21 l., 10 sq., 3 l., 10 sq., 3 l.

4th: 4 l., 8 sq., 3 l., 3 sq., 6 l., 2 sq., 6 l., 1 sq., 3 l., 1 sq., 3 l., 1 sq., 3 l., 1 sq., 27 l., 1 sq., 15 l., 1 sq., 6 l., 1 sq., 33 l., 3 sq., 6 l., 1 sq., 6 l., 1 sq., 6 l., 1 sq., 6 l., 16 sq., 3 l.

5th: 4 l., 12 sq., 12 l., 2 sq., 9 l., 1 sq., 6 l., 1 sq., 18 l., 2 sq., 21 l., 1 sq., 3 l. 4 sq., 6 l., 3 sq., 6 l., 4 sq., 3 l., 2 sq., 3 l., 3 sq., 15 l., 2 sq., 3 l., 13 sq., 3 l.

6th: 4 l., 11 sq., 6 l., 1 sq., 6 l., 2 sq., 21 l., 1 sq., 12 l., 1 sq., 6 l., 2 sq., 12 l., 3 sq., 15 l., 2 sq., 3 l., 2 sq., 15 l., 3 sq., 12 l., 1 sq., 3 l., 1 sq., 3 l., 1 sq., 6 l., 3 sq., 3 l., 10 sq., 3 l.

7th: 4 l., 11 sq., 12 l., 4 sq., 6 l., 1 sq., 6 l., 5 sq., 3 l., 3 sq., 6 l., 1 sq., 3 l., 2 sq., 9 l., 1 sq., 15 l., 3 sq., 21 l., 2 sq., 6 l., 2 sq., 15 l., 1 sq., 12 l., 11 sq., 3 l.

8th: 7 l., 8 sq., 6 l., 2 sq., 6 l., 6 sq., 3 l., 5 sq., 12 l., 3 sq., 3 l., 1 sq., 18 l., 1 sq., 45 l., 3 sq., 6 l., 1 sq., 6 l., 1 sq., 6 l., 2 sq., 3 l., 2 sq., 6 l., 8 sq., 6 l.; the cotton at the end of every row must now be left sufficiently long to run in with a needle, not as before the end woven in with the last stitch.

9th: 4 l. the 1st on the 4th l. of last row, this is to form the oval, 9 sq., 3 l., 8 sq., 9 l., 4 sq., 15 l., 4 sq., 3 l., 1 sq., 12 l., 1 sq., 12 l., 1 sq., 15 l., 1 sq., 9 l.,

3 sq., 3 l., 2 sq., 3 l., 6 sq., 3 l., 2 sq., 3 l., 3 sq., 3 l., 7 sq., 3 l.

10th: 4 l. the 1st on 4th l., 7 sq., 6 l., 7 sq., 12 l., 2 sq. 3 l., 2 sq., 18 l., 3 sq., 3 l., 1 sq., 15 l., 1 sq., 9 l., 1 sq., 15 l., 1 sq., 9 l., 2 sq., 6 l., 6 sq., 3 l., 2 sq., 3 l., 14 sq., 3 l.

11th: 7 l., 5 sq., 3 l., 8 sq., 12 l., 4 sq., 6 l., 1 sq., 9 l., 1 sq., 9 l., 2 sq., 6 l., 1 sq., 9 l., 1 sq., 21 l., 3 sq., 9 l., 1 sq., 9 l., 1 sq., 6 l., 4 sq., 3 l., 12 sq., 6 l.

12th: 4 l. the 1st on 4th l., 14 sq., 3 l., 13 sq., 27 l., 3 sq., 3 l., 3 sq., 21 l., 1 sq., 9 l., 2 sq., 15 l., 19 sq., 3 l.

OVAL TIDY FOR EASY CHAIR.

13th: 7 l., 18 sq., 3 l., 1 sq., 9 l., 4 sq., 12 l., 1 sq., 15 l., 1 sq., 3 l., 1 sq., 6 l., 2 sq., 6 l., 1 sq., 6 l., 1 sq., 15 l., 1 sq., 15 l., 18 sq., 6 l.

14th: 4 l. the 1st on 4th l., 15 sq., 3 l., 3 sq., 3 l., 1 sq., 9 l., 3 sq., 12 l., 1 sq., 15 l., 3 sq., 12 l., 6 sq., 15 l., 1 sq., 9 l., 1 sq., 3 l., 18 sq., 3 l.

15th: 7 l., 9 sq., 3 l., 5 sq., 3 l., 2 sq., 24 l., 1 sq., 6 l., 2 sq., 9 l., 4 sq., 6 l., 1 sq., 6 l., 6 sq., 3 l., 1 sq., 9 l., 2 sq., 9 l., 3 sq., 3 l., 14 sq., 6 l.

16th: 4 l. the 1st on 4th l., 10 sq., 9 l., 2 sq., 3 l., 2 sq., 15 l., 1 sq., 3 l., 5 sq., 3 l., 1 sq., 6 l., 4 sq., 12 l., 1 sq., 6 l., 5 sq., 9 l., 1 sq., 6 l., 3 sq., 9 l., 15 sq., 3 l.

17th: 7 l., 12 sq., 12 l., 2 sq., 9 l., 1 sq., 9 l., 3 sq., 9 l., 4 sq., 6 l., 2 sq., 6 l., 1 sq., 12 l., 2 sq., 3 l., 3 sq., 12 l. 2 sq., 3 l., 16 sq., 6 l.

18th: 7 l. the 1st on 4th l., 10 sq., 3 l., 4 sq., 6 l., 3 sq., 15 l., 1 sq., 6 l., 1 sq., 3 l., 4 sq., 12 l., 2 sq., 6 l., 1 sq., 6 l., 1 sq., 3 l., 4 sq., 6 l., 1 sq., 3 l., 3 sq., 9 l., 12 sq., 6 l.

19th: 7 l. the 1st on 4th l., 13 sq., 12 l., 2 sq., 15 l., 4 sq., 3 l., 3 sq., 6 l., 1 sq., 6 l., 2 sq., 12 l., 6 sq., 3 l., 1 sq., 6 l., 4 sq., 3 l., 2 sq., 6 l., 9 sq., 6 l.

20th: 7 l. the 1st on 4th l., 12 sq., 3 l., 1 sq., 6 l., 2 sq., 9 l., 1 sq., 3 l., 3 sq., 9 l., 2 sq., 12 l., 1 sq., 6 l., 2 sq., 6 l., 6 sq., 3 l., 3 sq., 6 l., 3 sq., 3 l., 3 sq., 3 l., 7 sq., 6 l.

21st: 7 l. the 1st on 4th l., 9 sq., 6 l., 1 sq., 6 l., 4 sq., 9 l., 3 sq., 6 l., 1 sq., 3 l., 4 sq., 6 l., 1 sq., 12 l., 7 sq., 3 l., 4 sq., 3 l., 1 sq., 3 l., 13 sq., 6 l.

22nd: 7 l. the 1st on 4th l., 7 sq., 3 l., 7 sq., 6 l., 5 sq., 3 l., 1 sq., 3 l., 2 sq., 3 l., 2 sq., 3 l., 2 sq., 6 l., 1 sq., 6 l., 12 sq., 3 l., 14 sq., 6 l.

23rd: 7 l., beginning on 4th l., 13 sq., 3 l., 1 sq., 3 l., 7 sq., 3 l., 5 sq., 3 l., 2 sq., 12 l., 1 sq., 3 l., 10 sq., 3 l., 1 sq., 3 l., 12 sq., 6 l.

24th: 7 l., beginning on 4th l., 14 sq., 3 l., 6 sq., 3 l., 1 sq., 3 l., 4 sq., 3 l., 4 sq., 6 l., 2 sq., 6 l., 10 sq., 3 l., 11 sq., 6 l.

25th: 10 l. the 1st on 4th l., 11 sq., 3 l., 7 sq., 3 l., 5 sq., 3 l., 4 sq., 3 l., 6 sq., 3 l., 10 sq., 3 l., 8 sq., 9 l.

26th: 7 l. the 1st on 7th l., 18 sq., 3 l., 10 sq., 3 l., 25 sq., 6 l.

27th: 10 l. the 1st on 4th l., 15 sq., 3 l., 12 sq., 3 l., 22 sq., 9 l.

28th: 10 l. the 1st on 7th l., 25 sq., 3 l., 1 sq., 3 l., 19 sq., 9 l.

29th: 13 l. the 1st on 7th l., 21 sq., 3 l., 3 sq., 3 l., 15 sq., 12 l.

30th: 13 l. the 1st on 10th l., 35 sq., 12 l.

31st: 16 l. the 1st on 10th l., 27 sq., 15 l.

32nd: 19 l. the 1st on 13th l., 17 sq., 18 l.

33rd: 58 l., the 1st on 16th l.

34th: Now work the other half, keeping on the right side of the work, and working on the other side of the foundation chain, 4 l., 12 sq., 12 l., 1 sq., 3 l., 1 sq., 3 l., 1 sq., 9 l., 1 sq., 9 l., 3 sq., 9 l., 3 sq., 9 l., 4 sq., 3 l., 5 sq., 6 l., 1 sq., 6 l., 1 sq., 6 l., 1 sq., 6 l., 7 sq., 3 l., 2 sq., 4 l., 13 sq., 3 l.

35th: 4 l., 9 sq., 15 l., 2 sq., 12 l., 1 sq., 21 l., 7 sq., 6 l., 3 sq., 9 l., 1 sq., 3 l., 1 sq., 12 l., 5 sq., 21 l., 1 sq., 6 l., 1 sq., 6 l., 6 sq., 3 l., 10 sq., 3 l.

36th: 4 l., 8 sq., 9 l., 1 sq., 6 l., 3 sq., 3 l., 1 sq., 3 l., 2 sq., 6 l., 1 sq., 6 l., 1 sq., 9 l., 1 sq., 9 l., 1 sq., 3 l., 2 sq., 15 l., 1 sq., 18 l., 4 sq., 9 l., 1 sq., 9 l., 1 sq., 15 l., 2 sq., 3 l., 1 sq., 6 l., 11 sq., 3 l.

37th: 4 l., 7 sq., 6 l., 2 sq., 6 l., 3 sq., 3 l., 4 sq., 3 l., 5 sq., 12 l., 1 sq., 12 l., 1 sq., 3 l., 1 sq., 15 l., 1 sq., 18 l., 2 sq., 3 l., 2 sq., 3 l., 1 sq., 3 l., 1 sq., 3 l., 3 sq., 3 l., 1 sq., 3 l., 1 sq., 12 l., 3 sq., 3 l., 9 sq., 3 l.

38th: 4 l., 11 sq., 3 l., 3 sq., 3 l., 11 sq., 27 l., 3 sq., 36 l., 1 sq., 6 l., 1 sq., 9 l., 1 sq., 9 l., 1 sq., 15 l., 1 sq., 3 l., 2 sq., 9 l., 10 sq., 3 l.

39th: 4 l., 21 sq., 9 l., 1 sq., 3 l., 1 sq., 12 l., 1 sq., 12 l., 5 sq., 6 l., 3 sq., 12 l., 3 sq., 6 l., 1 sq., 21 l., 1 sq., 6 l., 1 sq., 6 l., 1 sq., 6 l., 1 sq., 3 l., 2 sq., 6 l., 3 sq., 3 l.

40th: 7 l., 16 sq., 9 l., 3 sq., 12 l., 2 sq., 3 l., 1 sq., 3 l., 1 sq., 3 l., 4 sq., 12 l., 2 sq., 3 l., 2 sq., 3 l., 2 sq., 9 l., 3 sq., 6 l., 1 sq., 6 l., 4 sq., 3 l., 4 sq., 3 l., 2 sq., 3 l., 3 sq., 3 l., 6 sq., 6 l.

41st: 4 l. the 1st on 4th l., 13 sq., 9 l., 2 sq., 12 l., 1 sq., 3 l., 2 sq., 12 l., 1 sq., 2 l., 1 sq., 15 l., 1 sq., 3 l., 1 sq., 3 l., 1 sq., 9 l., 2 sq., 12 l., 9 sq., 3 l., 18 sq., 3 l.

42nd: 4 l., 15 sq., 9 l., 1 sq., 3 l., 6 sq., 27 l., 1 sq., 15 l., 2 sq., 3 l., 2 sq., 12 l., 2 sq., 3 l., 1 sq., 9 l., 1 sq., 12 l., 3 sq., 3 l., 17 sq., 3 l.

43rd: 7 l., 10 sq., 12 l., 2 sq., 3 l., 1 sq., 3 l., 1 sq., 9 l., 2 sq., 12 l., 1 sq., 12 l., 1 sq., 18 l., 3 sq., 15 l., 2 sq., 3 l., 3 sq., 9 l., 1 sq., 9 l., 19 sq., 6 l.

44th: 4 l. the 1st on 4th l., 11 sq., 3 l., 1 sq., 3 l., 1 sq., 6 l., 5 sq., 9 l., 1 sq., 9 l., 1 sq., 9 l., 3 sq., 9 l., 1 sq., 27 l., 4 sq., 9 l., 1 sq., 18 l., 18 sq., 3 l.

45th: 7 l., 7 sq., 9 l., 2 sq., 3 l., 1 sq., 3 l., 2 sq., 9 l., 1 sq., 3 l., 1 sq., 6 l., 3 sq., 3 l., 5 sq., 3 l., 3 sq., 15 l., 1 sq., 9 l., 1 sq., 3 l., 2 sq., 6 l., 1 sq., 6 l., 1 sq., 12 l., 5 sq., 3 l., 12 sq., 6 l.

46th: 4 l. the 1st on 4th l., 8 sq., 3 l., 2 sq., 3 l., 4 sq., 21 l., 1 sq., 3 l., 3 sq., 3 l., 2 sq., 9 l., 4 sq., 15 l., 5 sq., 6 l., 1 sq., 12 l., 1 sq., 3 l., 4 sq., 15 l., 13 sq., 3 l.

47th: 7 l., 7 sq., 3 l., 10 sq., 3 l., 1 sq., 6 l., 1 sq., 3 l., 2 sq., 3 l., 2 sq., 15 l., 3 sq., 15 l., 5 sq., 6 l, 1 sq., 12 l., 1 sq., 9 l., 3 sq., 3 l., 1 sq., 3 l., 3 sq., 3 l., 9 sq., 6 l.

48th: 4 l. the 1st on 4th l., 5 sq., 3 l., 7 sq., 12 l., 2 sq., 6 l., 7 sq., 15 l., 4 sq., 9 l., 2 sq., 9 l., 2 sq., 3 l., 1 sq., 9 l., 2 sq., 3 l., 1 sq., 6 l., 2 sq., 3 l., 2 sq., 9 l., 10 sq., 3 l.

49th: 7 l., 12 sq., 9 l., 1 sq., 6 l., 2 sq., 3 l., 7 sq., 3 l., 1 sq., 9 l., 3 sq., 3 l., 3 sq., 18 l., 3 sq., 3 l., 4 sq., 12 l., 3 sq., 3 l., 1 sq., 3 l., 2 sq., 6 l., 7 sq., 6 l.

50th: 7 l. the 1st on 4th l., 14 sq., 3 l., 1 sq., 6 l., 6 sq., 6 l., 2 sq., 9 l., 9 sq., 15 l., 8 sq., 15 l., 5 sq., 3 l., 3 sq., 3 l., 5 sq., 6 l.

51st: 7 l. the 1st on 4th l., 12 sq., 6 l., 1 sq., 6 l., 7 sq., 9 l., 3 sq., 6 l., 4 sq., 6 l., 1 sq., 9 l., 1 sq., 3 l., 9 sq., 12 l., 14 sq., 6 l.

52nd: 7 l. the 1st on 4th l., 11 sq., 6 l., 2 sq., 3 l., 5 sq., 3 l., 3 sq., 3 l., 3 sq., 3 l., 1 sq., 3 l., 2 sq., 12 l., 1 sq., 9 l., 2 sq., 3 l., 10 sq., 3 l., 13 sq., 6 l.

53rd: 7 l. the 1st on 4th l., 10 sq., 6 l., 9 sq., 9 l., 1 sq., 3 l., 2 sq., 3 l., 4 sq., 3 l., 1 sq., 6 l., 4 sq., 6 l., 24 sq., 6 l.

54th: 7 l. the 1st on 4th l., 9 sq., 3 l., 8 sq., 9 l., 1 sq., 3 l., 5 sq., 3 l., 4 sq., 6 l., 1 sq., 6 l., 2 sq., 3 l., 1 sq., 12 l., 19 sq., 6 l.

55th: 7 l. the 1st on 4th l., 8 sq., 3 l., 7 sq., 3 l., 4 sq., 6 l., 4 sq., 3 l., 6 sq., 12 l., 3 sq., 6 l., 2 sq., 3 l., 17 sq., 6 l.

56th: 7 l. the 1st on 4th l., 19 sq., 3 l., 1 sq., 6 l., 4 sq., 3 l., 5 sq., 6 l., 1 sq., 3 l., 3 sq., 3 l., 1 sq., 3 l., 18 sq., 6 l.

57th: 10 l. the 1st on 4th l., 17 sq., 3 l., 1 sq., 3 l., 1 sq., 3 l., 7 sq., 6 l., 1 sq., 6 l., 3 sq., 3 l., 2 sq., 3 l., 16 sq., 9 l.

58th: 7 l. the 1st on 7th l., 15 sq., 3 l., 2 sq., 3 l., 10 sq., 3 l., 3 sq., 3 l., 6 sq., 6 l., 13 sq., 6 l.

59th: 10 l. the 1st on 4th l., 17 sq., 3 l., 8 sq., 3 l., 1 sq., 3 l., 2 sq., 3 l., 8 sq., 3 l., 10 sq., 9 l.

60th: 10 l. the 1st on 7th l., 15 sq., 3 l., 8 sq., 3 l., 5 sq., 3 l., 16 sq., 9 l.

61st: 13 l. the 1st on 7th l., 13 sq., 3 l., 6 sq., 3 l., 20 sq., 12 l.

62nd: 13 l. the 1st on 10th l., 35 sq., 12 l.

63rd: 16 l. the 1st on 10th l., 27 sq., 15 l.

64th: 19 l. the 1st on 13th l., 17 sq., 18 l.

65th: 58 l. the 1st on 16th l.

Now run in all the ends neatly and very secure; this may be done by darning the end backwards and forwards on the thick part. D.c. on the 1st of the 58 l. stitches at the side, 7 ch., d.c. into 6th loop, then 7 ch., d.c. into every 5th loop, 7 ch., d.c. on last l., 7 ch., d.c. into the 5th loop of the next l. stitches, 7 ch., d.c. into 5th loop, 7 ch., d.c. on last l., 7 ch., d.c. into 4th loop of the next l. stitches, 7 ch., d.c. on last l., * 7 ch., d.c. on the last l. of next l. stitches, 11 times more, * now there are 2 even rows of l. stitches, ** 7 ch., d.c. into the loop between the two rows. 7 ch., d.c. on last l. of the next l. stitches, repeat from ** twice more, now there are three even rows; now work the same, now there are 15 even rows, make 7 ch., d.c. between every alternate row for 3 times, then 7 ch., d.c. on next row; now work all round the same. There must be 31 chains of 7 on each of the four sloping sides of the oval, 11 chains of 7 on the long stitches on each side, and 8 chains of 7 on the top and bottom.

BORDER.—Under each of the 7 chains work 2 l. with 1 ch. between each, 3 ch., repeat.

2nd: Under each 3 ch. work 2 l. with 1 ch. between each, 5 ch., repeat.

3rd: Under the 5 ch. work 2 l. with 1 ch. between each, 7 ch., repeat.

4th: 7 d.c. under the 7 ch., repeat.

Contents

HONITON SPRIGS IN CROCHET.

The beautiful and expensive lace for which Honiton is famous may be closely imitated in crochet, with the occasional aid of some point-lace stitches.

Honiton sprigs and edgings are done in detached pieces, which are afterwards laid on Brussels net, and run on in any form that fancy may dictate. Sometimes they are connected together into a solid mass by means of twisted bars, in a manner termed *guipuring*. Being thus separate, the directions for each sprig or edging are comparatively short. Each sprig is usually begun at the end of the stem, which is formed by a chain, any leaves or flowers that come on the right side of it being then made as you come to them; generally a flower forms the point of the spray, and this being made, the stem is finished by working the chain stitches in s.c., adding the leaves or flowers on the left side whenever they occur, and working down to the commencement of the chain. Leave about three inches of thread on beginning and ending; thread these with a fine needle and run a few stitches up and down the stem, on the *wrong* side, to secure them. They may then be cut off closely, and the sprig is complete.

As these general observations refer to all imitations of Honiton lace in crochet, we shall beg our readers to refer to them, when directions for other specimens are given.

Contents

CROCHET WINDOW CURTAIN.

MATERIALS..—Brooks' Great Exhibition Prize Goat's-head Crochet Cotton. Penelope Hook.

May be worked from the engraving in any thickness of cotton, amounting to the size of curtain required; the larger the curtain the thicker the cotton should be. It likewise, in thick cotton, looks remarkably well for bed curtains.

WINDOW CURTAIN.

MATERIALS..—Brooks' Great Exhibition Prize Goat's-head Knitting Cord, No. 70. Penelope Hook.

The extreme elaboration of this pattern demands that the material in which it is worked should be lighter than it need be when the design is simpler and less rich. The use of finer materials also diminishes the size of the pattern; we, therefore, recommend No. 70: but, of course, it is optional to use coarser.

In No. 70 Cotton, about 6 patterns, besides the border, will make a curtain two yards wide; but in No. 40, not more than five patterns would be required.

The border should be worked at each edge, which may very easily be done by working backwards from the centre of the last pattern, to the edge. It is not necessary to work a border at the top of the curtains.

Each pattern contains 61 squares or 183 stitches; the border 45 squares or 135 stitches; reckoning from the extreme edge to the straight line 8 squares, which occurs in every scroll between the patterns. For 6 patterns and 2 borders, therefore, 1,368 stitches would be required for a foundation, with the one over, always needed in square crochet. In working the border along the bottom, care must be taken completely to reverse it at the centre, that is, after 3 patterns, otherwise the corner would not be found to go right.

KNITTED LACE FOR CURTAINS, &c.

MATERIALS..—Brooks' Great Exhibition Prize Goat's-head Knitting Cord, No, 40. Penelope Hook. Cast on twelve stitches.

1st row: Slip 1, knit 3, make 1, slip 1, knit 2 together, pass the slip stitch over, make 1, knit 3, make 1, knit 2.

2nd: Knit 3, purl 8, knit 2.

3rd: Slip 1, knit 3, make 1, knit 2 together, knit 1, make 1, knit 1, knit 2 together, make 1, knit 3.

4th: Knit 6, purl 8, knit 2.

5th: Slip 1, knit 1, knit 2 together, make 1, knit 4, make 1, knit 2 together, make 1, knit 2 together, make 1, knit 2 together.

6th: Knit 2, purl 1, knit 1, purl 1, knit 3, purl 8, knit 2.

7th: Slip 1, knit 2 together, make l, knit 4, knit 2 together, make 1, knit 1, make 1, knit 8.

8th: Cast off seven, knit 1, purl 8, knit 2. Repeat for the length required.

WINDOW CURTAIN.

Contents

WINDOW CURTAIN AND STOVE APRON.

WINDOW CURTAIN AND STOVE APRON.

MATERIALS..—Brooks' Great Exhibition Prize Goat's-head Knitting Cord, No. 40, with a suitable Crochet Hook.

The number of stitches in this curtain must depend, of course, on the width of the window for which it is intended. Each pattern requires a foundation of 102 chain stitches; and the borders at the sides 57 chain each. As there will be about 560 stitches in a yard, or very nearly five patterns and one border, it will be easy to reckon the number required for any given width. A curtain two yards wide will require 1,135 stitches, which will allow ten patterns of the convulvulus, and the two borders; to this, every 102 stitches added will make one wreath more, nearly equalling in width the sixth of a yard.

The whole of this curtain is done in square crochet, the design in close squares, and the ground in open.

Square crochet (the majority of our readers are aware) consists of d.c. chain stitches exclusively. A close, or solid square is formed of three successive d.c. stitches: an open square of 1 d.c., 2 ch., miss 2 of the preceding row. Almost all square crochet patterns are intended to be worked from the engraving, which is laid open before the worker and copied. To assist in guiding the eye it is advisable to cover each row of the engraving after it is copied.

We will only observe, with regard to this pattern, that the first two rows are done in ch., and that two stitches at each end are also close, which affords an opportunity for working in the ends of the previous rows.

This design is also extremely suitable for a curtain for a grate. For this purpose, Brooks' Great Exhibition Prize Goat's-head Knitting Cord, No. 70, will be preferable to the coarser numbers. It would be greatly improved by the addition of a bead border, similar to that of the anti-macassar, given in a former part of this work.

The effect of the bead border being to add weight to the end of the stove apron, it would keep it in its place better than anything else, besides being very ornamental.

A handsome fringe may be knotted on the end, and it may be lined with calico to correspond with the furniture of the room.

Contents

NETTED WINDOW CURTAIN.

MATERIALS..—Brooks' Great Exhibition Prize Goat's-head Netting Cotton, No. 24: Embroidering Goat's-head Cotton, No. 30; a middle-sized Netting Needle; Steel Mesh, No. 9; and a long Embroidering Needle.

If worked with the above cotton and mesh four squares will measure one inch, which will be a guide for the number of foundation stitches to make in the beginning for the curtain. The pattern must afterwards be darned in embroidering cotton, No. 30, according to the engraving, by passing the needle under and over the threads of the meshes very regularly and even, always keeping the same number of threads in every square, and all must run the same way and be drawn to one degree of tightness, for all the beauty of the work depends upon its evenness and regularity. This pattern may be extended to any size, and would look very well if the flowers were sewn in pale pink ingrain cotton, and the fretwork in white cotton.

NETTED WINDOW CURTAIN.

A FLOWER VASE SCREEN, FOR CONCEALING A FLOWER-POT OR BASIN WITH FLOWERS.

MATERIALS..—4 shades of Green Wool, the lightest almost a pale Lemon, 1 skein only of this, and 3 each of the darkest; 5 shades of Pink, 2 skeins of each, all 4-thread Berlin Wool; 3 yards of ordinary sized skirt cord, the size of blind cord.

D.c. 14 stitches over the end of the cord with the darkest green, unite; now work 2 d.c. into every loop; the next row the same; from this row increase as may be required, working 4 rows of darkest green, 4 rows of next shade, 3 rows of next shade, in all 11 rows; there must by 154 stitches in the outside row.

Fasten off the cord neatly, and with darkest shade of green, work 21 d.c. stitches; now turn on reverse side, and work 21 rows of ridged crochet, which is done by working into the lower loop instead of the upper one, and omitting at the end of every row the 1 ch. which in ordinary ridged crochet prevents it decreasing, but by omitting this 1 ch. these 21 d.c. stitches will be decreased to a point; work 6 rows of the 2 darkest shades, and 9 of the lightest of the 3 shades: make 7 of these points, but be careful, in joining on every shade, that the knots are concealed, and run in the last end very neatly. With the lightest green of the 3 shades, commence on the wrong side of the mat, begin on the first dark ridge of the point, make 5 ch., d.c. on every ridge, but d.c. into the point, make 5 ch., d.c. into same loop, then 5 ch., d.c. on every ridge till the last, then crochet into the 1st ridge of next point, without making any chain between.

Palest Green.—D.c. into centre of 2nd 5 ch. from the bottom of the point, 5 ch., d.c. into centre of every 5 ch. till the point, then d.c. in centre of top, 5 ch., 5 ch., d.c. into same, then work down till within the last ch. of 5, omit this, and d.c. in 2nd ch. of 5 from the bottom of next point.

1st row.—*Darkest Pink*: Make 41 ch., turn back, 1 l. into 9th loop from hook, * 3 ch., 1 l. into 4th loop, repeat from * 7 times more, in all 9 spaces.

2nd: Turn on reverse side, 3 l. under the 3 ch., 1 ch., repeat at the point, work 9 l., 2 ch., 6 more l. under same space, then 1 ch., 3 l. under the 3 ch., repeat; at the end cut off the wool.

3rd: With next shade commence on same side as 1st row, 1 l. between each long, but after every 3rd l., make 1 ch. at the point, and between each of the 6 l., make 1 l., 1 ch., then under the 2 ch., make 1 l., 3 ch., 1 more l. under same, then work the same as the half just completed.

4th.—*Next Shade*: With same colour, inclose some white wire drawn from ribbon wire, thus—between each l. stitch, and under each 1 ch., work 1 d.c.

stitch with the wire between, first bending the end of the wire to prevent it slipping, but over the point work 2 d.c. under each 1 ch., and under the 3 ch., work 3 d.c.; now work the remaining half, and d.c. along the bottom, still enclosing the wire to the side where this row was commenced, twist the 2 ends of the wire together, after pulling it into shape.

5th: Great care must be taken in working this row not to bend the work; next shade, 1 l. on 1st d.c. stitch at the side, 3 ch., * 1 l. into successive loops for 4 times, 3 ch., repeat from *, be careful that a 3 ch. comes at the point; this row will end as it was begun; then crochet along the bottom.

6th.—*Next Shade*: 2 l. under the 1st 3 ch., 3 ch., 2 more l. under same; repeat this 6 times more, then repeat the same over the point, but for 5 times make 5 ch. instead of 3. Now sew these pink points up at the side, joining them for 6 times by the chain of 3, slipping the wool on from chain to chain; now pin each green point on to the part of the pink which is sewed together, stretching each green point as high as possible; then sew these green points at about the second shade of green, on to the pink, as in engraving.

Contents

BREAD CLOTH.

BREAD CLOTH.

MATERIALS..—Three reels of Brooks' No. 24, and two of No. 16, Great Exhibition Prize Goat's-head Crochet Cotton. A hook suitable for the fine number.

The octagon shape is one extremely well adapted for bread baskets, as well as for papier-maché trays of the usual forms; but it requires a little nicety to produce even edges at the sloping sides. The way it is done is this. The whole pattern, it will be perceived, is done in square crochet, and in the increasing sides a close square is added at each end. This is done by making one chain extra at the beginning and end of the first row of d.c. 2nd row: 1 ch., 2 d.c. on the chain, and 2 on the first d.c. at the commencement, thus increasing three stitches, besides the one chain which is merely a foundation for the next increase; then at the other extremity of the row, 2 d.c. on the last stitch, 2 d.c. on the chain, and make one chain. Do this for every row which is increased, working in all the ends.

For the decreasing rows begin with 1 slip, 1 s.c., 1 short double crochet, 1 d.c.—this last coming on the first stitch in the second square of last row, keeps the squares evenly over each other. At the other end of the row reverse the process, by doing 1 d.c., 1 short d.c., 1 s.c., 1 slip, which completes it.

The short double-crochet stitch, being new to our readers, may be briefly described. It is, as its name implies, a medium stitch between a s.c. and a d.c. stitch. Begin as for a d.c. stitch, with the thread round the hook, but after the latter is inserted in the stitch, and the thread drawn through, so that there are three loops on the needle, the thread must be drawn through all three at once.

Short treble crochet (contracted to s.t.c.), is done in a similar manner. The thread being passed twice round the needle, there are four loops on the latter, after the one is drawn through the stitch of the preceding row. The thread is now drawn through three loops together, and afterwards through two.

When the bread cloth is worked, do open square crochet all round it, taking the d.c. stitches sufficiently close at the corners to lie smoothly. Knot a fringe 2-1/2 inches deep in every square. It is to be made of the coarse cotton.

To increase the size of this d'oyley, for a tray, or other article, use coarser cotton and hook.

Contents

BREAD CLOTH.

MATERIALS..—Brooks' Great Exhibition Prize Goat's-head Crochet Cotton, Nos. 14, 16, 18, 20. Walker's Penelope Hook, No. 3.

a. With cotton No. 18 make 10 chain, 1 s.c., in 1st chain; then in round loop 3 d.c., ** 9 chain, miss 3, 1 s.c. in 4th; then in round loop. * 1 s.c. 7 chain, * repeat twice more; 1 chain to cross and in 1st 7 chain,** [·1·] 1 d.c., 9 long, 1 d.c., repeat in the other two 7 chains; 1 s.c. in the 1 chain that crosses the stem: [·2·] 5 chain; 3 d.c. in the centre round loop.

Repeat from ** to ** 1 d.c., 5 long, join to 5th long in 3rd section, 4 long, 1 d.c. in same 7 chain; in the next two 7 chains: 1 d.c., 9 long, 1 d.c., 1 s.c. in the chain that crosses the stem [·2·] Repeat from [·2·] to [·2·] 5 chain, 3 d.c. in the centre round loop.

Repeat again from ** to ** 1 d.c., 5 long, join, 4 long, 1 d.c., in next 7 chain, 1 d.c., 9 long, 1 d.c., in next 7 chain, 1 d.c., 1 s.c. on the chain that crosses, 5 chain, 1 s.c. on 1st d.c. in centre, fasten off.

Make 11 more *a*'s like the 1st, only joining, as in the engraving:—"thus, 1 d.c., 5 long, join, 4 long, 1 d.c."

b. With cotton No. 20. 15 chain, 1 s.c., in 1st stitch and in round loop. * 4 d.c., 10 chain, join where the two *a*'s join, turn, 10 s.c. down the 10 chain; 4 d.c., 10 chain, join where the two 9 long of *a* are joined together; 10 s.c. down the 10 chain; repeat from * 3 times more; * 1 s.c., 5 chain, miss 2, * repeat all round; fasten off. Make 5 more, placing them as in the engraving.

c. With cotton No. 16. 10 chain, 1 s.c. in 1st, make it round. * 1 d.c., 3 chain, 3 long, 3 chain, * repeat 3 times more in round loop. ** 1 d.c. on d.c., 7 chain, 1 d.c. on 2 long, 7 chain repeat all round. ** 9 d.c. in each 7 chain; fasten off.

1 s.c. in 5th d.c., 9 chain repeat all round. In 1st 9 chain 6 d.c., join to 5th long of *a* 5 d.c. in same 9 chain: * in next 9 chain 11 d.c., repeat all round; fasten off.

Make another *c*, joining to *a* and first *c*. Make 12 more; join as in the engraving.

BREAD CLOTH.

d. With cotton No. 18. 7 chain make it round; 11 d.c. in round loop, join to 5th d.c. of 11 d.c. of *e*, * 7 chain, miss 1, 1 s.c., repeat * twice more; join to the other *c* to the 5th d.c. of 11 d.c., fasten off. 1 s.c. in 4th chain of 1st 7 chain. ** 5 chain 1 s.c. in same as last s.c., then in 5 chain, 1 d.c. 4 long, 2 chain, join to *a*, turn, 1 chain, 2 long on 2 chain, 4 long, 1 d.c. in same 5 chain. 1 s.c. in next 7 chain; 7 chain join to next division of *d* 7 chain; 1 s.c. in 4th chain stitch of 7 chain, repeat from ** to ** 7 chain, join, 7 chain, repeat from ** to ** again, fasten off. Make 9 more *d*'s, joining in the same manner, and as placed in the engraving.

e. With cotton No. 18. 10 chain, make it round and work in loop 17 d.c.; 1 d.c. on 1st d.c., 5 chain, miss 1, 1 s.c. in next 4 chain join to *c*'s 3 chain, miss 2, 1 s.c. in 3rd, 5 chain, miss 1, 1 s.c. in next, 6 chain join to *a* 5 chain, miss 1, 1 s.c. in next, 5 chain, miss 1, 1 s.c., 4 chain, join to *c* 3 chain, miss 2, 1 s.c., 5 chain, miss 1, 1 s.c., 7 chain 1 s.c. fasten off. Make 3 more, placing them as in the engraving.

f. With cotton No. 14. 1 long between two *c*'s; 1 *c* before the corner. Commence: 6 chain, · 1 d.c. in 6th d.c. of 11 d.c. of *c* 9 chain, repeat · 3 times more; 10 chain, 1 s.c. in 4th chain of 7 chain of *e* 10 chain, ·· 1 d.c. in the centre of 11 d.c., 9 chain, repeat ·· 3 times more. Repeat all round the d'oyley, making the corners alike.

2nd: · 3 long, 2 chain, miss 2, · this is the · pattern all round, except at the corners. You miss 2 and make no chain, this is to be done by *e*, and by the 1 long between the two *c*'s. You work as follows: make no chain, and miss 4, 2 each side of one long.

3rd: 5 chain, miss 2, 1 s.c. repeat all round.

Contents

HONITON SPRIG.

Materials.—Brooks' Great Exhibition Prize Goat's-head Crochet Cotton, No. 60. Penelope Hook, No. 24. 6 ch. for the end of the stem.

Leaf: 14 ch., miss 2, 9 d.c. on the next 9, 2 s.c., 1 slip, 24 ch., miss 3, 2 d.c. in next, 2 d.c. in next, 9 d.c. in the next 9, 2 s.c. in the next 2, slip in the next, which leaves 7 for the stem. Slip stitch on the 2 s.c., and 7 of the d.c., taking great care not to contract the leaf, 10 ch., miss 4 d.c. in the fifth, X 2 ch., miss 2, t.c. in 3rd, X twice, 2 ch., miss 2, d.c. in 3rd, 2 ch., miss 2, s.c. on 3rd, 1 ch., miss 1, slip at the base of the flower. Do 9 slip stitches up the last row, the open hem of which forms the centre of the flower; then 11 ch., miss 3, 2 contracted d.c. stitches on the next 4, d.c. down all but the last 3, 2 s.c., 1 slip. The flower thus formed consists of an open hem for the centre petal, and a closer petal on each side. Work entirely round the flowers in s.c.

S.c. on the seven chains of the stem, before you get to the leaf, opposite which make another, exactly like it. S.c. to the end of the stem, and fasten off.

A SPANGLED WOOL NETTED COVER FOR A TEA-POY.

Materials.—If a fire-veil is required, use a flat thin bone or boxwood mesh, nearly half an inch in width; but if for a table-cover, etc., use a flat mesh scarcely three-eighths of an inch wide. 3 reels of Brooks' Great Exhibition Prize Goat's-head Crochet Cotton, No. 10, of a good drab, or dark claret colour, the latter is preferable; 1 ounce of maize colour spangled wool; 1 ounce of green ditto, and 1 ounce of violet ditto. No. 13 Netting Needles.

[Footnote: This spangled wool is a new article, extremely brilliant, and may be obtained, by inquiry, at any Berlin Shop, at 1s. 6d. or 2s. per ounce, and weighing much the same as any other Berlin wool.]

Begin on a foundation of 85 diamonds, and net with the cotton until the piece is 68 diamonds long; if for a fire-veil, darn, as in ordinary darned netting, the centre with maize wool, and the border with green, darn the outer row of diamonds with violet, and also the pattern inside the border; but if for any other purpose, use any colour of the spangled wool that may harmonise or contrast well with the draperies of the room; but, as a general rule, the netted ground should be dark. For the fringe, cut some shaded 4-thread Berlin wool of the same colour as the spangled—in the pattern given it is violet—into lengths of 10 inches, tie this in tufts of 9 threads into every other diamond; or, if preferred, 6 lengths in every diamond. Draw the wool through the loop, placing the wool exactly in the centre, double the two ends evenly, and tie in a tight knot; then, with a rug needle, draw in two or three lengths of spangled wool, so as to lie on the surface of every tuft; but, if preferred, all spangled wool may be used, but then the work would be rendered very costly, whereas, with the present directions, the work is sufficiently elegant, brilliant, and exceedingly new. Darn the centre first and the border last. Count 37 clear diamonds from the left-hand side of the work, and 19th diamond from the bottom. In the 39th diamond from the left-hand side and 20th from the bottom, darn the 2 first diamonds for the stem of a flower, then work from engraving.

A SPANGLED WOOL NETTED COVER FOR A TEA-POY, SQUARE WORK-TABLE, OR, IF DRAWN TOGETHER AT THE TOP, MAKES A GLITTERING FIRE-VEIL.

Contents

NETTED ANTI-MACASSAR

NETTED ANTI-MACASSAR

MATERIALS..—Brooks' Great Exhibition Prize Goat's-head Knitting Cord, No. 40, and Embroidery Cotton, No 70; mesh, one-third of an inch wide.

This anti-macassar is done in the fashionable style of netting, with a pattern darned on it after it is worked. Make a foundation, on which work 67 stitches. Repeat these, backwards and forwards, until a square is done, of as many holes up the sides as along the width. Remove the foundation, and add either a crochet-bead border all round, or a netted one. The bead border makes the shape more solid; the netted one is certainly lighter, and the following is very pretty:—

With a mesh three times the size of that used for the square, do one entire round, with three stitches in one at the corners.

2nd round: With the small mesh. Miss the first stitch, net the second, then the missed one, repeat all round.

3rd: X Net a stitch in each of seven stitches, miss one stitch of last round, X repeat all round.

Observe, before doing this round, count the number of stitches; if they cannot be divided by eight, add at the corners as many as may be required.

Supposing there are so many eights and five over, then three more will be wanted, and one must be added (by doing two in one) in each of the three corners.

4th: X 6 over seven, miss the long stitch, X repeat.

5th: X 5 over six, missing as before, X repeat.

6th: X 4 over five, as before, X repeat.

7th: X 3 over four, as before, X repeat.

8th: X 2 over three, as before, X repeat.

Before darning netting, wash it perfectly clean, stiffen it by dipping it into a little gum-water, and pin it out on a pillow, in the proper form, to dry. Then darn it with embroidery cotton, every square of the pattern being closely filled up.

Contents

SHORT PURSE, IN NETTING.

As the following specimen is done only in the ordinary netting stitch, we do not think any particular explanation of the art of netting can be needed by our readers, it being so universally known. Indeed, it would be extremely difficult to teach the stitch by writing. Whenever any stitch, except that used in common netting, may occur in any of the following designs, we will endeavour to explain it as clearly as possible.

MATERIALS..—Very fine crimson netting silk, and gold thread. Two steel meshes are required, one about No. 15, and one No. 11. Eagle card-board gauge.

Make a piece of foundation of 9 stitches, and join your silk in the first.

1st round (small mesh). 1 stitch in every stitch of the foundation.

2nd: The same.

3rd: 2 stitches in every one of the previous round.

4th: A stitch in every one of the last round.

5th: X 2 stitches in the first, and one in the second, X 8 times.

6th: A stitch in every stitch.

7th: Increase eight stitches in the round, by doing two in one eight times, taking care that the stitch increased is the one which precedes the increased stitch of the last augmented round.

8th: Like 6th.

9th: Like 7th.

10th, 12th, 14th, 16th, 18th, 20th, 22nd: Like 6th.

The intermediate rounds like the 7th. There ought now to be 88 stitches in the round. Do 44 more rounds, without any increase. Then take the large mesh, and do another round. Take the small mesh, X miss one stitch, take a stitch in the second, then one in the stitch that was missed. X Repeat this all round.

SHORT PURSE, IN NETTING.

Do four rounds of plain netting with the small mesh, then begin to make the points. 1st point: 7 stitches; draw out the mesh, X turn the work, and make a stitch on every one but the last; X repeat till you come to a point.

2nd and following points, like the first, so that there are 11 in the round.

The pattern is then to be darned with the gold thread, according to the design we have given.

Contents

BRIDAL PURSE, IN CROCHET.

BRIDAL PURSE, IN CROCHET.

MATERIALS..—Six skeins of white crochet silk, two skeins of *ombré*; scarlet ditto, in long shades, three skeins of slate-colour, and one of bright scarlet. Two ounces of transparent white beads, rather larger than seed beads, four strings of gold, the same size, and a hank of steel to match. For the garnitures (which must be entirely of bright steel), two rings, a handsome tassel for one end, and a deep fringe for the other. Boulton's tapered indented Crochet Hook, No. 23.

Begin by threading all the white beads on the white silk; half the gold on the *ombré*; cerise, and the steel on the slate-coloured. What scarlet silk is used in the square end is without beads; the few rows at the other end, of that colour, are threaded with gold, which may be put on afterwards.

The design of the square end consists of a spray of roses and leaves, the former in scarlet *ombré*; with gold beads intermixed, the latter with slate-silk and steel. The ground is composed wholly of white beads, one being dropped on every stitch; where, therefore, the scarlet and slate silks are worked without beads, they appear to be *in intaglio*. A scroll of steel beads below the group is intermixed with the white, and the top and bottom of the square end are finished off with vandykes of plain scarlet without beads. At the bottom is an open pattern in scarlet, to which is attached the fringe.

Begin with the plain scarlet silk, with which make a chain of 100 stitches, and close it into a round. Work one round in scarlet, using in the end of white silk.

2nd round: In which you begin to drop on the white beads. X 2 white, 3 scarlet, X 20 times.

3rd: X 3 white, 1 scarlet, 1 white, X 20 times.

4th: All white; work in the scarlet silk all round, and then fasten it off, as no more is required until the whole square end is worked.

5th: X 22 white, 1 steel, 23 white, 1 steel, 3 white, X twice.

6th: X 21 white, 2 steel, 22 white, 2 steel, 3 white, X twice.

7th: X 3 white, 1 steel, 5 white, 2 steel, 3 white, 2 steel, 4 white, 3 steel, 2 white, 1 steel, 6 white, 2 steel, 4 white, 2 steel, 3 white, 3 steel, 4 white, X twice.

8th: X 3 white, 2 steel, 3 white, 3 steel, * 2 white, 4 steel, * twice; 2 white, 2 steel, 4 white, 3 steel, 3 white, 3 steel, 2 white, 4 steel, 4 white, X twice.

9th: X 2 white, 3 steel, * 2 white, 4 steel, * 3 times; 1 white, 3 steel, 3 white, 4 steel, ** 2 white, 4 steel, ** twice, 4 white, X twice.

10th: X 2 white, 2 steel, * 3 white, 3 steel, * 3 times; 2 white, 2 steel, 4 white, 3 steel, ** 3 white 3 steel, ** twice, 5 white, X twice.

11th: X 1 white, 1 steel, 2 white, 4 steel, 4 white, 3 steel, 3 white, 2 steel, 3 white, 1 steel, 3 white, 4 steel, 4 white, 3 steel, 3 white, 2 steel, 3 white, 1 steel, 3 white, X twice.

12th: x 4 steel, 2 white, 1 steel, 1 white, 5 steel, 3 white, 3 steel, 4 white, 4 steel, 2 white, 1 steel, 1 white, 5 steel, 3 white, 3 steel, 4 white, 1 steel, 3 white, X twice.

13th: X 3 white, 2 steel, 2 white, 1 steel, 4 white, 5 steel, 4 white, 2 steel, 3 white, 2 steel, 2 white, 1 steel, 4 white, 5 steel, 4 white, 2 steel, 4 white, X twice.

14th: 3 white, 2 steel, 2 white, 3 steel, 4 white, 4 steel, 8 white, 2 steel, 2 white, 3 steel, 4 white, 4 steel, 9 white, X twice.

15th: X 4 white, 1 steel, * 3 white, 4 steel, * twice, 8 white, 1 steel, ** 3 white, 4 steel, ** twice, 8 white, X twice.

16th: X 9 white, 4 steel, 4 white, 2 steel, 13 white, 4 steel, 4 white, 2 steel, 8 white, X twice.

17th: All white.

18th: x 14 white, 2 slate silk, 34 white, X twice.

19th: X 14 white, 3 slate, 8 white, 5 steel, 20 white, X twice.

20th: X 14 white, 5 slate, 4 white, 9 steel, 12 white, 2 steel, 4 white, X twice.

21st: X 14 white, 11 slate, 1 steel, 3 slate, 2 steel, 10 white, 2 steel, 1 white, 2 steel, 4 white, X twice.

22nd: Begin the *ombré*; scarlet, X 16 white, 7 slate, 2 steel, 12 white, 2 gold, 2 white, 2 steel, 4 white, 2 steel, 1 white, X twice.

23rd: x 13 white, 11 steel, 12 white, 1 gold, 2 scarlet silk, 1 gold, 7 white, 2 steel, 1 white, X twice.

24th: X 14 white, 9 steel, 3 white, 2 steel, 7 white, 1 gold, 3 scarlet, 6 gold, 5 white, X twice.

25th: X 10 white, 1 gold, 5 white, 7 steel, 2 white, 4 steel, 6 white, 1 gold, 3 scarlet, 1 gold, 5 scarlet, 1 gold, 1 white, 2 steel, 1 white, x twice.

26th: x 7 white, 2 gold, 2 scarlet, 4 gold, 5 white, 2 steel, 3 white, 4 steel, 2 slate silk, 4 white, 1 gold, 2 scarlet, 1 gold, 6 scarlet, 1 gold, 1 white, 2 steel, 1 white, X twice.

27th: x 9 white, 1 gold, 2 scarlet, 1 gold, 2 scarlet, 1 gold, 4 white, 1 steel, 1 slate silk, 3 white, 4 steel, 4 slate, 2 white, 1 gold, 2 scarlet, 1 gold, 3 scarlet, 1 gold, 2 scarlet, 1 gold, 4 white, X twice.

28th: x 11 white, 3 gold, 1 scarlet, 1 gold, 4 white, 1 steel, 1 slate, 3 white, 3 steel, 5 slate, 2 white, 1 gold, 2 scarlet, 1 gold, 3 scarlet, 1 gold, 2 scarlet, 3 gold, 2 white, X twice.

29th: x 8 white, 3 gold, 2 scarlet, 1 gold, 1 scarlet, 1 gold, 4 white, 1 steel, 1 slate, 3 white, 3 steel, 5 slate, 2 white, 1 gold, 1 scarlet, 2 gold, 1 scarlet, 2 gold, 3 scarlet, 1 gold, 2 scarlet, 1 gold, 1 white, X twice.

30th: x 8 white, 1 gold, 1 scarlet, 1 gold, 3 scarlet, 2 gold, 3 white, 2 steel, 1 slate, 3 white, 3 steel, 5 slate, 3 white, 3 gold, 3 scarlet, 1 gold, 4 scarlet, 1 gold, 2 white, x twice.

31st: X 8 white, 1 gold, 1 scarlet, 1 gold, 3 scarlet, 2 gold, 3 white, 1 steel, 2 slate, 4 white, 2 steel, 5 slate, 4 white, 7 gold, 3 scarlet, 1 gold, 2 white, X twice.

32nd: X 8 white, 1 gold, 2 scarlet, 4 gold, 3 white, 1 steel, 2 white, 1 steel, 4 white, 2 steel, 5 slate, 5 white, 4 gold, 5 scarlet, 1 gold, 2 white, X twice.

33rd: X 9 white, 5 gold, 1 white, 3 steel, 3 white, 1 slate, 1 steel, 3 white, 1 steel, 5 slate, 5 white, 1 steel, 2 white, 1 gold, 5 scarlet, 1 gold, 3 white, X twice.

34th: x 20 white, 1 slate, 1 white, 1 steel, 2 white, 2 steel, 5 slate, 4 white, 1 steel, 4 white, 5 gold, 4 white, x twice.

35th: x 19 white, 3 slate, 2 white, 2 steel, 4 slate, 5 white, 1 steel, 14 white, X twice.

36th: X 14 white, 1 slate, 3 white, 3 slate, 1 steel, 3 white, 4 steel, 7 slate, 2 steel, 12 white, X twice.

37th: X 14 white, 7 slate, 1 steel, 3 white, 2 steel, 2 white, 9 slate, 2 steel, 10 white, X twice.

38th: X 14 white, 6 slate, 2 steel, 3 white, 2 steel, 1 slate, 1 steel, 5 white, 5 slate, 2 steel, 9 white, X twice.

39th: X 10 white, 2 steel, 1 white, 2 steel, 4 slate, 2 steel, 4 white, 6 steel, 5 white, 4 slate, 3 steel, 8 white, x twice.

40th: x 10 white, 2 steel, 2 white, 6 steel, 5 white, 1 steel, 3 slate, 2 steel, 5 white, 4 slate, 3 steel, 6 white, 1 steel, X twice.

41st: x 1 steel, 6 white, 2 steel, 16 white, 1 steel, 3 slate, 3 steel, 4 white, 5 slate, 3 steel, 4 white, 1 steel, 1 slate, X twice.

42nd: X 1 steel, 7 white, 1 steel, 1 white, 2 steel, 1 white, 5 gold, 7 white, 1 steel, 4 slate, 2 steel, 5 white, 3 slate, 1 white, 3 steel. 3 white, 2 steel, 1 white, X twice.

43rd: 10 white, 2 steel, 1 white, 1 gold, 4 scarlet, 1 gold, 6 white, 1 steel, 4 slate, 3 steel, 5 white, 2 slate, 2 white, 2 steel, 5 white, 1 steel, X twice.

44th: X 12 white, 3 gold, 3 scarlet, 2 gold, 4 white, 1 steel, 1 white, 4 slate, 3 steel, 5 white, 2 slate, 3 white, 1 steel, 1 white, 2 steel, 2 white, 1 steel, X twice.

45th: X 7 white, 2 steel, 2 white, 1 gold, 3 scarlet, 2 gold, 2 scarlet, 1 gold, 4 white, 1 steel, 1 white, 5 slate, 2 steel, 5 white, 2 slate, 4 white, 1 steel, 2 white, 1 steel, 1 white, 1 steel, X twice.

46th: X 7 white, 2 steel, 1 white, 1 gold, 6 scarlet, 1 gold, 1 scarlet, 1 gold, 3 white, 2 steel, 1 white, 5 slate, 2 steel, 4 white, 2 slate, 3 white, 1 slate, 1 white, 1 steel, 2 white, 1 steel, 1 white, 1 steel, X twice.

47th: X 10 white, 1 gold, 7 scarlet, 2 gold, 3 white, 1 steel, 2 white, 5 slate, 2 steel, 1 slate, 8 white, 2 slate, * 2 slate, 1 white, * twice, X twice.

48th: X 10 white, 1 gold, 3 scarlet, 2 gold, 2 scarlet, 2 gold, 2 white, 1 steel, 3 white, 5 slate, 2 steel, 2 slate, 7 white, 2 slate, 1 white, 3 slate, 2 white, X twice.

49th: X 9 white, 3 gold, 4 scarlet, 6 gold, 4 white, 4 slate, 3 steel, 3 slate, 5 white, 3 slate, 3 white, 1 steel, 2 white, X twice.

50th: X 9 white, 1 gold, 2 scarlet, 1 gold, 4 scarlet, 2 gold, 6 white, 4 slate, 1 white, 4 steel, 3 slate, 3 white, 4 slate, 3 white, 1 steel, 2 white, X twice.

51st: X 9 white, 1 gold, 3 scarlet, 5 gold, 6 white, 4 slate, 1 steel, * 1 white, 2 steel, * twice, 9 slate, 2 white, 1 steel, 3 white, X twice.

52nd: X 10 white, 1 gold, 5 scarlet, 2 gold, 5 white, 4 slate, 1 white, 1 steel, 1 white, 1 steel, 2 white, 3 steel, 7 slate, 3 steel, 4 white, X twice.

53rd: X 11 white, 6 gold, 5 white, 3 steel, 3 white, 1 steel, 5 white, 6 steel, 10 white, X twice.

54th: X 22 white, 1 steel, 2 white, * 1 steel, 1 white, * twice, 1 steel, 5 white, 9 steel, 6 white, X twice.

55th: X 23 white, 4 steel, 2 white, 1 steel, 2 white, 2 steel, 2 white, 7 steel, 7 white, X twice.

56th: X 19 white, 2 steel, 4 white, 1 steel, 4 white, 2 steel, 2 white, 1 steel, 3 white, 4 steel, 8 white, X twice.

57th: X 18 white, 1 steel, 2 white, 4 steel, 25 white, X twice.

58th: X All white, work round to the centre of one side; also

59th: (Begin again with the plain scarlet), X 1 scarlet, 4 white, X 20 times.

60th: X 2 scarlet, 2 white, 1 scarlet, X 20 times.

61st: All scarlet; fasten off scarlet.

62nd: With the white silk, 3 chain, dropping a bead on every chain, miss 3, s.c. on both sides of the fourth; repeat all round.

Now, instead of working round, work backward and forward, dropping a bead on every chain stitch, so that they may all come on the right side of the purse.

1st row: 5 ch., turn, s.c. in same stitch, X 5 ch., miss 3, s.c. on s.c., X all along the row.

2nd: 6 ch., turn, s.c. on centre of 5 ch., X 5 ch., s.c. on centre of next loop of 5, X to the end.

Repeat this row backwards and forwards until 24 are done; then work the same pattern all round for 6 rounds. Thread the rest of the gold beads on the scarlet silk, and do 2 rounds in the same way with it; then 3 rounds of white; then 2 more scarlet, 3 white, then 2 scarlet.

To diminish at the end, do 2 rounds of white, like the previous; then 1 with only 4 chain; then 1 with 3 chain; and finally, a round with 2 chain between the s.c.

Draw it up with a needle and white silk; sew on the tassel, and slip on the rings.

At the other end, do a row to close the round, with the plain scarlet in s.c.; on which work X 6 ch., miss 4, s.c. under 5th, X 10 times. Turn, and in each loop work 2 s.c., 4 d.c., 2 s.c.

Fasten off, and sew on the deep fringe garniture.

Contents

LADY'S SHORT PURSE.

MATERIALS..—Purse silk, of any two colours that contrast well, gold beads, and glass ones of one of the colours. Of the silk that matches the beads, two skeins will be required, and of the other, four. For the garniture, a clasp and handsome fringe.

Begin by threading a hank of gold beads on two of the four skeins, leaving two without any.

With regard to the colours to be selected for this purse, we may be allowed to suggest a few good contrasts, leaving the choice to the taste of the worker. A brilliant scarlet looks well with white; brown with blue; lilac with green, or *vice versa*; and pink with some of the warmer tints of stone or fawn colour. In all these, the first-named colour is to be the predominant one, except in the case of green and lilac, in which either colour may be the principal one. The immense variety of tints in German beads (nearly three hundred), gives such a power of choice, that the most artistic taste may be gratified.

For the sake of accuracy in the description, we will select scarlet and white for this purse. The white beads are to be threaded on the white silk, and dropped on every stitch where white is named.

With a fine crochet-hook make a chain of 120 stitches with the scarlet silk, close it into a round, and do one round of single crochet.

2nd row: X 1 gold bead, 18 silk, 1 gold, 18 silk, 2 gold, X 3 times.

3rd: X 1 silk, 1 gold, 16 silk, 3 gold, 16 silk, 1 gold, 2 silk, X 3 times.

4th: X 1 silk, 4 gold, 11 silk, 2 gold, 1 silk, 1 gold, 1 silk, 2 gold, 11 silk, 4 gold, 2 silk, X 3 times.

5th: X 1 silk, 1 gold, 3 silk, 1 gold, 10 silk, 7 gold, 10 silk, 1 gold, 3 silk, 1 gold, 1 silk, 1 gold, X. This, and every future pattern must, like the preceding ones, be repeated three times. Now join on the white silk, and whenever white occurs, drop on a white bead.

6th: X 1 gold, 4 silk, 1 gold, 8 silk, 2 gold, 2 silk, 1 gold, 1 silk, 1 gold, 2 silk, 2 gold, 8 silk, 1 gold, 4 silk, 1 gold, 1 white, X repeat.

7th: X 1 gold, 4 silk, 1 gold, 5 silk, * 2 gold, 1 silk, * 5 times, 2 gold, 5 silk, 1 gold, 4 silk, 1 gold, 1 white, X repeat.

8th: X 2 gold, 1 silk, 2 gold, 1 silk, 1 gold, 1 silk, 2 gold, 1 silk, 2 gold, 2 silk, 2 gold, 5 silk, 2 gold, 2 silk, 2 gold, 1 silk, 2 gold, 1 silk, 1 gold, 1 silk, 2 gold, 1 silk, 2 gold, 1 white, x repeat.

9th: X 1 white, 2 gold, 2 silk, 2 gold, 1 silk, 2 gold, 2 silk, 3 gold, 9 silk, 3 gold, 2 silk, 2 gold, 1 silk, 2 gold, 2 silk, 2 gold, 2 white, X repeat.

10th: X 2 white, 2 gold, 3 silk, 5 gold, 15 silk, 5 gold, 3 silk, 2 gold, 3 white, X repeat.

11th: X 3 white, 3 gold, 27 silk, 3 gold, 4 white, X repeat.

12th: X 5 white, 4 gold, 21 silk, 4 gold, 6 white, X repeat.

13th: X 4 white, 1 gold, 3 white, 5 gold, 13 silk, 5 gold, 3 white, 1 gold, 5 white, X repeat.

14th: X 3 white, 4 gold, 3 white, 2 gold, 1 white, 2 gold, 9 silk, 2 gold, 1 white, 2 gold, 3 white, 4 gold, 4 white, X repeat.

15th: X 2 gold, 2 white, 4 gold, 3 white, 3 gold, 1 white, 1 gold, 7 silk, 1 gold, 1 white, 3 gold, 3 white, 4 gold, 2 white, 3 gold, X repeat.

16th: X 1 gold, 3 white, 2 gold, 5 white, 4 gold, 1 white, 1 gold, 5 silk, 1 gold, 1 white, 4 gold, 5 white, 2 gold, 3 white, 2 gold, X repeat.

17th: X 2 gold, 3 white, 2 gold, 3 white, 1 gold, 1 white, 3 gold, 1 white, 1 gold, 5 silk, 1 gold, 1 white, 3 gold, 1 white, 1 gold, 3 white, 2 gold, 3 white, 3 gold, X repeat.

18th: X 2 gold, 10 white, 4 gold, 1 white, 1 gold, 3 silk, 1 gold, 1 white, 4 gold, 10 white, 3 gold, X repeat.

19th: X 1 gold, 11 white, 2 gold, 1 white, 1 gold, 1 white, 1 gold, 3 silk, 1 gold, 1 white, 1 gold, 1 white, 2 gold, 11 white, 2 gold, X repeat.

20th: X 6 white, 3 gold, 3 white, 2 gold, 1 white, 1 gold, 1 white, 1 gold, 3 silk, 1 gold, 1 white, 1 gold, 1 white, 2 gold, 3 white, 3 gold, 7 white, X repeat.

21st: X 1 gold, 4 white, 3 gold, 3 white, 2 gold, 1 white, 2 gold, 1 white, 1 gold, 3 silk, 1 gold, 1 white, 2 gold, 1 white, 2 gold, 3 white, 3 gold, 4 white, 2 gold, X repeat.

22nd: X 5 white, 3 gold, 6 white, 2 gold, 1 white, 1 gold, 3 silk, 1 gold, 1 white, 2 gold, 6 white, 3 gold, 6 white, X repeat.

23rd: X 3 white, 1 gold, 1 white, 4 gold, 4 white, 2 gold, 2 white, 1 gold, 3 silk, 1 gold, 2 white, 2 gold, 4 white, 4 gold, 1 white, 1 gold, 4 white, X repeat.

24th: X 2 white, 3 gold, 1 white, 9 gold, 1 white, 1 gold, 5 silk, 1 gold, 1 white, 9 gold, 1 white, 3 gold, 3 white, X repeat.

25th: X 3 white, 1 gold, 2 white, 3 gold, 2 white, 1 gold, 5 silk, 1 gold, 2 white, 8 gold, 2 white, 1 gold, 4 white, X repeat.

26th: X 1 gold, 7 white, 4 gold, 3 white, 1 gold, 7 silk, 1 gold, 3 white, 4 gold, 7 white, 2 gold, X repeat.

27th: X 1 white, 2 gold, 12 white, 2 gold, 9 silk, 2 gold, 12 white, 2 gold, 2 white, X repeat.

28th: X 3 gold, 6 white, 4 gold, 2 white, 2 gold, 5 silk, 2 gold, 2 white, 4 gold, 6 white, 4 gold, X repeat.

29th: X 1 gold, 6 white, 2 gold, 7 white, 2 gold, 3 silk; 2 gold, 7 white, 2 gold, 6 white, 1 gold, 1 silk, X repeat.

30th: X 3 gold, 3 white, 1 gold, 2 white, 4 gold, 3 white, 1 gold, 1 white, 1 gold, 1 silk, 1 gold, 1 white, 1 gold, 3 white, 4 gold, 2 white, 1 gold, 3 white, 3 gold, 1 silk, X repeat.

31st: X 2 silk, 2 gold, 1 white, 1 gold, 1 white, 7 gold, 1 white, 1 gold, 2 white, 1 gold, 1 silk, 1 gold, 2 white, 1 gold, 1 white, 7 gold, 1 white, 1 gold, 1 white, 2 gold, 2 silk, 1 gold, X repeat.

32nd: X 3 silk, 1 gold, 1 white, 1 gold, 1 white, 7 gold, 3 white, 1 gold, 1 white, 1 gold, 1 white, 1 gold, 3 white, 7 gold, 1 white, 1 gold, 1 white, 1 gold, 3 silk, 1 gold, X repeat.

33rd: X 1 gold, 2 silk, 2 gold, 1 white, 3 gold, 1 white, 4 gold, 2 white, 2 gold, 1 white, 1 gold, 1 white, 2 gold, 2 white, 4 gold, 1 white, 3 gold, 1 white, 2 gold, 2 silk, 2 gold, X repeat.

34th: X 2 gold, 2 silk, 1 gold, 1 white, 2 gold, 3 white, 2 gold, 3 white, 2 gold, 1 white, 1 gold, 1 white, 2 gold, 3 white, 2 gold, 3 white, 2 gold, 1 white, 1 gold, 2 silk, 2 gold, 1 silk, X repeat.

35th: X 1 silk, 1 gold, 2 silk, 1 gold, 1 white, 2 gold, 7 white, 2 gold, 2 white, 1 gold, 2 white, 2 gold, 7 white, 2 gold, 1 white, 1 gold, 2 silk, 1 gold, 2 silk, X repeat.

Contents

HANDSOME PURSE.

MATERIALS..—1 reel of *ombré*; crimson silk, in short shades; 1 of grey ditto; 3 skeins of rich brown purse twist, 1 skein of white ditto, 2 hanks of steel beads, No. 5; 12 rows of transparent white seed beads, 2 handsome steel slides, and a few steel bugles. The silk must all be of the finest size, and the work is to be done very tightly.

Begin the purse by threading the steel beads on the brown silk, and the white on the *ombré*; crimson.

This crimson is used for the rose, and for the three small flowers; the coloured silk seen through the transparent bead has an extremely pretty effect; the leaves are entirely in steel beads, as is also the scroll which ornaments the lower part of the purse. The large flower close to the rose is done in the grey silk.

HANDSOME PURSE.

With the white silk, make a chain of 120 stitches, and do one round in s.c. Join on the brown silk.

1st pattern round: X 1 white, 5 steel, 4 white, 4 steel, 3 white, 4 steel, 4 white, 5 steel, X 4 times.

2nd: X 8 steel, 3 white, 3 steel, 1 white, 1 steel, 1 white, 3 steel, 3 white, 7 steel, X 4 times.

3rd: X 3 steel, 2 brown, 4 steel, 3 white, 2 steel, 1 white, 1 steel, 1 white, 2 steel, 3 white, 4 steel, 2 brown, 2 steel, X 4 times.

4th: X 2 steel, 1 brown, 1 steel, 2 brown, 4 steel, 3 white, 5 steel, 3 white, 4 steel, 2 brown, 1 steel, 1 brown, 1 steel, X 4 times.

5th: X 1 steel, 1 brown, 1 steel, 1 brown, 1 steel, 2 brown, 4 steel, 2 white, 5 steel, 2 white, 4 steel, 2 brown, 1 steel, 1 brown, 1 steel, 1 brown, X 4 times.

6th: X 1 steel, 3 brown, 1 steel, 2 brown, 4 steel, 1 white, 7 steel, 1 white, 4 steel, 2 brown, 1 steel, 3 brown, X 4 times.

7th: X 1 steel, 1 brown, 1 steel, 1 brown, 1 steel, 1 brown, 6 steel, 2 white, 3 steel, 2 white, 6 steel, 1 brown, 1 steel, 1 brown, 1 steel, 1 brown, X 4 times.

8th: x 1 steel, 1 brown, 3 steel, 1 brown, 2 steel, 1 brown, 3 steel, 1 white, 1 steel, 3 white, 1 steel, 1 white, 3 steel, 1 brown, 2 steel, 1 brown, 3 steel, 1 brown, X 4 times.

9th: X 1 steel, 2 brown, 2 steel, 4 brown, 3 steel, 2 white, 3 steel, 2 white, 3 steel, 4 brown, 2 steel, 2 brown, X 4 times.

10th: 1 steel, 2 brown, 2 steel, 1 brown, 1 steel, 1 brown, 4 steel, 2 white, 1 steel, 1 white, 1 steel, 2 white, 4 steel, 1 brown, 1 steel, 1 brown, 2 steel, 2 brown, X 4 times.

11th: X 2 brown, 2 steel, 3 brown, 5 steel, X 1 white, 1 steel, X 3 times, 1 white, 5 steel, 3 brown, 2 steel, 1 brown, X 4 times.

12th: X 2 brown, 2 steel, 2 brown, 3 steel, 1 brown, 2 steel, X 1 white, 1 steel, X 3 times, 1 white, 2 steel, 1 brown, 3 steel, 2 brown, 2 steel, 1 brown, X 4 times.

13th: X 1 brown, 2 steel, 1 brown, 2 steel, 3 brown, 2 steel, 1 white, 2 steel, 3 white, 2 steel, 1 white, 2 steel, 3 brown, 2 steel, 1 brown, 2 steel, X 4 times.

14th: X 2 steel, 4 brown, 1 steel, 1 brown, X 3 steel, 1 white, X 3 times, 3 steel, 1 brown, 1 steel, 4 brown, 1 steel, X 4 times.

15th: X 1 steel, 1 brown, 2 steel, 1 brown, 1 steel, 2 brown, 3 steel, 2 white, 2 steel, 1 white, 2 steel, 2 white, 3 steel, 2 brown, 1 steel, 1 brown, 2 steel, 1 brown, X 4 times.

16th: X 1 steel, 3 brown, 2 steel, 2 brown, 3 steel, 9 white, 3 steel, 2 brown, 2 steel, 3 brown, X 4 times.

17th: X 2 steel, 2 brown, 2 steel, 2 brown, 1 steel, 1 brown, 2 steel, 2 white, 1 steel, 1 white, 1 steel, 2 white, 2 steel, 1 brown, 1 steel, 2 brown, 2 steel, 2 brown, 1 steel, X 4 times.

18th: X 2 steel, 2 brown, 3 steel, 3 brown, 5 steel, 1 white, 5 steel, 3 brown, 3 steel, 2 brown, 1 steel, X 4 times.

19th: X 1 steel, 4 brown, 3 steel, 3 brown, 3 steel, 3 brown, 3 steel, 3 brown, 3 steel, 4 brown, X 4 times.

Fasten off the white silk, and do three plain rounds with the brown. Then join on the crimson silk, at a light part of the shade, if possible. In the future part of the pattern crimson means the shaded silk, white one of the white beads threaded on it.

23rd: X 4 brown, 2 white, 10 brown, 1 steel, 16 brown, 4 steel, 23 brown, X twice.

24th: X 3 brown, 1 white, 1 crimson, 1 white, 10 brown, 5 steel, 11 brown, 1 steel, 2 brown, 3 steel, 1 brown, 3 steel, 18 brown. X twice.

25th: X 3 brown, 1 white, 2 crimson, 3 white, 7 brown, 6 steel, 1 brown, 1 steel, 8 brown, 3 steel, 1 brown, 2 steel, 1 brown, 4 steel, 8 brown, 4 steel, 5 brown, X twice.

26th: X 2 brown, 1 white, 2 crimson, 2 steel, 2 crimson, 1 white, 7 brown, 2 steel, 1 brown, 5 steel, 8 brown, 6 steel, 1 brown, 2 steel, 8 brown, 6 steel, 4 brown, X twice.

27th: X 1 brown, 1 white, 3 crimson, 2 steel, 1 crimson, 2 white, 8 brown, 2 steel, 2 brown, 3 steel, 11 brown, 3 steel, 10 brown, 2 steel, 2 brown, 3 steel, 4 brown, X twice. Join on the gray.

28th: X 1 brown, 1 white, 2 crimson, 1 white, 2 crimson, 1 white, 9 brown, 3 steel, 4 brown, 1 gray, 5 brown, 2 steel, 2 brown, 1 steel, 2 brown, 3 white, 5 brown, 1 steel, 1 brown, 4 steel, 5 brown, X twice.

29th: X 2 brown, 2 white, 1 brown, 1 white, 2 crimson, 1 white, 1 steel, 2 brown, 3 steel, 1 brown, 1 steel, 1 brown, 2 steel, 1 brown, 2 gray, 4 brown, 3 gray, 2 brown, 5 steel, 1 brown, 1 steel, 1 brown, 5 white, 4 brown, 5 steel, 6 brown, X twice.

30th: X 5 brown, 1 white, 2 crimson, 1 white, 9 steel, 2 brown, 5 gray, 2 brown, 3 gray, 1 brown, 7 steel, 1 brown, 6 white, 1 brown, 3 white, 11 brown, X twice.

31st: x 6 brown, 2 white, 1 brown, 9 steel, 2 brown, 5 gray, 2 brown, 3 gray, 2 brown, 5 steel, 2 brown, 11 white, 10 brown, X twice.

32nd: x 2 brown, 2 white, 6 brown, 2 steel, 1 brown, 6 steel, 2 brown, 5 gray, 1 brown, 3 gray, 3 brown, 4 steel, 2 brown, 4 white, 6 crimson, 2 white, 3 brown, 5 steel, 1 brown, X twice.

33rd: X 1 brown, 1 white, 1 crimson, 1 white, 1 crimson, 3 white, 3 brown, 2 steel, 2 brown, 4 steel, 3 brown, 4 gray, 1 brown, 2 gray, 5 brown, 1 steel, 1 brown, 1 steel, 2 brown, 3 white, 1 crimson, 4 white, 1 crimson, 1 white, 1 crimson, 1 white, 2 brown, 2 steel, 2 brown, 3 steel, X twice.

34th: X 1 brown, X 1 white, 2 crimson, X twice; 1 white, 2 brown, 5 steel, 3 brown, 1 steel, 3 brown, 2 gray, 1 steel, 4 gray, 2 brown, 2 gray, 7 brown, 1 white, 1 crimson, 1 white, 1 crimson, 2 white, 1 crimson, 3 white, 3 brown, 1 steel, 1 brown, 4 steel, 1 brown, X twice.

35th: X 2 brown, 1 white, 2 steel, 3 crimson, 1 white, 2 brown, 7 steel, 3 brown, 2 gray, 4 steel, 8 gray, 3 brown, 2 white, 1 crimson, 3 white, 2 crimson, 1 white, 2 crimson, 2 white, 2 brown, 5 steel, 2 brown, X twice.

36th: X 2 white, 1 crimson, 2 steel, 1 crimson, 1 white, 1 crimson, 1 white, 3 brown, 5 steel, 2 brown, 4 gray, 2 steel, 2 gray, 1 steel, 8 gray, 1 brown, 3 white, 1 crimson, 3 white, 1 crimson, 1 white, 2 crimson, 1 white, 1 crimson, 2 white, 8 brown, X twice.

37th: X 3 crimson, 1 white, 1 crimson, 1 white, 1 crimson, 2 white, 1 brown, 2 white, 6 brown, 10 gray, 1 steel, 7 gray, 1 brown, 3 white, 1 crimson, 3 white, 1 crimson, 1 white, 1 crimson, 1 white, 1 crimson, 2 white, 3 brown, 2 steel, 3 brown, 1 white, X twice.

38th: X 2 crimson, 1 white, 3 crimson, 1 white, 2 brown, 1 white, 1 crimson, 1 white, 6 brown, 9 gray, 1 steel, 8 gray, 2 brown, 2 white, 1 crimson, 3 white, 1 crimson, 1 white, 3 crimson, 3 white, 1 brown, 5 steel, 1 brown, 1 white, X twice.

39th: X 2 white, 1 brown, 1 white, 2 crimson, 1 white, 1 brown, 2 white, 2 crimson, 3 white, 4 brown, 8 gray, 1 steel, 7 gray, 2 brown, 3 white, X 1 crimson, 2 white, X 3 times, 1 crimson, 1 white, 1 brown, 1 steel, 3 brown, 4 steel, X twice.

40th: X 4 brown, 2 white, 1 brown, 1 white, 2 crimson, 1 white, 2 steel, 1 crimson, 1 white, 1 brown, 2 steel, 3 brown, 3 gray, 1 brown, 1 gray, 2 steel, 3 gray, 1 brown, 2 gray, 3 brown, 3 white, 1 crimson, 1 white, 1 crimson, 1 white, 1 crimson, 2 white, 2 crimson, 2 white, 1 brown, 7 steel, 1 brown, X twice.

41st: X 6 brown, 1 white, 4 crimson, 2 steel, 2 white, 2 brown, 2 steel, 6 brown, 1 gray, 2 steel, 4 gray, 5 brown, 4 white, 1 crimson, 3 white, 1 crimson, 1 white, 1 brown, 5 steel, 2 brown, X twice.

42nd: X 6 brown, 1 white, X 2 crimson, 1 white, X twice, 2 brown, 2 steel, 2 brown, 2 steel, 1 brown, 1 steel, 2 brown, 8 gray, 5 brown, 2 white, 1 brown, 1 white, 1 crimson, 2 white, 1 crimson, 2 white, 1 crimson, 1 white, 10 brown, X twice.

43rd: X 7 brown, 2 white, 1 brown, 1 white, 2 crimson, 1 white, 4 brown, 2 steel, 1 brown, 2 steel, 2 brown, 4 gray, 1 brown, 4 gray, 7 brown, 2 white, 5 crimson, 1 white, 11 brown, X twice.

44th: X 10 brown, 1 white, 2 crimson, 1 white, 3 brown, 2 steel, 1 brown, 3 steel, 1 brown, 5 gray, 2 brown, 3 gray, 5 brown, 1 steel, 2 brown, 6 white, 12 brown, X twice.

45th: X 10 brown, 1 steel, 2 white, 3 brown, 3 steel, 1 brown, 3 steel, 1 brown, 5 gray, 6 brown, 6 steel, 2 brown, 4 white, 13 brown, X twice.

46th: X 6 brown, 4 steel, 6 brown, 7 steel, 2 brown, 4 gray, 5 brown, 4 steel, 1 brown, 3 steel, 5 brown, 5 steel, 8 brown, X twice.

47th: X 5 brown, 4 steel, 7 brown, 5 steel, 5 brown, 2 gray, 5 brown, 3 steel, 2 brown, 4 steel, 4 brown, 7 steel, 7 brown, X twice.

48th: x 4 brown, 1 steel, 13 brown, 3 steel, 11 brown, 7 steel, 2 brown, 1 steel, 4 brown, 2 steel, 2 brown, 4 steel, 6 brown, X twice.

49th: X 19 brown, 1 steel, 13 brown, 5 steel, 9 brown, 6 steel, 7 brown, X twice.

Do two plain rounds with the brown; then make the other end, and with the crimson silk do about 20 rows of open square crochet; join it to the second end, with the opening at the centre of one side, having, previously slipped on the rings.

TO CLOSE UP THE ENDS OF THE PURSE.—S.c. the two edges together with white silk, on which do X 4 d.c., 4 ch., miss 4 X, end with 4 d.c.

2nd row: 7 d.c. under every chain, and one s.c. between the second and third d.c. of last row.

Turn with a fringe made of steel beads and bugles.

Contents

MOUSQUETAIRE CROCHET COLLAR.

MATERIALS..—Brooks' Great Exhibition Prize Goat's-head Crochet Cotton, No. 40. Penelope Hook, No. 5.

Make a round loop, work 8 double in the loop.

2nd round: Work 2 double at the top of each of the one double of last round, repeat round.

3rd: The same as last, and after you have worked round, plain one to form the round. (You should have 32 loops in the round).

4th: Ch. 3, miss 1, work 1 treble; ch. 5, work 1 treble in the same loop as before; ch. 3 miss 1, work 1 double in the next loop, repeat round, fasten off.

5th: Work 3 treble in the centre of five ch. of last round; ch. 3, work 3 treble in the same loop as before; ch. 2, and repeat round, plain 1 and fasten off with it, complete the round.

Work 4 rounds more, the same for each scollop, or 32 for the collar, then work 18 of the following pattern for the leaf:—

Make a chain of 40 loops, turn back and work them in double crochet, turn back.

2nd round: Work 2 plain and 2 double for the stalk part of the leaf; then ch. 2, miss 2, and work 1 treble, until you come to the end; then ch. 3 and work one treble at the end; work the other side the same, in order to make both sides to correspond; ch. 2, turn back.

3rd: Work 2 plain in the 2 ch. of last round, then ch. 3, miss the 2 ch. of last round, and work 1 treble at the top of the 1 treble of last round; repeat round, and work 2 plain at the end, ch. 2, turn back.

4th: Work 2 plain in the two ch. of last round, ch. 3, miss 2, work 1 treble, then ch. 4 and work 2 treble at the top of the 1 treble of last round, repeat round with the ch. 4, and work 2 treble at the top of the 1 treble of last round, making both sides to correspond, fasten off.

5th: Ch. 12 for the stalk of the leaf, plain 1 in the first four chains of last round, then ch. 4 and plain 1 in the centre of each of the 4 chains all round the leaf; then work the last 8 chains double for the stalk, which completes the leaf; make the number of leaves required, then join the flowers and leaves together, as shown in the illustration, with a needle and crochet thread.

MOUSQUETAIRE CROCHET COLLAR.

Then work the following band along the neck part of the collar—pass the hook through the two ends of the stalk part of the leaf, and plain 1, chain 40, and repeat to the end, turn back.

2nd row: Ch. 4, miss 2, and plain 1; repeat to the end, turn back. 3rd: Ch. 4, plain 1, in the centre of the 4 chains of last row, repeat to the end, turn back. 4th: Work 3 treble in the centre of 4 chains of last row; ch. 2, and repeat to the end, turn back. 5th: Ch. 3, plain 1, in the centre of the first 2 chain of last row; repeat to the end, turn back. 6th: Ch. 2, plain 1 in the centre of the 3 chain, of last row; repeat to the end, fasten off, which completes the collar.

Contents

RAISED ROSE CROCHET COLLAR.

MATERIALS..—Brooks' Great Exhibition Prize Goat's-head Crochet Thread, No. 40, and Penelope Crochet Hook, No. 5.

This collar is made in portions, and joined together with needle and thread, or worked together with one plain at the option of the worker.

TO FORM THE ROSE.—Make a chain of 8 loops, plain 1, to form a round, fasten off.

RAISED ROSE CROCHET COLLAR.

2nd: Work 1 treble, ch. 3, repeat round, plain 1, and fasten off; you should have seven treble in the round.

3rd: Plain 1 at the top of the 1 treble of last round, work 8 treble in the 3 ch. of last round, plain 1 at the top of the next 1 treble of last round, repeat in the same 1 treble all round, fasten off.

4th: Work 1 treble at the top of the 1 plain of last round, chain 6, repeat round, plain 1 at the top of the 1 treble to form the round, fasten off.

5th: Plain 1 at the top of the 1 treble of last round, work 8 treble in the 6 ch. of last round, plain 1 at the top of the next 1 treble of last round, repeat in the same loop as before, repeat round, fasten off.

6th: Work 1 treble at the top of the 1 plain of last round, ch. 9, repeat round, plain 1, fasten off.

7th: Plain 1 at the top of the 1 treble of last round, work 10 treble in the 9 ch. of last round, plain 1 at the top of the next 1 treble of last round, repeat in the same loop as before all round.

8th: Work 1 treble at the top of the 1 plain of last round, ch. 12, repeat round, plain 1, fasten off.

9th: Plain 1 at the top of the 1 treble of last round, work 13 treble in the 12 ch. of last round, plain 1 in the 1 treble of last round, repeat round.

10th: Ch. 5, miss 2, plain 1, repeat round each fold of the rose.

11th: Ch. 5, plain 1 in the centre of the 5 ch. of last round, repeat round; fasten off, which completes the rose; you require 7 of these flowers to form the collar, and 6 of the following:—

LARGE ROUNDS.—Make a round loop, the size of this O, and work 30 treble in the round loop.

2nd round: Ch. 19, miss 5, plain 1, repeat round.

3rd: Work double crochet in each loop all round.

4th: Ch. 5, miss 2, plain 1, repeat round.

5th: Ch. 5, plain 1 in the centre of the 5 ch. of last round, repeat round.

6th: Ch. 4, plain 1 in the centre of the 5 ch. of last round, repeat round.

7th: Ch. 3, plain 1 in the centre of the 4 ch. of last round, repeat round, fasten off, which completes the round; you then work 74 of the following:—

SMALL ROUNDS.—Make a round loop, the size of this O, and work 21 double in the round loop.

2nd round: Ch., 9, miss 2, plain 1; repeat round; you should have 7 lots of the 9 chain in the round.

3rd: d.c. in each loop all round, which completes the round; you now require 14 of the following:—

PATTERN FOR LEAF.—Make a ch. of 12 loops, turn back, and work the 12 loops d.c.

2nd round: Ch. 3, miss 2, work two treble in 1 loop, repeat to the end, and in the end loop ch. 3, work 2 treble, work the other side the same, with the treble opposite, the treble and 3 ch. at the end, plain 1 in the end loop, fasten off.

3rd: Plain 1 in the centre of the first 3 ch. of last round, ch. 3, work 1 treble at the top of the first treble of last round, ch. 2, work 1 treble at the top of the next treble of last round; you repeat all round the leaf with 3 ch., opposite the 3 ch. of last round, and 2 treble at the top of the 2 treble of last round, with 2 ch. between them, working both sides to correspond, turn back.

4th: Ch. 4 and plain 1 in each lot of the chain of last round, fasten off, which completes the leaf; you then work a stalk to each leaf as follows: ch. 5, work 1 treble in the centre of the chain round between the edge and the centre, work 1 treble on the other side, the same turn back, and work the 5 chains plain, fasten off, which completes the stalk; after working the number of each portion required and joining them together, as shown in the illustration, you work a band for the neck-part of the collar as follows:—

Work a few plain at the end, then ch. 10, and work 1 treble where it requires a treble, and a double where it requires a double, and a plain in the centre of the stalks and rounds as you see the stitches in the engraving, so as to make it lie to the shape of the neck.

2nd row: Ch. 2, miss 2, work 1 treble, repeat to the end, turn back.

3rd: Ch. 2, work 1 treble at the top of the treble of last row, repeat to the end, turn back.

4th: D.c., fasten off, which completes the collar.

Contents

POINT COLLAR.

POINT COLLAR.

MATERIALS..—Brooks' Great Exhibition Prize Goat's-head Crochet Cotton, No. 48.

This collar is begun by making the open hem work thus: 2 ch., miss 3, 1 s.d.c., 2 ch., miss 1 s.d.c., X 2 ch., miss 1, 1 d.c., X 3 times, then 2 ch., miss 1, 1 s.t.c., then use the t.c., and finally the long t.c. for the widest parts, and gradually decreasing to s.c. at the end. On the inner side of this, do as many half-circles as the engraving indicates: thus, 1 s.c. 1 s.d.c., 1 d.c., 2 t.c., 1 d.c., 1 s.d.c., 1 s.c.; the roses near the neck may then be worked and joined to these circles in their places. The oblong flowers are then done, beginning in the centre, with a chain, worked in s.c., a round of d.c. on this, and a succession of loops all round. Join these flowers in their places; then make the roses, working from the engraving which is the best guide, joining these to each other, and to the oblong flowers, and finally working the neck with the dotted bars as seen in the engraving.

Contents

POINT COLLAR IN CROCHET.

MATERIALS..—Brooks' Great Exhibition Prize Goat's-head Crochet Cotton, No. 48. Penelope Hook.

Each of the rows in this collar, large and small, are done separately, beginning with the circle in the centre, and making the six leaves round it. Each rose is to be joined to the others, where it is indicated in the engraving, and at the point of two of the petals of the largest are three small loops, which serve to connect it with the edge. All the sets of roses required for the length of the collar being done, the barred edge follows, the trefoils being worked on it, where they occur, and the roses being joined to it in their proper places. On this line, another of alternate close and open squares is done, and then a point edging, similar to one already given in this volume. The ground, of chains, worked back in slip-stitch with occasional picots, is to be done when forming the band for the neck. The collars should be worked a little larger than the engraving.

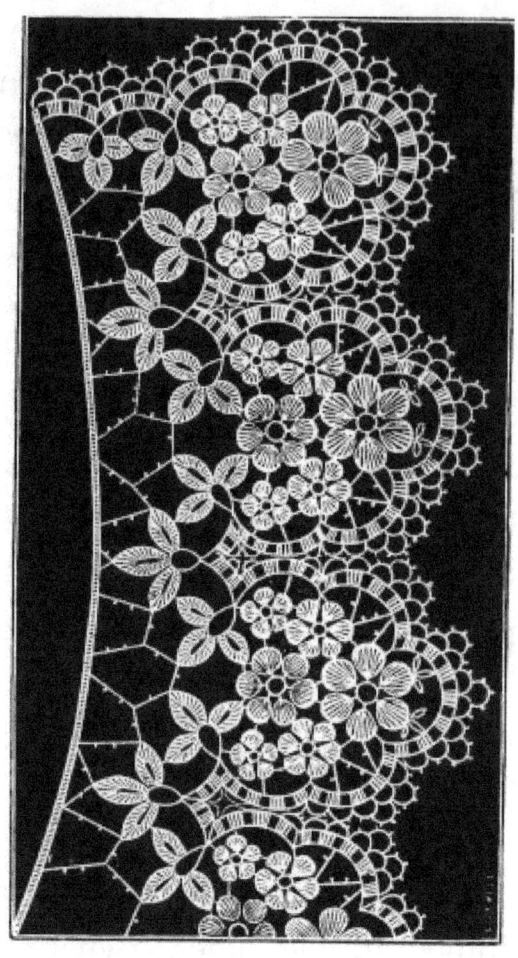

POINT COLLAR IN CROCHET.

Contents

LOUNGING CAP.

MATERIALS..—Six skeins of bright scarlet Berlin wool; 5 shades of green ditto, 6 skeins each; 12 skeins of black, and 4 of gray; 4 skeins of white, and 4 of gray floss silk, or filoselle. A handsome shaded tassel, and a ball of crochet cord.

The whole of this cap is worked in s.c., over the cord. Begin with the band round the head, by working 240 stitches with black wool, on the cord, and closing into a round.

2nd round: (Black and gray wool) X 2 black and 2 gray alternately, X all round.

3rd: (Black wool, white silk) X 1 b., 3 w., X all round.

4th: Black all round.

5th: Scarlet all round.

6th: (Scarlet and darkest green) X 2 s., 4 g., 42 s., X 5 times.

7th: (Scarlet, same green, and white) X 2 s., 5 g., 6 s., 3 w., 9 s., 3 g., 16 s., 2 w., 2 s., X 5 times.

8th: (Scarlet, second darkest green, black, and white) X 2 s., 2 g., 1 b., 3 g., 4 s., 5 w., 4 s., 2 g., 1 s., 3 g., 5 s., 4 g., 4 s., 3 w., 1 s., 3 w., 1 s., 3 w., 1 s., X 5 times.

9th: (Same colours) X 2 s., 3 g., 1 b., 2 g., 4 s., 1 w., 4 s., 4 w., 2 s., 2 g., 6 s., 6 g., 2 s., 5 w., 1 s., 2 w., 1 s., X 5 times.

10th: (Scarlet, black, white, and gray silk; third shade of green) X 3 s., 3 g., 1 b., 1 g., 2 s., 2 w., 1 s., 4 gray, 1 s., 4 w., 2 s., 1 g., 5 s., 3 g., 1 b., 3 g., 1 s., 4 w., 2 s., 1 g., 1 s., 2 w., X 5 times.

11th: (Same colours) X 1 w., 3 s., 4 g., 1 s., 2 w., 1 s., 1 g., 1 s., 4 g., 1 s., 3 w., 3 s., 3 g., 2 s., 2 g., 1 b., 4 g., 1 s., 3 w., 2 s., 3 g., 1 s., 1 w., X 5 times.

12th: (Same colours except green, which change to the next lightest) X 2 w., 3 s., 6 g., 1 s., 1 g., 2 s., 3 g., 1 s., 2 w., 3 s., 5 g., 1 s., 1 g., 1 b., 4 g., 2 s., 3 w., 1 s., 2 g., 1 s., 1 g., 1 w., X 5 times.

13th: (Same colours, with the lightest green) X 2 w. (over the two first of last round), 7 s., 3 g.. 2 w., 3 s., 1 g., 1 s., 1 w., 3 s., 4 g., 2 b., 1 g., 1 b., 4 g., 3 s., 5 w., 1 s., 2 g., 1 s., 1 w., X 5 times.

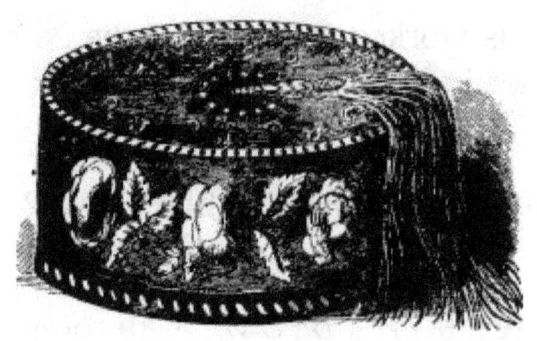

LOUNGING CAP.

14th: (Same colours, with the lightest green but one) X 1 w., 3 s., 5 g., 2 s., 2 w., 1 s., 3 g., 1 s., 3 w., 2 s., 2 g., 2 b., 4 g., 5 s., 2 g., 1 s., 1 w., 1 s., 2 g., 1 s., 2 g., 1 s., 1 w., X 5 times.

15th: (Same colours, with next darkest green) 3 s., 4 g., 1 b., 1 g., 2 s., 1 w., 1 s., 1 w., 1 s., 2 w., 1 s., 3 w., 2 s., 7 g., 1 s., 5 g., 2 s., 3 w., 1 s., 3 g., 1 s., 1 w., 1 s., X 5 times.

16th: (Scarlet, black, white, and next darkest green) X 6 g., 1 b., 2 g., 2 s., 3 w., 2 s. 5 w., 3 s., 5 g., 1 s., 3 g., 1 b., 2 g., 2 s., 4 w., 3 s., 1 w., 1 s., 1 g., X 5 times.

17th: (Same colours) X 1 s., 1 g., 1 s., 2 g., 1 b., 3 g., 3 s., 9 w., 2 s., 1 g., 6 s., 2 g., 1 b., 3 g., 5 s., 5 w., 2 s., X 5 times.

18th: (Scarlet, white, and darkest green) X 1 g., 2 s., 5 g., 5 s., 4 w., 1 s., 2 w., 2 s., 2 g., 6 s., 5 g., 7 s., 3 w., 3 s., X 5 times.

19th: (Scarlet and darkest green) X 4 s., 3 g. over centre three of 5 g., 15 s., 1 g., 8 s., 3 g., 14 s., X 5 times.

Four rounds of scarlet complete the band round the head.

THE TOP OF THE CAP.—This is a worked from the centre, and gradually increased until of the same dimensions as the band, that is, containing 240 stitches. Begin by working 12 stitches with black wool on the cord, and forming it into a round.

2 round: Increase to 24 stitches.

3rd: Increase to 40.

4th: (Black and gray) X 2 g., 2 b., X 13 times.

5th: (Black and white) X 3 w. over 2 g., 2 b. over 2 b., X 13 times.

6th: (Black and scarlet) X 4 s. over 3 w., 2 b. over b., x 13 times.

7th to 11th: (All scarlet) Increasing sufficiently to keep the work flat, and having 120 stitches in the last round, or 8 times 15.

12th: (White, scarlet, and lightest green) X 3 s., 4 g., 4 s., 2 w., 2 s., 1 w., 2 s., 1 g., X 8 times.

Observe that care must be taken to increase so that the pattern begins always at the same point.

14th: (White, scarlet, and third green) X 2 g., 2 s., 2 g. over second and third of 4 g. in last round, 5 s., 3 w., 2 s., 1 w., 1 s., 2 g., X 8 times.

15th: (Same colours) X 2 s. over 2 g., 2 more s., 1 g., 1 s., 1 g., 3 s. over 2, 1 g., 2 s., 2 w., 2 s., 1 w., 2 s., 2 g., X 8 times.

16th: (Darkest green but one, white, and scarlet) X 1 s., 2 w., 1 s., 1 w., 1 s., 2 g., 1 s., 2 g., 5 s., 2 w., 1 s., 2 g., 1 s., X 8 times.

17th: (Same colours) X 1 s., 4 w., 3 s., 3 g., 5 s., 2 w., 1 s., 2 g., 3 s., X 8 times.

18th: (Darkest green, white, and scarlet) X 2 s., 2 w. (over second and third of 4 white in last round), 5 s., 12 g., the last over the first of 2 green, 5 scarlet, X 8 times.

There will now be 208 stitches, work on two rounds of scarlet, increasing to 240, and then join on the band. This is done by holding the top of the band and the edge of the round together, and working one round, taking up the chain of both. Work on the cord with black wool and white silk, two stitches of each alternately; draw in the end of twine. Take care in placing the two parts of the cap together, to make that part which begins every round at the same place in both, as a small defect in the pattern is inevitable, and must be covered by the tassel. Draw the string of the tassel through the centre of the crown, and fasten it in its place. The cap may be lined with scarlet sarsenet.

CROCHET EDGINGS AND INSERTIONS.

The whole of these edgings and insertions are intended to be worked either with or without beads. If to be worked with beads, 1 chain stitch must be reckoned in the foundation, for every square, and the ground must be perfectly solid, with the pattern in beads. If to be worked in square crochet, 3 chains must be allowed for every square. In the scallops the ends of the thread must be neatly run in after they are done. Reckoning from that part where the actual scallop begins, each must be done distinctly from the others.

Contents

INSERTIONS.

To be worked in square crochet. The materials, any number of Brooks' Great Exhibition Prize Goat's-head Crochet Cotton that will be suitable for the purpose. All these square crochet patterns may be done in beads, if desirable.

POINT LACE INSTRUCTIONS.

The outlines of any design in Point Lace are made in braid of various sorts, in thread, or sometimes in linen. The braid used is either French linen or cotton braid, or that now known as Italian braid. French braid is a simple plait, more or less wide; Italian braid is, in fact, a pillow lace insertion, somewhat resembling a tape, but with edges like those seen in all other pillow lace. It enters very much into the composition of Venetian and other valuable Italian lace, whence the name Italian braid has been given to it. Point lace used formerly to be worked on parchment, this, however, being very hard and stiff, is not so pleasant a material to work on as coloured paper, which may be lined with calico or alpaca, according to the word*work intended to be done.

French braid, whether made of linen or of cotton, is laid on the pattern with stitches taken across it, from one edge to the other. This mode of putting on braid prevents it from stretching, as, from the nature of the plait, it would otherwise do. In forming angles, each edge should be sewn down to the paper, and then the braid turned over. Circles are made by laying the braid on the design, and forming it into the proper shape with the fingers, before tacking it down.

We give a diagram showing the manner in which lines of braid cross and intersect each other, to form the pattern; and we would observe, *en passant*, that each line is done with a separate piece of braid, that from A to B being one piece, and from C to D another.

Italian braid, being so much wider, requires to be tacked down at both edges; and in forming circles and scrolls, one edge has, not unfrequently, to be gathered in slightly. When thread is used as an outline, a second, and much finer thread is used to tack it down. The coarse thread is laid on the outlines, and the needle is brought up on one side of it, and down, in the same hole, on the other. The stitches are taken at the rate of five or six to an inch, one being always placed at the point of each angle, so as to keep the outlines as accurate as possible. To fasten on a thread, run the needle along the braid a little way, taking a button-hole stitch to secure it. Fasten off in the same manner. If the outlines are in thread, you can twist the needle round it two or three times, and then take a tight button-hole stitch.

The chief stitch in all Point Lace is that known as the common button-hole or overcast stitch. This stitch, worked as closely as possible, or at regular intervals, drawn tightly, or the reverse, forms almost all the stitches, or more properly *laces*, used. We will begin by describing the simplest of all, which is known as

BRUSSELS EDGE

BRUSSELS EDGE (No. 1). This is a continuous line of button-hole stitches, not drawn tightly, and taken at equal distances of about the fourteenth part of an inch. When worked on braid, care should be taken that the needle is inserted at a little distance from the edge of the braid, which would otherwise be apt to fray.

LITTLE VENETIAN EDGING (No. 2). In working this stitch, do one Brussels, and in the loop of that work a *tight* stitch.

VENETIAN EDGING (No. 3). Do four stitches instead of one in the loop of the Brussels stitch.

SORRENTO EDGING (No. 4). Do a stitch exactly like little Venetian, the eighth of an inch long, and then one-half that length in the same manner. Continue to work these alternately.

VENETIAN BARS (No. 6). Take the needle across the space to be barred, once, twice, or oftener, according to the thickness of the bar, and then cover these threads quite closely with button-hole stitch.

The veinings of leaves are often worked in Venetian bars, over a ground of Brussels lace. As this is to be done without breaking off a thread, it requires some little management. Begin by making the foundation thread of the vein running from the base of the leaf to the point, taking one, two, or three threads, but always beginning *at the point* to cover it with button-hole stitch. Do enough to come to the first veinings branching from it; slip the needle across to the braid, in the proper direction, taking a close button-hole stitch to fasten it: cover it with button-hole up to the centre vein; then do the companion one in the same manner, and continue to work each pair as you come to it on the principal veining.

EDGED VENETIAN BARS (No. 5). This is a Venetian bar, like the last, edged with Brussels or Venetian edging. This, with various other bars, frequently forms the groundwork of the guipured lace.

ENGLISH BARS (No. 7). These are frequently worked between two lines of Brussels or Venetian edging to connect them. They are made by passing the needle backwards and forwards through two opposite stitches, always tacking the under side of each, so that the threads be across the space smoothly and evenly. About four times each way will be sufficient. They are usually done across between two stitches, and then one at each edge is missed before the next bar is made. Sometimes these bars are radiated, a single stitch of the edge being missed on one side, and two at the other.

SORRENTO BARS (No. 8). These are bars which occur most frequently in Italian lace. They are simply twisted threads, so closely entwined that they only appear as one. They also are frequently radiated, and crossed; the effect produced will be seen in the accompanying diagram.

DOTTED VENETIAN BARS (No. 9). A bar of threads is made, as for a common Venetian bar. Do on it six stitches, and instead of drawing the seventh tight, hold the top by sticking a needle through it and the paper, about the tenth of an inch, and work on the threads of the loop three button-hole stitches. Do six more on the bar, and repeat.

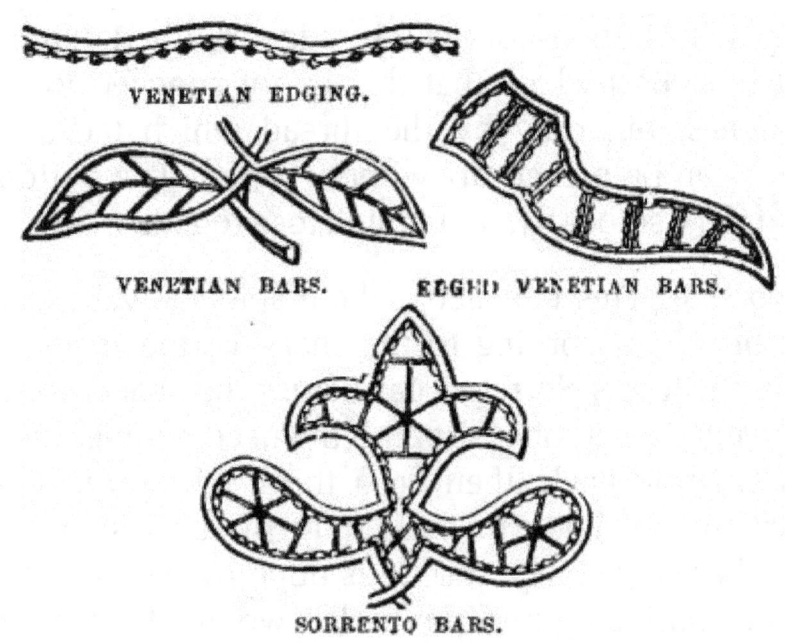

VENETIAN EDGING, VENETIAN BARS, EDGED VENETIAN BARS, SORRENTO BARS.

RALEIGH BARS (No. 10). Make a bar of threads, as for Venetian bars, and work on it about eight stitches. At the ninth, instead of bringing up the needle through the loop to form another button-hole, slip it under the bar, and bring it up on the right-hand side, leaving a loop of thread about two inches long, which you will hold down with your thumb, to keep it in its place. Now twist your needle six times under the right hand thread of this loop; draw it up, when it will make a knot, and slip the needle through it, above the bar, to continue the process. It may be observed that when this bar forms a part of the foundation of a piece of point, only two of these dots are generally seen on it, and they are placed near each other, almost in the centre of the bar.

POINT D'ALENÇON (No. 11). This is only common herring-bone stitch, with the needle twisted once or oftener under the thread of each stitch, according as the space to be filled is narrow or wide.

SPANISH POINT (No. 12). This is the raised stitch which gives the peculiarly rich appearance to all the Spanish lace. A certain thickness of soft cotton is tacked down on the lace, in the form desired, and this is covered closely with button-hole stitch, edged with Raleigh dots, or with small loops. It is to be noticed that this is not attached to the lace by the button-hole stitches, but only by the thread which tacks down the soft cotton, so that it can be picked off without injury. The button-hole stitches must be worked very smoothly, and quite close together.

ROSETTE (No. 13). This is exactly like a spider's web, worked on three, four, or more threads, according to the shape of the space intended to be filled. Begin by making a Sorrento bar across the space, from one point to the opposite; then a second one, slipping the needle under the first in going, and over it in twisting back; then do a third, or fourth, if necessary; but when you have twisted back to the centre of the last, make the rosette, leaving the half bar single. The rosette is done by passing the needle under two threads, then continuing to slip it under two, the first of which is always the last of the previous two, until you have made the spot a sufficient size, when you finish the last bar, by twisting down to the braid, and fastening off. The size of the space must be the guide for that of the rosette; but from six to ten times round a centre is an average.

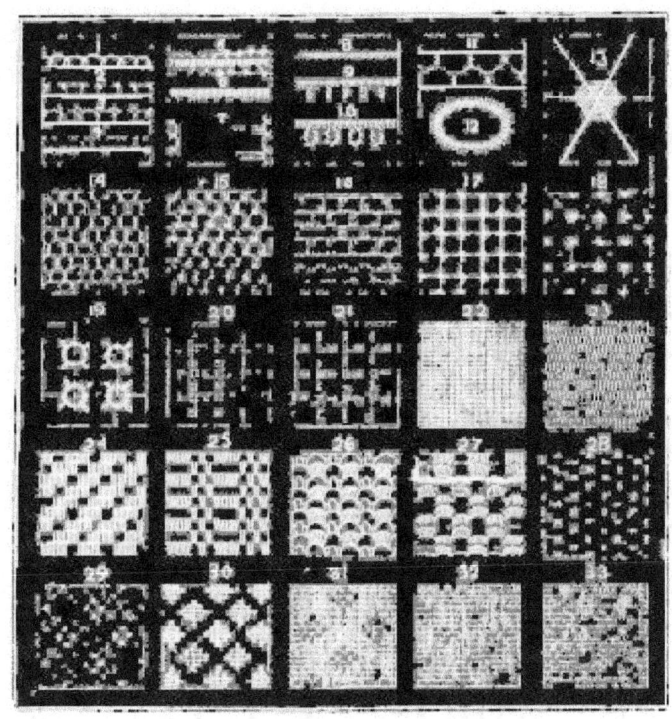

STITCHES.

BRUSSELS LACE (No. 14). Consecutive rows of Brussels edging, worked alternately from left to right, and from right to left.

VENETIAN LACE (No. 15). Rows of Venetian edging. As this stitch can only be worked from left to right, a line of Brussels is usually placed between every two rows, and being worked from right to left, saves the trouble of running the needle along the braid.

SORRENTO LACE (No. 16). Successive rows of the Sorrento edging.

ENGLISH LACE (No. 17). This is to be worked with the finest thread that is made. Do a number of Sorrento bars (closely twisted threads), at equal distances, in one direction throughout the space: then take one thread under all these, in exactly the opposite direction; take a stitch on the braid to secure it, and twist to the first cross. Pass the needle under the single thread and over the twisted one, till it has gone four times round, when the spot will be sufficiently large. Twist on the single thread to the next cross, and repeat. Do this until the whole space is filled, as seen in the engraving, where the distance between the threads is sufficiently accurately represented. This lace always looks best, however, when the lines are diagonal. English lace is often radiated; that is, the lines are more distant from each other at one edge than at the other, and the spots proportionably larger, presenting the appearance of a fan.

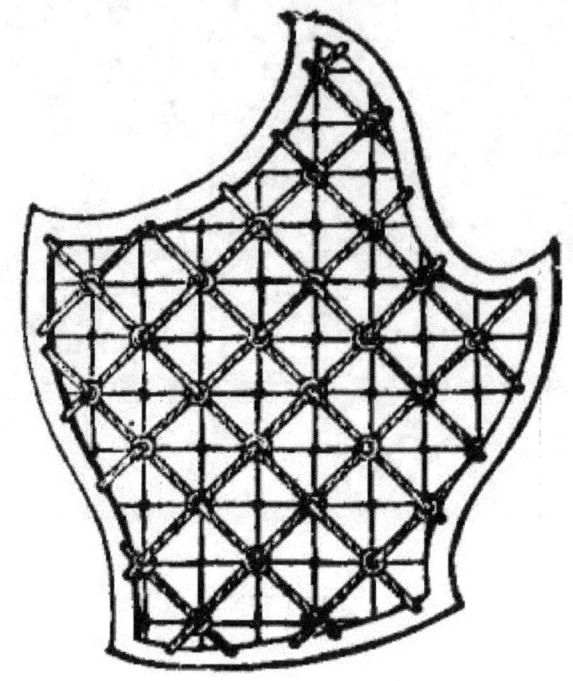

OPEN ENGLISH LACE.

BRABANT EDGING.

OPEN ENGLISH LACE (No. 18). This is a variety of the previous lace, being worked in the same way, but on four lines of threads, instead of two, namely, one diagonal from left to right, one from right to left, one horizontal, and one perpendicular. The spots are worked on the last line made. The distance of the lines is seen in the engraving.

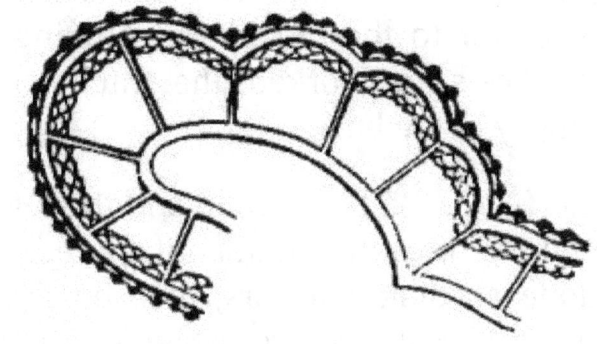

LYONS POINT.

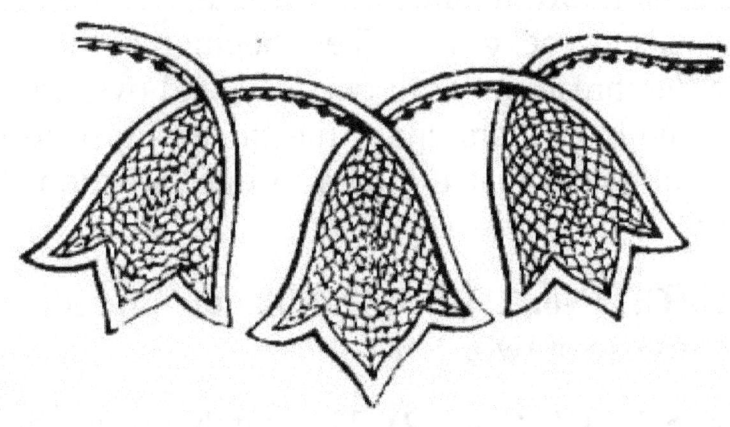

BRUSSELS LACE.

The accompanying diagram gives another variety of open English lace. The straight bars are formed of single threads, while the diagonal ones are twisted; and at every cross a tight button-hole stitch is worked, to keep the threads together. Observe, that in working bars, a tight stitch should always be taken on the braid, at the beginning and end of every one.

MECKLIN WHEELS (No. 19). Work Venetian bars on a single thread, in one direction, at equal distances. Then take a thread in the opposite direction, and cover it also with button-hole stitch a little beyond the first cross. Take another needle and thread and work a few stitches, in the form of a circle, round each cross, so that by slipping the first needle through every stitch, a foundation may be formed for the button-hole work with which the wheel is made, a single Raleigh dot being added between every two threads. The stitches taken with the extra needle should form a sort of railroad for holding the thread in its place. This mode of working wheels will be found very superior to the old one of pinning down the circle of thread. When all the wheels are worked, the stitches made with the extra needle should be cut away at the back.

HENRIQUEZ LACE (No. 20). This stitch, and the one that follows it, are invariably worked with the finest thread manufactured. Like English lace, it has a better effect done on diagonal bars, than on those which are taken straight up and down, or across a space. Make one twisted bar across the space, then take a single thread nearly close to it. Twist it twice round, then darn a spot on the two threads; twist five or six times round, darn another, and repeat to the end. Do all the lines in one direction first, making the spots fall one beneath the other. Then begin the lines in the opposite direction, taking the thread under in one way, and over in returning, whilst, in order to keep the close bars apart, the thread must be twisted between them. Care must be taken that the bars in one direction, fall between the spots in the other.

CORDOVAN LACE (No. 21). Worked like the preceding; but with three bars in each line instead of two.

VALENCIENNES LACE (No. 22). This stitch also is done with the finest threads made. It is simple darning, of the closest and finest description, done with so much regularity that it resembles cambric.

BRABANT EDGING is a name sometimes given to a union of the Brussels with the Venetian edging. A row of Brussels is first worked, and on it a row of Venetian. The diagram gives the effect of this arrangement.

Another variety of edging is produced by two or three rows of Brussels being worked on one another. This is frequently seen in old lace; and, with Venetian on the outer edge of the braid, is often termed Lyons Point.

When spaces similar to those in the accompanying diagram are to be filled with Brussels lace, the best way is to work each side to the centre, and then run the needle up the middle, catching up alternately a stitch on each side. Sometimes the centre is not closed up at all.

The diagram in page 132 gives a specimen of a modification of the Little Venetian Lace. The first stitch is taken as usual, but is followed by three others, worked as closely as possible. A space equal to that of four stitches is left between every four. In the second row, the four stitches are worked on the loop. The engraving also shows how the stitches are adapted to the different spaces in a pattern.

FOUNDATION STITCH (No. 23). This is ordinary button-hole stitch, worked over a thread, and as closely as possible. The thread is taken across the space, from right to left, to form a bar, which is then covered with close Brussels, worked from left to right. Each stitch of a row is worked between two of the previous rows.

ESCALIER STITCH (No. 24). Work nine button hole stitches as close to each other as possible. Miss the space of two, and repeat. In the second row, work one after each of the first seven, miss the space of the last two, work two on the loop, and seven more on the next nine, miss the last two of the nine; repeat in every successive row, passing over the last two of nine stitches, and doing two on the vacant space.

CADIZ LACE (No. 25). Do six close Brussels stitches. Miss the space of two, do two more, and again miss the space of two, repeat from the six stitches.

2nd row: Do two over the loop of every space, and miss all the stitches, whether six or two. Repeat these two rows alternately, to form the lace.

BARCELONA LACE (No. 26). The first row of this lace is exactly like Sorrento edging.

2nd row: Do four close stitches on the long stitch, and miss the short one, taking care not to draw the thread too tightly.

3rd: A row of Sorento edging, the long stitch coming over the four stitches of the last row, and both the button-holes being worked on the loop, so that the short stitches come over the short of the first row. These two rows, worked alternately, make the lace.

FAN LACE (No. 27), 1st row: Six close Brussels, miss the space of six. Repeat.

2nd: Six stitches over every six, miss the same space.

3rd: Six close Brussels on every loop, missing the space between.

4th: Six over every six, and six on every loop.

5th: Six close over the six on the long loop, miss the other six. Repeat these last three rows as often as may be required to fill up the space.

LITTLE VENETIAN LACE.

SPOTTED LACE (No. 28). This very light and pretty lace is done thus:—

1st: X two close button-hole stitches, miss the space of four, X repeat to the end, without drawing the thread too tightly.

Begin the next row, and all following, at a little distance from the one preceding, and do two close stitches on every loop of thread.

VENETIAN SPOTTED LACE (No. 29). This lace consists of a series diamonds, formed by Venetian bars crossing each other diagonally, in each of the sections of which, four spots of English lace are to be worked. The foundation threads of the Venetian bars are first laid; then the English lace spots are worked, and the button-hole stitch of the Venetian bars is done the last. This lace is well suited to fill up large spaces.

OPEN ANTWERP LACE (No. 30). For this lace a new stitch is required, called the double Brussels. Instead of a simple button-hole stitch, the needle is twisted once in the loop, so that when drawn up, it has a *longer* appearance than the ordinary Brussels. The stitches are to be worked quite close to each other.

1st row: X eight close double stitches, miss the space of six, X repeat, without drawing the thread very tightly across the missing space.

2nd: X five double over the eight, two double on the loop of thread, X repeat.

3rd: X two double on the five, five over the two, X when five stitches are worked over two, one goes between the two, and two on each side of it.

4th: X eight double over five and miss the space over the two, leaving the loop rather loose, X. Repeat from the second row throughout the space.

OPEN DIAMOND (No. 31). 1st row: Five close Brussels, miss the space of two, X eight close, miss the space of two, X to the end of the row.

2nd: Two close, X miss two, two on the loop, miss two, work along the line after all the remainder of the eight, do two on the loop, and on six of the next eight (thirteen altogether), repeat to the end.

3rd: X miss two, two on the loop, miss two, do two on the loop, miss two, do one on every one of the line of stitches but the last two, X repeat.

4th: Two on the loop, miss two, two on the loop, X miss two, two on the loop, one on every stitch, and two on the next loop (thirteen altogether), miss two, two on a loop, X repeat. The next diamond of holes must be so managed as to fall immediately between two of the first row. By repeating the first line, the place will be indicated. In all these stitches, it is assumed that *squares* are to be filled in. Where the shape varies from that, extra stitches must be added, at the beginning, or taken away, as the case may be, the worker referring to the engraving for the appearance intended to be produced.

CLOSE DIAMOND (No. 32). The first row is plain button-hole stitch.

2nd row: Five stitches, X leave the space of two, fourteen stitches, X repeat.

3rd: Two stitches, X miss two, do two on the loop, miss two, work on all the rest of the fourteen, except the last two, X repeat. In the fourth row, the holes fall over those of the first. The fifth row is all in close stitches. In the sixth, begin to make fresh lines of diamonds, coming exactly between the last set.

ANTWERP LACE (No. 33). 1st row: X eight close, miss the space of two, X repeat

2nd: X five close over eight close, and two close on the loop, X.

3rd: X two close over five, and five over two, X.

4th: X five close over two, and two over five, X.

5th: X eight close over every five, X repeat.

The above are the principal stitches found in Old Point Lace.

Contents

DEEP POINT LACE EDGING.

MATERIALS..—Brooks' Great Exhibition Prize Goat's-head Mecklenburgh Threads, No. 1, 7, 100, and 120.

Draw the pattern from the engraving, a section of it being given the full size. The paper must then be lined with alpaca. Should a short piece only be required, the pattern should at once be made of the full length; if not, several may be drawn. From the closeness of the work it is impossible to work twice over the same paper.

The border of each pattern is formed of seven small scallops. It is worked in braiding-stitch, that is, four threads are laid on, parellel with each other, and formed into a braid by darning them backwards, and forwards, putting the needle always under two together. As it is not desirable to have any break in the outline, it will be advisable to take, for each of the four outline threads a needleful sufficiently long to answer for the whole piece of lace.

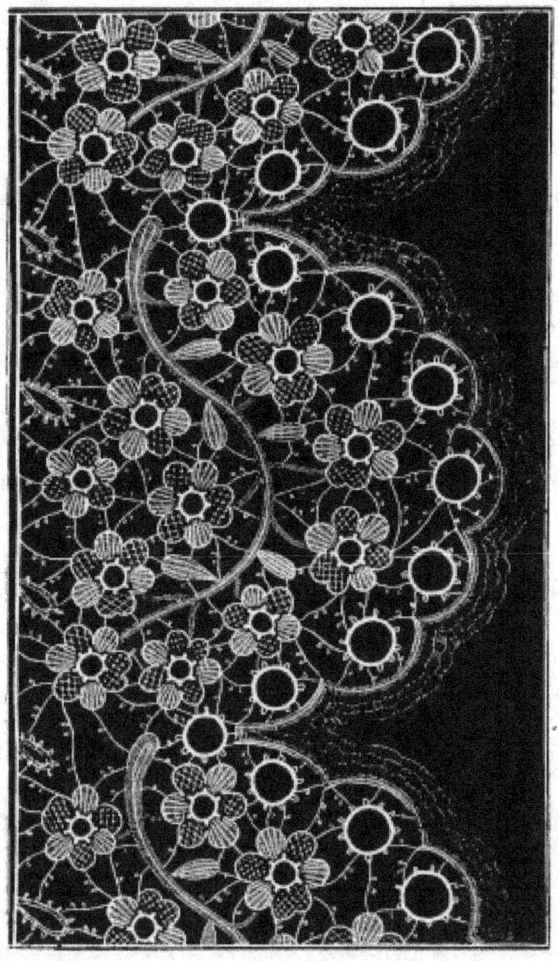

DEEP POINT LACE EDGING.

When the whole length of the paper is done, the ends may be twisted round a card, and wrapped in paper to keep them clean while that section of the work is in progress.

Each pattern contains one spray of flowers and small leaves, the stem of which is braided like the edge only that it is generally wider at the end.

All the outlines are made in No. 1, and the braiding done in No. 7. The flowers consist of six petals three of which are worked in foundation stitch, that is close button-hole stitch over a thread, and the others in spots formed by making two close button-hole stitches, and then allowing the space of two before working the next. In the succeeding row, the two close stitches come on the bar of thread formed between one spot and the next. The centre of the flower is an open circle, covered with close button-hole stitch, with Raleigh dots.

The leaves, which are very small, are entirely in foundation stitch. In each section of the large scallop is a wheel formed by working a circular Raleigh bar, on a foundation of three threads. The ground is in Raleigh bars worked very irregularly.

The straight edge of the lace is a line of button-hole stitch on two thread.

Three rows of Sorrento edge, worked one upon another, complete the lace. This edge and the flowers are done in Mecklenburgh 120. The remaining parts in No. 100.

Contents

COLLAR IN SPANISH ROSE POINT.

COLLAR IN SPANISH ROSE POINT.

MATERIALS..—Brooks' Great Exhibition Prize Goat's-head Valenciennes Threads.

This is distinguished by close heavy work, and solid Spanish stitch edged with loops. The ground of the collar is guipured in the richest style, partly with plain Raleigh bars partly with those having semi-circular loops, dotted in the same manner. Sometimes two bars have a Mecklin wheel at the cross.

The section given of the collar is the full size, and has only to be repeated and reversed for the length.

Contents

HANDKERCHIEF BORDER, IN ANTIQUE POINT LACE.

HANDKERCHIEF BORDER, IN ANTIQUE POINT LACE.

HANDKERCHIEF BORDER, IN ANTIQUE POINT LACE.

MATERIALS..—Brooks' Great Exhibition Prize Goat's-head Point Lace Cottons, and No. 1 Valenciennes Thread.

We give the section of the handkerchief of the full size, that workers may draw their own pattern from it. It may be made of any dimensions required. The perfect pattern occupies the entire side, reckoning from the open flower at the corner. Were this entirely repeated for the quarter, it would make the handkerchief rather too large for general taste; about one half the pattern, in addition to the piece given (or the open flower, and the two next to it on the inner side) would be found sufficient for the quarter. One-fourth of the handkerchief being drawn on tracing-paper, all the design can be marked from it, on red, blue, or green; but it is preferable to draw a little more than a quarter only, instead of the whole handkerchief, which is cumbersome to hold. When a quarter is done, it may be removed from the paper, which can be used a second time by a careful worker.

No braid whatever is used for this handkerchief, which is similar in the mode of working to some of the most valuable specimens of antique point. The scroll and flowers are close and heavy, the inner ground is guipured, in Raleigh bars, and the space between the scroll and the outer edge is filled with fine and close English lace.

The stem, and the closest part of the flowers (which may be distinguished in the engraving), are done in foundation stitch, with No. 90, point-lace cotton. The veinings of the petals, where they occur in this stitch, are made by taking the foundation thread at double the distance from the last one, and working over it a row of Brussels stitches at the usual distance from each other, instead of close, as in foundation stitch. The calyx of the flower is done in Antwerp lace. The very finest point-lace cotton should be used for all this stitch.

All the flowers, done as we have just described, have a centre worked in Venetian lace; No. 70 cotton must be used.

The open flowers, and the button-hole rounds, are done with Valenciennes thread, No. 120. The English lace, with No. 100 cotton. The Raleigh bars, with Valenciennes, No. 100.

The edge of the handkerchief border is finished with close button-hole stitch, on which Raleigh dots are worked at regular intervals. This edge is worked after all the rest of each quarter is finished.

If it be thought troublesome to outline the whole pattern with thread, No. 5 white cotton French braid may be used. The effect is, however, greatly inferior to that of the thread.

To make up the handkerchief, cut a square of cambric the exact size to fit the lace, allowing for a very narrow hem. When the hem is made, lay the inner line of the lace over it, tack them together, and work a row of close Brussels edge over the two, to connect them.

Contents

APRON IN BRODERIE EN LACET.

MATERIALS..—Three-quarters of a yard of wide black silk of satin, two knots of Russia silk braid, of any colour that may be approved, and a dozen skeins of sewing silk to match.

The term *broderie en lacet* is applied to a new and very pretty style of embroidery, in which the outlines are made with silk braid, and filled in with point-lace stitches. The pattern must be enlarged, and one-half drawn on a large sheet of paper: the outlines marked with a needle, and the silk pounced from it, one side of the paper marking one-half, and the reverse side the other.

For running on the braid, use the threads of the silk of which it is composed, in preference to the ordinary sewing silk. Cut off a piece of the braid three-quarters of a yard long before you begin, and draw the threads out of it for the braiding. When joins occur, the ends are to be drawn through the silk with a long needle, and fastened off on the wrong side.

The sections of the flowers are filled with English or Venetian lace, and for the leaves, Brussels lace, English bars, or point d'Alençon may be used. The last named is worked between the two lines of braid, to fill in the stems and scallops.

APRON IN BRODERIE EN LACET.

The bottom of the apron may either have a hem below the embroidery, or be scalloped in button-hole stitch, and the edges cut out.

The colours which look best for this style of work are—cerise, crimson, blue, orange, and for mourning, a soft gray. The fancy stitches are to be done exactly like those for point lace, but they need not be so close and fine, the silk filling in without much work.

Contents

PINCUSHION COVER IN POINT LACE.

MATERIALS..—Brooks' Great Exhibition Prize Goat's-head Valenciennes Cottons, and No. 7, French Braid. Also some satin of any bright colour, satin ribbon 2 inches wide to match, and materials for a pincushion.

PINCUSHION

This pincushion is intended to be made up in the French style—that is, merely laid over the top of a satin cushion, with three handsome bows of ribbon to match, placed at equal distances.

The outlines are in French braid. The scallops are filled alternately with English lace, worked with Valenciennes, No. 240, and rows of Venetian and Brussels alternately, done in No. 200 of the same. The Sorrento edge is done with No. 100. One flower has a double Mecklin wheel in the centre, and is merely edged with Venetian lace (in No. 160), the other has two petals filled with foundation stitch (in No. 240), and two with English lace.

The ground is Brussels net, worked with Brooks' Great Exhibition Prize Goat's-head Valenciennes, No. 200.

PINCUSHION.

The Venetian and English bars are worked with No. 180.

If the centre is left plain and open, a small glass for flowers is inserted. Of course, the pincushion has an open centre to correspond. If filled, the cushion has a flat top, and the lace is merely laid on, and fastened with satin bows.

THE END.

www.ingramcontent.com/pod-product-compliance
Lightning Source LLC
Chambersburg PA
CBHW081108080526
44587CB00021B/3499